晚明士人心态与文学

周明初 著

浙江古籍出版社

图书在版编目(CIP)数据

晚明士人心态与文学 / 周明初著. —杭州:浙江古籍出版社, 2022.7
(有学)
ISBN 978-7-5540-2308-2

Ⅰ.①晚… Ⅱ.①周… Ⅲ.①知识分子—心理状态—研究—中国—明代②中国文学—古典文学研究—明代 Ⅳ.①D691.71②I206.2

中国版本图书馆 CIP 数据核字(2022)第 118919 号

有學

晚明士人心态与文学

周明初 著

出版发行 浙江古籍出版社
(杭州市体育场路 347 号 邮编:310006)
网　　址 https://zjgj.zjcbcm.com
责任编辑 沈宗宇
特约编辑 王清溪
责任校对 吴颖胤
责任印务 楼浩凯
照　　排 浙江时代出版服务有限公司
印　　刷 浙江海虹彩色印务有限公司
开　　本 880mm×1230mm 1/32
印　　张 8.375
字　　数 210 千
版　　次 2022 年 7 月第 1 版
印　　次 2022 年 7 月第 1 次印刷
书　　号 ISBN 978-7-5540-2308-2
定　　价 55.00 元

目　录

第一章　晚明士人心态变化的时代背景 …………………………… 1
一、政治的腐坏 …………………………………………………… 2
二、时尚的变迁 …………………………………………………… 12
三、哲学的突破 …………………………………………………… 27
四、士心的嬗变 …………………………………………………… 41
第二章　高居庙堂的士人和士人心态 ……………………………… 58
一、弼谐无闻，循默避事
——阁臣的依阿心态 …………………………………… 59
二、忠厚意薄，衒沽情胜
——谏臣的徼名心态 …………………………………… 72
三、廷论纷呶，物议横生
——党争和党人心态 …………………………………… 86
四、名丽阉党，依媚取容
——士人的人格泯灭 …………………………………… 102
五、生以理全，死与义合
——道义承担者的求仁心态 ……………………………… 116

第三章　远处江湖的士人和士人心态 …………………… 131
一、从儒士到名士和隐士 …………………… 131
二、士人心态的外现性 …………………… 158
三、士人心态的内在性 …………………… 181
第四章　士人心态的文学个案 …………………… 198
一、徐渭:自我的挣扎 …………………… 198
二、李贽:激情与谵妄 …………………… 214
三、汤显祖:情与理的冲突 …………………… 228
四、袁宏道:适意与避世 …………………… 241
主要参考书目 …………………… 255
后　记 …………………… 261

第一章　晚明士人心态变化的时代背景

我们研究晚明士人心态，首先面临着一个历史分期的问题，晚明从什么时候开始，什么时候结束？它的划分依据是什么？要对这些问题作出确切的回答并不是一件容易的事。因为晚明就不是一个确切的时间概念。一般学术界把万历到明代灭亡这一段时期看成是晚明时期。但是，晚明是不是就从万历元年(1573)开始，万历之前的某段时期，如隆庆时期和嘉靖后期算不算晚明时期？谁也不能作出肯定的或否定的回答。因此，所谓晚明又是一个相当模糊的时间概念，它没有明确的时间断限。

但是，我们既然要研究晚明士人心态，总得有个大致的时间断限。尽管不确切，总算能够说得过去，那样我们在研究的时候才能心中大致有数。我们就把万历到天启年间这样一段时期作为晚明的主体时期，把嘉靖后期作为晚明时期的上限，把崇祯时期作为晚明的下限。而这上下限依然是不明确的。

公元1572年，也即隆庆六年的五月，36岁的明穆宗朱载垕因中风而在宫中去世了，年仅10岁的皇太子朱翊钧在灵柩前继位，登上了皇帝宝座，下诏改第二年即1573年为万历元年，是为明神宗，从此开始了明代历史上长达48年的腐朽统治。明神宗之后是泰昌帝明光宗(光宗在位只有一个月，还来不及启用新年号，大臣们便改万历四十八年八月至十二月为泰昌元年)和天启帝明熹宗，这两朝总共只有七年时间。从万历到天启的半个世纪的时间，无论是在明代历史上还是在整个中国封建时代的历史上，都是一个转折点。就中国在世界历史上的地位来说，万历以前也即 16 世纪中叶以前，中国的科学技术和社会生产力在世界上一直处于领先的地位，只是到了万历时期及其以后，才被日益勃兴的西方资本主义国家逐步赶上并超过了。就明代历史来说，万历年间是明王朝经过长期的相对稳定的守成局面之后，彻底走向衰落、腐朽和灭亡的时期。以万历年间为主的晚明时期，无论是在政治、经济、社会生活，还是在思想、哲学和文学诸方面，都发生着非常显著的变化。社会历史进入了一个大变动时期，这是一个动荡与繁荣、死亡与新生并存而又先后交替的历史时期。处于这样的一个历史时期，作为社会精英的明代知识分子的心态也发生了重大变化——确切地说应该称为明代的士人，因为从严格的意义上说来，古代的士大夫阶层与现代意义上的代表社会良心的知识分子毕竟是有区别的。这一章中，我们试图探讨政治局势、社会风尚、哲学思想等社会文化方面的发展变化和士人心态本身的发展变化对晚明士人心态所产生的影响。由于这些方面的变化都是一个长期的发展演变的过程，因此在探讨这些变化时，我们常常得回溯到晚明之前。

一、政治的腐坏

万历年，从 1573 年到 1620 年，共 48 年，在有明一代就数这一朝最长。这一朝又可分为三期。万历前十年，朝廷大权掌握在首辅张居正的手里。他的后面有万历帝的生母慈圣李太后撑腰，司礼太监冯保也支持他，小皇帝如同傀儡，从国家大事到御前教育，事事要仰仗首辅张先生。尽管这位皇帝在万历六年(1578)16 岁时举行了大婚，这标志着他已成人，但朝廷大政仍由他的张先生一手操办，年轻的皇帝只是例行公事般地把张先生等人的"票拟"改用朱笔抄写一遍而已，丝毫不敢有自己的主张。在张居正离京归葬父亲的几个月里，万历帝对次辅吕调阳等处理政务不放心，告诫他们"有大事毋得专决，驰驿之江陵，听张先生处分"①。张居正有了皇帝的信赖以及慈圣太后和冯保的支持，也就按照自己的意图有声有势地进行了一系列重大的整改。注重实际的张居正的改革措施是从整顿吏治，提高各级政府机构的办事效率开始的，为此他采用了考成法来考察各级官员的实绩作为官员升降的依据。他还整饬了边防，整顿了学校，清丈了全国的土地，并且在清丈的基础上全面推行了将赋役两项合并，折算成银两，由地方官直接征收的"一条鞭"法。张居正所采取的一系列整改措施确实取得了不少成效，如整顿吏治之后，行政效率确实提高了，朝廷政令"虽万里外，朝下而夕奉行"②。在军事上由于任用了能干的将领，原来边事久废的局面得以改观，边境多年没有发生大规模的战事。明代的财政在嘉靖、隆庆时几乎年年亏空，经过张居正整改后，有了积余。

万历十年(1582)的六月，操劳过度的一代权相张居正患病去世了，20岁的万历帝开始了亲政。他威柄自操，能够按照自己的意志行事了，而且，在这位皇帝在稍后的几个月里生了皇长子，做了父亲之后，他的母亲慈圣太后也就不再干预他的生活，万历帝真正尝到了做皇帝的滋味。这时候，原来遭到张居正压制、排斥和打击的官僚们掀起了一场反张倒张的运动，揭发张居正弄权的奏章越来越多，加在张居正头上的罪名也越来越大，有人甚至把张居正形容成企图篡夺帝位的野心家和阴谋家。张居正在执政的十年中，锐意进取，勇于任事，在整顿吏治的过程中确实开罪了许多人，其中的不少人尽管才智低下，但他们得以任事，是有各种各样复杂而微妙的社会关系和政治

---

①② 《明史》卷二一三《张居正传》。

势力的，这些人通过亲缘关系、同乡关系、师生关系、同年关系、上下级关系等，其实联结着许多人，他们只是庞大的社会关系网上的一个网眼，触动了其中的一个也就触动了一大片。加上张居正作风专断，任用私人，对反对他和不肯依附于他的人毫不容情地加以排斥，造成了更多的对立面。特别是在他的父亲死后，他对反对夺情、要求他守制丁忧的官员的残酷打击和严厉压制，使他更加不得人心。张居正对他的同僚也根本不放在眼里，次辅吕调阳始终不敢与他有所争执，而由张居正引荐入阁的张四维更是“恂恂若属吏，不敢以僚自处”[①]，他们心里对张居正自然是很不满的。万历帝在刚做皇帝的几年里，由于年纪小，再加上张居正对他的督导又很严厉，他的心里对张先生充满了敬畏。当他稍大，特别是大婚之后，张居正仍把他当作一个孩子，大权依然独揽，对他的管束仍然像以前一样严厉，这时候的万历帝对张居正在敬畏之中已经有怨恨的情绪在慢慢滋长了。等到他亲政之后，尝到了做皇帝的真滋味，再回过头来想想当初做皇帝而要受制于权臣，对张居正只能是怨毒了。所以当张居正死后，反张的各种势力汇集起来，影响着万历帝，激发并增大了他对曾是自己的老师的张居正的恶感，经过一段时间的犹豫之后，他终于痛下决心要对张居正进行总清算了。在此之前，曾是大伴的冯保首先被赶出宫廷，发往南京终身软禁。张居正生前死后所得的各种官秩和荣耀被剥夺殆尽，家产被查抄，大儿子因追赃而被逼自杀，弟弟和另外两个儿子被送往远方充军。张居正执政时所任用的大批官员自然被斥逐了，以前被张居正罢黜的官员重新得到起用。而张居正执政时所推行的一系列整改措施被取消或停止了，十年改革的成果随着张居正的被清算而付之东流。

世间已无张居正，也不可能再有张居正，万历帝成了名副其实的

① 《明史》卷二一三《张居正传》。

专制皇帝。而这个紧握大权的专制皇帝,又是骄奢淫逸、昏庸无能的。大明帝国日暮途穷,就像不慎坠入深渊的泥足巨人一样,再也没有一种人为的或自然的力量能把它拉出险境,使它起死回生了。16世纪最后20年的中国,留下的只是失败的全纪录。

不能说万历帝从来就是一无是处,因为在他亲政的最初几年里,他也曾励精图治,表现出一种大有作为的势头。突出的表现是万历十三年(1585)五月的那次祈雨活动。北京地区自上年的八月份以来,一直没有降下雨雪,旱象严重。在各个地方官祈雨无效后,万历帝决定亲自祭天祈雨。祈雨那天一大早,皇帝亲率文武百官,一律身穿用黑布镶边的蓝布袍,步出大明门,经过十里路的步行来到南郊的天坛祈雨。繁复而虔诚的祈雨仪式结束后,万历帝不用銮驾,仍率百官步行回宫。这次祈雨活动往返步行近20里,再加上天气炎热,对一个平日恃辇而行,从未走过如此长路的皇帝来说,不是一件容易的事。而且,为了表示祈雨的诚意,往常皇帝出行时所执行的清道措施这次也免除了,老百姓有幸一睹"天颜"。当时目睹此事的百官和小民,颂不绝口,以为逢上了尧舜之君。几天后,万历帝在视朝之后又在平台召见了他的辅臣,共商国是。皇帝和他的辅臣之间的召对之典,可是自明孝宗以来近百年的第一次。

可惜像这样的励精图治的时间实在太短促了,来去匆匆,只有四年。自万历十四年(1586)的下半年开始,万历帝进行了长期的怠政。怠政的方式包括不上朝召见大臣、不亲自按时祭享太庙、不搞经筵日讲、不及时批答处理大臣的奏疏等。万历十七年(1589)以后,怠政的情况越来越趋于严重。比如说视朝,万历十七年后除了偶有几次上朝外,大部分时间在宫中深居简出,即使发生了紧急的军事情况,他也无动于衷,对大臣们提出的面见皇上的请求不加理睬。特别是万历二十五年(1597)之后,将近20年没有上朝。怠政当然得有理由,万历帝找到的最好的理由是自己患病。实际上,他除了去世前的几年确实重病在身外,平常的大部分时间里并不如此。他宁愿把自己的宝贵时间用无聊的方法比如和宦官们掷银为戏来消磨掉。

导致万历帝倦政,以致长期怠政的主要原因可能就是立储一事。在这一事上,他和他的臣子群体之间发生了长期而激烈的争执和冲突,这就是明史上有名的“争国本”事件。万历帝的王皇后不能生育,没有嫡子。万历帝在和自己母亲慈圣太后身边的王宫女的偶然遇合中,使她怀了孕,生下了皇长子。尽管王宫女被封为恭妃,但万历帝并不喜欢她。万历帝所宠爱的郑贵妃则为他生下了皇三子。可能是由于枕边风的缘故,万历帝在继承人问题上想要废长立幼,这遭到了几乎全体朝臣的反对。群臣反对皇上的废长立幼,要求确立皇长子的太子地位是有无可辩驳的正当理由的,那就是祖宗成宪和传统礼法。在这两条上,贵为天子的万历帝也无可奈何,他不得不承认群臣们的要求是合理合法的,并且否认自己有废长立幼的企图,但他仍然不愿意立他所不喜欢的女人所生的儿子为太子。皇帝的自尊心使他不愿向他的臣子们屈服,他以顽强的意志与群臣对抗着,尽管所能采用的唯一办法很消极——以各种借口拖延立储。经过几个轮回的争执以后,双方形成了僵持的局面,直到万历二十二年(1594),皇长子13岁了,万历帝才让他正式出阁讲学,接受教育,这已经算是万历帝对群臣们的一次初步让步。这以后,万历帝继续拖延册立太子。直到万历二十九年(1601),万历帝才向群臣彻底妥协,皇长子终于被册立为太子。这时候皇长子已20岁了。

这场国本之争一直延续了15年,表面上,似乎群臣取得了最后的胜利,实际上,这场冲突没有赢家,双方都惨败了。内向而懦弱的万历帝因自己的意志受到了压抑,感情受到了挫伤而变得心灰意冷,他以自己的消极怠政来报复他的臣子们。万历帝的怠政对群臣的严重危害之一,是官员的任免处于半停顿的状态,在职的官吏不能得到正常的升迁,空缺的职位得不到及时的补充。一方面是“人滞于官”,

另一方面是“官曹空虚”，而且这种情况越到后来就越严重。除了消极怠政外，万历帝甚至还有意识地制造和加剧这种现象。官吏既然得不到正常的升迁，那么干与不干一个样，干好干坏一个样，对大多数官吏来说，原有的那种奋发向上的积极性和自信心受到了削弱，想通过升迁而取得更多的物质上和精神上的报答的希望也就成了泡影，对皇上、对帝国的向心力也涣散以至消失了。贪污腐化的现象更加严重，吏治也就更加败坏。空缺的职位得不到补充，使得政府机构处于瘫痪状态，国家机器残缺不全，不能正常运转。

万历怠政对群臣造成的另一个严重后果是渐开党派门户之争。皇帝既然放弃了自己的职责，帝国也就没有了一种统率全局的主导力量，原来用来维系群臣的伦理道德观念也就失去了约束力。臣子们的个人私欲急剧膨胀，他们为了各自的利害关系，或通过地缘关系，或通过师生之谊，分成了许多小集团，争权夺利，纷争不已。门户之争在“争国本”阶段的万历二十一年癸巳(1593)的京察中已经初露端倪，此后每逢京察，总要有一番激烈的争斗。此外，只要朝廷中发生了一件事情，哪怕是微末小事，都会引起一场大争斗。党派之争到了万历三十五年(1607)后，更加趋于尖锐化和公开化。这时候已经形成了各种名目的党派，重要的有东林党和与它对立的宣、昆、齐、楚、浙等党派。在党争中，各派的势力互有消长。万历年间出现的党派门户之争，直到清朝入主中原仍没有停止，甚至在南明各个小朝廷中还继续着。

万历党争的出现，表明这时期的政局已经失去了控制。这种内部消耗给整个官僚集团造成了不可挽回的损伤，它既是明末政治腐坏的产物，同时也加剧了这种政治体制的衰败，并导致了它的最终灭亡。

万历帝的怠政是出了名的，他的奢侈和贪财同样出名。这位万历帝贪图享乐，大肆挥霍，弄得宫中的财政常常入不敷出。这位秉性贪婪的皇帝想出了各种方法敛财，其中最重要的方法是派出大批的宦官到全国各地去充当矿监税使。这群因丧失了性功能而心理发生畸变的宦官对钱财有一种疯狂的癖好。他们横征暴敛，胡作非为，为了金钱无恶不作，弄得民不聊生，在各地激起了连绵不绝的民变和兵变，不少身受宦官之害的地方官员也参加或配合了这种反税监的斗争。矿监税使激起民变，给本来已经一塌糊涂的晚明政局又增添了新的混乱。

对晚明政局有很大影响的还有著名的三大案。发生在万历四十三年(1615)五月的“梃击案”是第一案。万历二十九年(1601)皇长子册立为太子后，皇三子也受封为福王。皇子受封为亲王后，按例得尽快离开皇宫到为他安排的藩王府居住，称为“之国”。但由于郑贵妃的阻挠，福王迟迟不肯到洛阳福王府。群臣认为福王在京对皇太子的地位构成了威胁，为此又争执了十多年，直到有人告发妖人王子诏受人指使，企图以蛊巫之术谋害皇太子，且有人欲带刀行刺太子，此案又牵涉到郑贵妃母子后，万历帝迫于群臣的压力，不得不让福王在万历四十二年(1614)到他在洛阳的封地去了。“梃击案”发生在一年之后，一个手持枣木棍的壮实汉子从东华门入宫，直闯太子居住的慈庆宫，击伤了守门太监，后被众太监擒获。最初两次的审讯报告均认为此人疯癫，不能控制自己的行为，因而误闯入宫，这就引起了群臣的怀疑和议论。后经刑部一主事的私审，犯人供出是有人指使并引导入宫的，私审者认为此人不是疯子。后来刑部十三司司官进行了会审，犯人的供词中牵涉到郑贵妃宫中的两名太监。群臣要求进一步追查幕后人。万历帝眼看此案牵涉到了郑贵妃，便让郑贵妃先去太子宫中求情，并特意和太子一起在慈宁宫中召见了大臣，他指责大臣欲借梃击案件离间他们父子，并且声称犯人是个疯子，指令尽快将他和受牵连的两名太监处决了，以便了结此案。皇太子也按照万历帝的意思表示了意见。在万历帝的直接干预下，此案就这样不了了之,但对立的党派之间围绕这一案件又争论了很长时间。

万历四十八年(1620)七月,万历帝去世。八月初一,太子朱常洛加位,这就是明光宗。这时候郑贵妃担心明光宗因为立储、梃击等事件而对她展开报复,为了巴结光宗,将几个美女献给他。这位到13岁才出阁讲学,此后学业又经常中断的皇长子显然缺少良好的教育,本来他的身体就差,即皇帝位后不进行自我克制,贪恋女色,纵欲无度,把身体弄得很虚弱。有一夜竟在郑贵妃送来的美女中连幸数人,把身子淘空了,卧床不起,服了原郑贵妃宫中内侍、这时掌御药房的太监崔文升的大黄药,更是腹泻不止。后来,鸿胪寺丞李可灼所进献的两丸红药使光宗命归西天。这时离光宗即位仅一个月。有些大臣要求追究李可灼、崔文升以及首辅方从哲等人的责任,围绕光宗的死因,对立的党派之间又展开了长期的争论。这就是晚明三大案中的第二案"红丸案"。

紧接着"红丸案"的是第三案"移宫案"。光宗死后,他的宠妾李选侍企图挟持皇长子朱由校而干预朝政。她先把皇长子藏匿在乾清宫的暖阁中,不让他接见大臣。大臣们用计将皇长子接出乾清宫,举行了即太子位的典礼,并送他去慈庆宫暂住,要他在九月初六登基后再回乾清宫居住。几天里大臣们要求李选侍搬出乾清宫,以便太子即帝位后能住进去。但到预定登基的前一天,李选侍仍不肯移走。大臣杨涟等态度强硬,皇太子也趁势下了要求李选侍即日移宫的旨意,李选侍无计可施,只得搬出乾清宫移往别处居住。第二天,太子继位并顺利地住进了乾清宫,后又下诏改第二年为天启元年,是为明熹宗。围绕移宫案及以前的两案,在相当长时间里党派之间又进行了几经反复的激烈争论。

天启帝顺利继位,杨涟、左光斗等正直的东林党人是起了相当大作用的。因此在天启前期,天启帝因感激而信任并依靠他们,以东林党人为代表的正直官员掌握了相当大一部分朝政,邪恶势力受到了抑制,出现了“众正盈朝”的局面,社会政治有向着好的方向发展的势头。但令人遗憾的是,东林党人掌政后,并没有把主要精力放在改良社会政治环境、开创出一个清明的政局上,而是把更多的精力放在清算旧账上,对对立的党派穷追猛打,对历史问题纠缠不休,而且态度和方式也过于激烈。这样一来,与对立党派之间的宿怨未了,又添新仇,使得党派门户之争不仅没有停歇,反而更加炽烈。这时候太监魏忠贤的势力正在崛起,对立党派的官员为了寻找靠山,纷纷投向魏忠贤,结成了阉党集团,趁势大举反扑,给东林党人以致命的打击。

魏忠贤原是个无赖之徒,因为在自己家乡混不下去了,在万历年间净身入宫,与天启帝的乳母客氏交好。而天启帝因生母王氏被李选侍气殴而死,由乳母客氏抚养长大,因此对客氏很依赖,即位后即封客氏为奉圣夫人,对她和魏忠贤日益宠幸。魏忠贤当上了司礼秉笔太监,后又总督东厂。魏忠贤为了进一步扩大自己的权势,把持朝政,需要在朝臣中培植自己的势力。而东林党人等正直的官吏当然不肯依附于他,他们对魏忠贤和客氏加以抑制,这引起了魏忠贤的忌恨。而与东林党对立的派别为了保持自己的地位和势力,与东林党人决战到底,就自然和魏忠贤结合在一起了。他们联合起来向东林党发动了进攻,而东林党人为了解除自己所面临的威胁,也向魏忠贤集团展开了攻势。杨涟首先上二十四罪疏,怒斥魏忠贤,其他正直的官僚也交章弹劾魏忠贤。由于天启帝偏向魏忠贤,正直派官员很快败下阵来,并且开始丧失在朝廷中的优势地位。而魏忠贤集团进一步扩大了自己的势力,许多在朝的官员为了自己的私利纷纷投靠他,逐渐形成了阉党集团。这样,从天启五年(1625)至七年(1627)明代历史进入了最黑暗的魏忠贤阉党集团统治时期。

魏忠贤集团对东林党人等正直的官员大肆迫害,先后制造了“六君子之狱”“七君子之狱”等,正直的官员或被罢黜,或被削夺,或被下狱，或被杀戮，朝廷中几乎“善类为一空”[①]，朝政进一步败坏。阉党集团还大翻三案，编辑了《三朝要典》等，对东林党人进行肆意丑化和诋毁。奸邪势力在朝廷中彻底替代了正直官员的势力，他们丧尽廉耻，自觉地充当魏忠贤的爪牙，并在全国各地广建魏忠贤的生祠，对他曲意献媚。魏忠贤统治时期，政治极端黑暗，人民痛苦更深，民间偶语，如果不小心触及了魏忠贤，“辄被擒戮，甚至剥皮、刲舌，所杀不可胜数，道路以目”[②]。

魏忠贤之所以能把持朝政，并且为所欲为，主要原因还在于天启帝的不成器。这位小皇帝生母早死，缺少爱护和教育，生性胆小、好哭。16 岁即位后，仍离不开他的乳母客氏。天启元年（1621）大婚后，客氏被遣出宫，小皇帝因思念乳母竟泪流满面，吃不下饭，群臣不得已，只好把客氏召回宫中。天启帝贪玩，喜欢走马和小戏，又喜爱干木匠和油漆匠的活，早晚和近臣在宫中刀削斧砍，构建营造，成了又弃，弃了又成，并且乐此不疲。他不喜欢处理朝廷政务，于是把它一手交给了魏忠贤。魏忠贤因此得以横行。这位小皇帝天启六年（1626）八月在西苑泛舟戏水，遭溺得病死去后，魏忠贤的权势也随之消失了。继位的是天启帝的五弟信王朱由检，即崇祯帝。崇祯帝即位后，很想振作一番，无奈时变势移，为时已晚。明王朝这个晚期癌症患者，肌体再也没法恢复健康了，在李自成农民军进军北京的金戈铁马声中，崇祯帝走投无路，吊死在煤山的一棵树上，明王朝也就结束了它的 267 年的专制统治。

以上简要叙述了从万历到天启年间政治局势的流变。后人评论这段历史道：“明祚之亡，基于嘉靖，成于万历，天启不过扬其焰耳！”[③]

---

① 《明史》卷二四〇《叶向高传》。

② 《明史》卷三〇五《宦官传》二。

③ 〔清〕沈家本：《历代刑法考·刑法分考》卷一四。

“明之亡，不亡于崇祯，而亡于万历。”[①]可谓并不过分。

二、时尚的变迁

明代的社会经济经过长期的积累和发展，到了中后期，也即嘉靖、万历时期，达到了前所未有的水平。农业方面，粮食产量增高，粮食作物品种增多，而且各种经济作物也得到了迅速的发展；在手工业方面，部门行业日益增多，生产规模不断扩大。而且无论是农业还是手工业方面，生产技术不断改进和提高。随着社会生产力的发展，商业往来和商品流通日益频繁，商品经济空前繁荣，在物产丰富和交通便利的地方，形成了大小不等的各个商业中心区。城市日益繁荣，作为全国政治、经济、文化中心的南北两京是其中代表。杭州、苏州、临清、湖州等商业城市规模不断扩大，像杭州“北湖州市，南浙江驿，咸延袤十里，井屋鳞次，烟火数十万家，非独城中居民”[②]，而临清地处运河沿岸，南北货物聚散于此，这时已发展为有百万人口的大城市了。这时期在全国各地都出现了不少工商业市镇，尤其是在经济发达、物产富饶的长江三角洲一带，以手工业和商业为主的市镇数量最多，也最有名，像以丝织业为主的盛泽镇、王江泾镇和南浔镇等，以棉纺织业为主的松江府城、魏塘镇、枫泾镇，以榨油业为主的石门镇，还有乌青镇、濮院镇、硖石镇等都极有名，其中不少市镇还是明代中后期才兴起的。

商品经济的发展，促进了商业资本的活跃，许多人放弃了农业生产而专门从事商业活动，商人的数量很大，不少商人资本雄厚，富甲天下，并且还出现了有一定规模的商人组织。经营商业的人各省都有，尤其以徽商和晋商最为著名，商人的活动范围并不仅仅局限在南

---

① 〔清〕赵翼：《廿二史札记》卷三五。
② 〔明〕王士性：《广志绎》卷四。

来北往的国内市场，随着明代中后期海禁政策的松弛和废止，商人们把活动范围扩展到了海外，在东南沿海一带，海外私人贸易也得到了空前的发展。随着商品生产的发展、市场的繁荣、城市和市镇的发展和扩大，市民阶层的队伍也随之不断壮大，他们的生活对市场的需求和依赖也越来越大。

经济的发展、市场的繁荣，刺激了人们的消费水平的提高，影响了人们社会生活的各个方面，社会风尚也随之发生变化。嘉靖、隆庆、万历时期，正是明代社会生活和社会风尚发生激剧变化的时期，所谓"嘉靖以来，浮华渐盛，竞相夸诩"①。有关这一时期社会风尚变化的材料是非常多的，这里选几条：

> 风会之趋也，人情之返也，始未尝不朴茂，而后渐以漓，其变犹江河，其流殆益甚焉。大都薄骨肉而重交游，厌老成而尚轻锐，以晏游为佳致，以饮博为本业。家无担石而饮食服御拟于巨室，囊若垂罄而典妻鬻子以佞佛进香，甚则遗骸未收，即树旛叠鼓，崇朝云集。噫，何心哉。德化凌迟，民风不竞。②

这是万历时期首都北京的情况。

> 吾松向来人心朴茂，不尚虚浮。白首耆民，不窥城府；倚窗士女，罕睹绣襦。……五十年来，沧桑一变，酿成薄恶之俗。日尚浮靡，耻闻俭素。……贵贱无等，长幼无伦，风日下趋，莫之能挽。③

> 松江近日有一谚语，盖指年来风俗之薄，大率起于苏州，波及松江。二郡接壤，习气近也。谚曰：一清诳，圆头扇骨揩得光浪荡；二清诳，荡口汗巾折子挡；三清诳，回青碟子无肉放；四清

① 〔明〕沈越：《皇明嘉隆两朝闻见记》卷六。
② （万历）《顺天府志》卷一《地理志·风俗》。
③ 〔明〕钟薇：《倭奴遗事》。

> 诳，宜兴茶壶藤扎当；五清诳，不出夜钱沿门跄；六清诳，见了小官递帖望；七清诳，剥鸡骨董会摊浪；八清诳，绵绸直裰盖在脚面上；九清诳，不知腔板再学魏良辅唱；十清诳，老兄小弟乱口降。[1]

这是嘉靖、万历时期松江、苏州一带的情况，可以代表商品经济素为发达的江南地区的状况。

即使经济发展水平一般的地区也是这样，像隆庆时的北直隶赵州“郡俗夙称朴略，最为近古，迩来濡染，渐入浮绮”[2]；像万历时的浙江黄岩县“奢侈竞起”，“狱讼嚣繁，善俗渐衰矣”[3]。即使是经济发展较为迟滞的地区，像湖广衡州府的衡阳县“邑人化之，渐流于侈”，衡山县“客户渐多，主俗颇变，健讼之风近年骎长”，耒阳县“比年以来登垄逐末，黜素崇华，虽仆隶卖佣，亦轩然以侈靡争雄长，往往僭礼逾分，无所严惮”[4]。

社会生活和社会风尚的变化在衣食住行等日常生活方面往往表现得最为直接，最为明显，历朝的统治者也往往对服饰、车马、饮食、器用、居室等方面极为注意和重视，常常在这些方面对官民等各个阶层、各个等级的人作出各种各样的规定和限制，严禁人们僭越。在明朝初年，明太祖朱元璋亲自裁定的《大明律》和《大诰》等对这些方面作了极为详尽的规定，并且宣布：

> 民有不安分者，僭用居处、器皿、服色、首饰之类，以致祸生远近，有不可逃者。诰至，一切臣民，所用居处、器皿、服色、首饰之类，毋得僭分。敢有违者，用银而用金，本用布绢而用绫锦纻丝纱罗，房舍栋梁不应彩色而彩色，不应金饰而金饰，民之寝床、船只不应彩色而彩色，不应金饰而金饰，民床毋敢有暖阁而雕镂

---

① 〔明〕何良俊：《四友斋丛说》卷三五《正俗》二。
② （隆庆）《赵州志》卷一《地理志－风俗》。
③ （万历）《黄岩县志》卷一《舆地志》上《风俗》。
④ （嘉靖）《衡州府志》卷一《风俗》。

者，违诰而为之，事发到官，工技之人与物主，各各坐以重罪。[①]

这里就拿明代的服饰来说：

洪武改元，诏衣冠悉服唐制。士民束发于顶，官则乌纱帽、圆领、束带、皂靴；士庶则服四带巾、杂色盘领衣，不得用黄玄；士庶妻首饰许用银镀金，耳环用金、珠，钏环用银，服浅色团衫，用纻丝绫罗绸绢；乐妓则带明角皂褙，不许同。二十二年申严巾帽之禁，儒生、吏员、人民常戴本等头巾；乡村农夫许带斗笠，出入市井不禁，不亲农业者不许。二十四年生员玉色绢布襕衫，宽袖皂线绦软巾、垂巾；农家许着细纱、绢布；商贾之家止许着绢布；如农民之家但有一人为商贾者，亦不许着绸纱；农民许戴斗笠、蒲笠。累朝递有禁革。隆庆四年奏革杂流、举监忠靖冠服，士庶男女宋锦、云鹤、绫段、纱罗，女衣花凤通绸，机坊不许织造。[②]

到了明代嘉靖以后，服饰、车马、饮食、器用、居室等日常生活方面都发生了显著的变化，统治者虽然屡行禁止，但怎么也阻挡不住这一变化潮流。

明代中后期以日常生活变化为主的社会风尚的变化具体表现在：

一、违禁。违犯明朝的律令，服用了禁止服用的东西，做了禁止做的事情。这些现象，在明朝中后期是很常见的。

明朝统治者曾多次下令，严禁官民擅用蟒龙、飞鱼、斗牛和各种华异服色，但屡禁不止。特别是到了嘉靖中叶以后，徐阶、张居正等阁臣所得坐蟒，“正面全身，居然上所御衮龙”，而品官本来不得服蟒衣，这时候不仅服用了，而且“皆龙形”，因为蟒原是大蛇，无足无角，

---

① 《大诰续编·居处僭分》。

② 〔明〕田艺蘅：《留青日札摘抄》卷二《我朝服制》。

而内外臣所服之蟒竟然也有角有足，名为蟒而实龙形。[①] 而驸马之庶子，按律只能是“齐民”，竟然也有人衣服上“衷以四爪象龙”的；在京内臣，“辄服似蟒似斗牛之衣”；王府承奉，没有得到皇帝赐予的，竟然也“被蟒服玉，与抚、按、藩、臬往还宴会，恬不为怪”，“至贱如长班，至秽如教坊，其妇外出，莫不首戴珠箍，身被文绣，一切白泽、麒麟、飞鱼、坐蟒，靡不有之”[②]。

服用了不该服用的服色已属违禁，按律是要受到严厉处罚的，但他们不仅僭越服用了，而且竟敢服用绣有形似龙状的服色，这种僭礼逾分的举动，不能不说是太大胆了。因为在中国封建社会里，龙这一张牙舞爪的怪物被看作神圣的、至高无上的，象征着帝王和帝王的权势，只有至尊至贵的天子才配得上服用龙服。因此，臣民们在这一方面的任何不慎违犯都有可能被视为谋逆的举动而遭受杀身毁家之祸。像正德年间，江西星子县有三户人家，仅仅因为在端午节竞渡龙舟，竟被当作擅造龙舟、企图谋反而被斩首抄家。而到了嘉靖以后，有人服用像龙形的蟒衣也不被治罪。至于“驵会庸流，幺么贱品，亦带方头巾，莫知禁厉，其俳优隶卒，穷居负贩之徒，蹑云头履行道上者，踵相接而人不以为异”[③]，“役奴下走，文衣鹿履，泛鹢浮马；贱妾愚妇，翠髻琼冠，一珠千金；拱如后妃，出则象舆者，必进士之家也”[④]，这样的违禁现象更是司空见惯了。

明朝编户的士、农、工、商四民之下，还有数量不少的娼优、奴婢、仆役等，他们生活在社会的最底层，地位极其卑贱低下，明朝法律中对他们做了种种歧视性规定，禁止他们和他们的后代脱籍、入学、应试以及和士民联姻等。但到了明代中后期，他们之中有些人通过各

---

① 〔明〕沈德符：《万历野获编》卷一《列朝・蟒衣》。
② 《万历野获编》卷五《勋戚・服色之僭》。
③ （万历）《通州府志》卷二《疆域志・风俗》。
④ 〔明〕黄省曾：《五岳山人集》卷三四《仕意篇》下。

种途径发家致富了，为了争得社会地位，他们需要入学、考试，和士民结为婚姻："令甲：'娼优、隶卒之子，不许入学。'迩来法纪荡废，胶序之间，济济斌斌，多奴隶子，而吴之苏、松、常，浙之杭、嘉、湖为最盛。"[①]"有起自奴隶，骤得富贵，无不结姻高门，缔眷华胄者。"[②]"近乃有起家巨万之豪仆，联姻士流，多挟富而欺其主；亦有奋迹贤科之义孙，通名仕籍，则挟贵而卑其主。"[③]这就突破了明王朝原有的禁令。

二、逾制。逾越礼制，超出了明朝法令所规定的官民各等所应遵循的体式制度，这种现象在明朝中后期尤为普遍。

明朝律令对不同品级的官员所用的服饰、车马、器用等在品种、式样、数量等方面以及不同品级的官员相见时使用何种礼节等都有相应的具体规定。而到了明朝中后期，这些规定往往被逾越了，而且只要有一人带头，众人就纷纷效尤，并且习以为常，相沿成俗：

> 故事：京朝官词林、坊局五品即得用大金扇遮马，其他须三品乘轿始用之。故太仆、光禄皆得金扇，左右佥都虽雄贵，以尚四品，张黑扇如他官。近年丁未以后，佥都忽自制金扇，每出，皆属目讶之。逾年则左右通政与大理寺左少卿亦用之，盖以同为四品大九卿也。言官、礼官无敢纠正之者，习见既久，今且以为固然矣。[④]

> 旧制：仕宦四品腰金以上，始得张褐盖。未及四品者，惟状元以曾经赐京兆尹卤簿归第，遂仍不改，他亦不尔也。犹忆先人自翰检差归，转修撰，假归，俱用青伞如他官。后来词林六七品，忽皆黄线伞，银瓜前导，已为逾分。未几而庶常亦然。乙科之为待诏、孔目者，赀郎之为典籍、侍书者，又效之。至于詹簿、詹录

---

① 〔明〕伍袁萃：《林居漫录》前集卷二。

② 〔明〕谢肇淛：《五杂组》卷一四《事部》二。

③ 〔明〕管志道：《从先维俗议》卷二。

④ 《万历野获编》卷一〇《词林·四品金扇》。

亦用之。此何说也？词林转五品者，惟光学士，则本班在三品之末，且在京开棍如大僚。而庶子、谕德、洗马及讲、读学士，在京亦张大金扇，以故向来俱得用黄伞。十年前有一御史转通政参议，忽用之，殊以为怪。近日则光禄、尚宝之丞，俱僭张褐盖，驿递亦用此迎送，遂以成俗。十年前有一行取外僚，改青伞为天蓝，郎署以下争相慕效，遂不可改，尤为创见。[①]

国朝京官，三品以上方许乘轿。三五十年前，郎曹皆骑也，其后因马不便，以小肩舆代之。至近日遂无复乘马者矣。

国初进士皆步行，后稍骑驴。至弘、正间，有二三人共雇一马者，其后遂皆乘马。余以万历壬辰登第，其时郎署及诸进士皆骑也，遇大风雨时，间有乘舆者。迄今仅二十年，而乘马者遂绝迹矣，亦人情之所趋。[②]

不仅如此，即使是退休、离职回乡的官僚，以及还不是官员，更无品级可言的举人、监生、秀才等亦争相仿效：

尝闻长老言，祖宗朝，乡官虽见任回家，只是步行。宪庙时，士夫始骑马。至弘治、正德间，皆乘轿矣。……夫士君子既在仕途，已有命服，而与商贾之徒挨杂于市中，似为不雅，则乘轿犹为可通。今举人无不乘轿者矣。董子元云，举人乘轿，盖自张德瑜始也。方其初中回，因病不能看人，遂乘轿以行。众人因之，尽乘轿矣。……今监生无不乘轿矣。大率秀才以十分言之，有三分乘轿者矣。其新进学秀才乘轿，则自隆庆四年始也。盖因诸人皆士夫子弟或有力之家故也。[③]

而且，原有的礼制一旦遭到破坏，被逾越之后，就很难再恢复：

---

① 《万历野获编》卷一三《礼部·褐盖》。

② 《五杂组》卷一四《事部》二。

③ 《四友斋丛说》卷三五《正俗》二。

太祖旧制：内臣出外，非跟随亲王、驸马及文武大臣者，凡遇朝廷尊官，俱下马候道旁，待过去方行。今小火者值部阁大臣，俱扬鞭直冲其中道矣。旧制：文臣三品以上始得乘舆。今凡在京师大小官员，俱肩舆出入。初犹女轿蔽帷，不用呵殿，今则褰幕前驱，与南京相似矣。旧制：给事中回避六卿。自嘉靖间南京给事中曾钧骑马径冲尚书刘应龙、潘珍两轿之中，彼此争论，上命如祖制，然而终不改。今南六科、六部同席公会，俨如寮友，途间相值，彼此下舆揖矣。太庙陪祀止用五品以上尊官，自吏科都给事中夏言以加四品服俸求陪祀，上下其议，部覆不许。今不知何时何人作俑，六科都给事俱随班骏奔于太庙中矣。此皆蔑弃旧规遗制之极，然而一变之后遂不可改。他如藩、臬台与按臣本寮友，今以素服行半属礼；参、游亦方面重寄，今叩头披执与卒校无异。此又皆势处极重必难返者。至若制诰，两房中书官初本内阁僚属，今已夷为属吏。且大半非科目清流，甘心为役，无有后言，惟新辅臣到任，两房入谒之后，新辅亦至两房答揖，尚存往日旧例。至于吏部选君见都察院，不肯行跪礼，而五部尚书至吏部，反揖四司郎官，最为失体。至嘉靖末年，张永明为左都御史，始正之，以至于今，惟此一事存饩羊云。①

明朝律令中对公侯和有品级的官员使用奴婢的数目有具体的规定："公侯家不过二十人，一品不过十二人，二品不过十人，三品不过八人。"②但后来这些官僚役使奴婢的数目远远超出这些。到了嘉靖年间及以后，情况愈加严重。像江南大家世宦，役使奴仆在一两千人的并不少见，如家在湖州的礼部尚书董份、家在松江华亭的大学士徐阶家里蓄养的奴仆就有这么多。不仅有品级的官员，就是按规定没

---

① 《万历野获编》卷一三《礼部》一《旧制一废难复》。

② 《明会典》卷五二《民政》三。

有资格使用奴仆的富庶之家，役使奴仆的也很普遍。当时甚至还出现了这样的情况："近日士大夫家居，皆与府县讨夫皂，虽屡经禁革，终不能止。或府县不与，则谤议纷然，此是蔑弃朝廷纪纲也。"①"今世衣冠中人，喜多带仆从。沈小可曾言，我一日请四个朋友吃晚饭，总带家童二十人，坐至深夜，不得不与些酒饭，其费多于请主人。"②

违禁和逾制这两种情况的大量出现，是社会经济发展到一定阶段的必然产物，同时也表明这个时期的社会政治已经起了变化，封建统治已经有了松动，并呈现出失控的趋势。最高统治者再也不能对人们的行为进行规范，使他们回复到原来的那种等级森严、井然有序的状态中去了。最高统治者不是不想，而是没有办法和力量，他们当然是不情愿看到自己的统治失去力量，社会从有序走向无序的，因为这种状态的出现和发展，只能使自己的权威受到进一步的削弱，最后危及整个帝国。

三、奢靡。这是与违禁和逾制有密切关系而又更为普遍的一种现象。这也是封建社会每朝每代所永远无法克服的一种颓风痼疾。往往是这样一种情况，每朝开国之初，最高统治者不仅提倡节俭，而且往往能身体力行，而随着社会经济的发展、社会财富增多，人们生活富裕起来，奢靡之风也跟着产生和发展。而当一个朝代的经济发展到极盛时，整个社会的奢靡腐化也就达到了极点。

明代中后期，整个社会陷入了一种奢侈挥霍的习气之中。首先是皇帝挥霍无度，起了示范作用。万历帝的奢侈在明代皇帝中是出了名的。光皇帝的伙食费，嘉靖时设额为每年二十四万两，万历中期则增至每年三十万两，以致负责皇帝伙食开支的光禄寺宣告银币殚竭，只好向户部和太仆寺等支借。万历时的修缮费也比嘉靖时增加数倍，如重建三大殿，光采木一项就费银九百多万两。③ 为了搜刮到更多

---

①② 《四友斋丛说》卷三五《正俗》二。

③ 《明史》卷八二《食货志》六。

的银财来满足自己的奢侈生活，万历帝派出了流毒全国的大量的矿监税使，由此激起了全国各地的反税监斗争。其次是豪门贵族，相竞争胜，“今贵臣大家，争为奢侈，众庶仿效，沿习成风，服食器用，逾僭凌逼”①，“嘉靖以来豪门贵室，导奢导淫，博带儒冠，长奸长傲。日有奇闻叠出，岁多新事百端”②。这两条材料不约而同地指出了造成整个社会奢侈成风的原因是上流社会的倡导，上行下效，以致成习。其奢靡的状况从下面的材料中可见一斑，如器用方面：

> 尝访嘉兴一友人，见其家设客，用银水火炉、金滴嗉。是日客有二十余人，每客皆金台盘一副，是双螭虎大金杯，每副约有十五六两。留宿斋中，次早用梅花银沙锣洗面，其帷帐衾裯皆用锦绮，余终夕不能交睫。此是所目击者。闻其家亦有金香炉，此其富可甲于江南，而僭侈之极，几于不逊矣。③

> 纨绮豪奢，又以榉木不足贵，凡床厨几桌，皆用花梨、瘿木、乌木、相思木与黄杨木，极其贵巧，动费万钱。④

又如饮食：

> 余小时见人家请客，只是果五色、肴五品而已。惟大宾或新亲过门，则添虾、蟹、蛆、蛤三四物，亦岁中不一二次也。今寻常燕会，动辄必用十肴，且水陆毕陈，或觅远方珍品，求以相胜。前有一士夫请赵循斋，杀鹅三十余头，遂至形于奏牍。近一士夫请袁泽门，闻肴品计百余样，鸽子、斑鸠之类皆有。⑤

不仅豪富之家穷奢极侈，就是一般的庶民百姓也以奢靡相雄长：“至于百姓，有三间客厅费千金者，金碧辉煌，高耸过倍，往往重檐兽

---

① 《明神宗实录》卷一七二。

②④ 〔明〕范濂：《云间据目抄》卷二《记风俗》。

③⑤ 《四友斋丛说》卷三四《正俗》一。

脊，如官衙然。圜圊僭拟公侯，下至勾栏之中，亦多画屋矣。”[1]像松江，“隆万以来，虽奴隶、快甲之家，皆用细器”，“皂快偶得居上，即整一小憩，以木板装铺，庭畜盆鱼、杂卉，内列细桌、拂尘，号称书房”[2]。

在奢侈成习的情况下，人们赶时髦、求新潮的风气也很盛，服饰等的花样翻新，非常之快，像南京：

> 留都妇女衣饰，在三十年前，犹十余年一变。迩年以来，不及二三岁而首髻之大小高低，衣袂之宽狭修短，花钿之样式，渲染之颜色，鬟发之饰，履綦之工，无不变易。当其时，众以为妍；及变，而向之所妍，未有见之不掩口者。……然变易既多，措办弥广，人家物力，大半销耗。[3]

又如松江：

> 余始为诸生时，见朋辈戴桥梁绒线巾，春元戴金线巾，缙绅戴忠靖巾。自后以为顽俗，易高士巾、素方巾，复变为唐巾、晋巾、汉巾、褊巾。丙戌以来皆用不唐不晋之巾，两边玉屏花一对，而少年貌美者，加犀玉奇簪贯发。鬃巾始于丁卯，以后其制渐高，今又渐盈。纱巾为松江土产，志所载者。今又有马尾罗巾、高淳罗巾。[4]

以上所举的材料，大多是经济发达的江南地区的情况。其实，当时全国其他地区的情况也往往类似，只是程度不同而已。只要翻检一下嘉靖、隆庆、万历三朝修刊的各地方志，几乎都有关于这个时期越礼奢侈成为风尚的材料，这里不赘引。

明代中后期，社会风尚的变化还表现在赌博、娼妓、男宠等恶习的泛滥上。明代的法律中严禁赌博，严禁私娼，严禁政府官吏出入妓

---

① 〔明〕顾起元：《客座赘语》卷五。

②④ 〔明〕范濂：《云间据目抄》卷二《记风俗》。

③ 《客座赘语》卷九。

院狎妓宿娼。明代前期，社会状况基本良好，这些恶习虽然也有，但未造成大害。到了明代中后期，随着整个社会风尚的变化，这些禁令统统变成一纸空文。如赌博："杭州初时游手光棍赌博者，小则饮食，大则钱钞。即今风俗薄恶，日甚一日，虽富贵子弟皆习此风，小者金银珠玉，大者田地房屋，甚至于妻妾子女，皆以出注输去与人，亦恝然不惜，曾不知耻……而苏常一路尤甚，士大夫归家者，则开赌坊，盖避禁也。"[①]如娼妓："今时娼妓布满天下，其大都会之地动以千百计，其它穷州僻邑，在在有之。……又有不隶于官，家居而卖奸者，谓之土妓，俗谓之私窠子，盖不胜数矣。"[②]又如男宠："今天下言男色者，动以闽广为口实，然从吴越至燕云，未有不知此好者也。"[③]在这样的情况下，狎妓宿娼、宠幸男色都成了一种时尚。

社会风尚的变化不仅可以表现在衣食住行等外在方面的变化上，而且可以表现在人们行为规范、思想观念、价值取向等内在本质的变化上。这些方面的变化是最深刻的变化。明代中后期这些方面的变化至少反映在以下几个方面：

一是重视商业、崇尚商人。在中国封建社会里，一直是以农业为本业，以商业为末业的，重农轻商的观念根深蒂固，历代统治者也往往有意识地重农抑商，采取各种措施和政策禁止人们弃农经商。而且商人居于四民之末，地位最为低下。统治者还往往歧视商人，对他们征以重税，对他们的服饰、器用等进行种种限制。在统治者的影响和引导下，社会上的人对商人也是很看不起的。明代也不例外，"明兴，关市之禁，视前代尤详"[④]。较早从事商业的人，往往是一些生活无着、走投无路的农民，他们或因无地可耕，或因破产失去了土地。在经商过程中，他们中的一些人发家致富了。随着社会生产和商品

---

① 《留青日札摘抄》卷一《赌博》。

②③ 《五杂组》卷八《人部》四。

④ 〔明〕张瀚：《松窗梦语》卷四《商贾记》。

经济的发展，人们的日常生活越来越离不开商品流通，又由于许多人看到经商比起其他行业来，更为有利可图，“良贾近市利数倍，次倍之，最下无能者逐什一之利”[①]，发家致富的机会较多，生活也较为宽裕，有些大商人甚至富比王侯，于是经商的人也就越来越多。特别是苏松地区，“昔日逐末之人尚少，今(明代中后期)去农而改业为工商者，三倍于前矣”[②]。“自安、太至宣、徽，其民多仰机利，舍本逐末，唱棹转毂，以游帝王之所都，而握其奇赢，休、歙尤夥，故贾人几遍天下。”[③]其他地区从商的人也很多，像徽商、晋商等以地域为界形成的商帮就是在这一时期形成的。

这一时期，传统的轻视商业和商人的观念也随之发生了改变，有人提出了“民家常业，不出农商”[④]的观点，主张农商并重，这与过去单纯的以农为本的观念已大不同。人们不再以从事商业活动为低贱和耻辱，连封建士大夫也纷纷加入商业活动的行列中来了。吴中一带“缙绅士夫多以货殖为急”[⑤]，而徽州地区“即阀阅之家，不惮为贾”[⑥]。这时候，甚至出现了弃学从商、弃官从商的现象。像“三言”“二拍”中所说的“为士不振，俱失养”，有人便“凑些资本，买办货物”[⑦]，和有人做官“觉得心里不耐烦做此道路”[⑧]，便弃官经商，正是真实地反映了当时的这种情况。

二是崇拜金钱、贪求财富。这时候的商品经济已经发展到了这样一个阶段：人们所需要的东西几乎都可以在市场上买到，有了钱就意味着有了一切，金钱是万能的，于是金钱变得比以往任何时候都重

①②③ 《四友斋丛说》卷一三《史》九。
④ 〔明〕庞尚鹏：《庞氏家训》。
⑤ 〔明〕黄省曾：《吴风录》。
⑥ 〔明〕唐顺之：《荆川先生文集》卷一五。
⑦ 《喻世明言》卷一八《杨八老越国奇逢》。
⑧ 《初刻拍案惊奇》卷三《刘东山夸技顺城门　十八兄奇踪村酒肆》。

要和必要了，所谓“金钱之神，莫甚于今之时矣”[①]，“金令司天，钱神卓地”[②]，整个社会便陷入了崇拜金钱、追求财富的近乎迷狂的状态。这时期流行的《题钱》歌道出了这种心态：“人为你跋山渡海，人为你觅虎寻豺，人为你把命倾，人为你将身卖。细思量多少伤怀，铜臭明知是祸胎，吃紧处极难布摆。 人为你亏行损德，人为你断义辜恩，人为你失孝廉，人为你忘忠信。细思量多少不仁，铜臭分明是祸根，一个个将他务本。 人为你心烦意恼，人为你梦扰魂劳，人为你易大节，人为你伤名教。细思量多少英豪，铜臭分明是祸苗，一个个因它丧了。……”[③]

崇拜金钱和财富，带来了婚姻观念上的变化。古代婚姻非常讲究等级品第，讲究门当户对。这时候钱财变得异常重要起来，“今世流品，可谓混淆之极，婚娶之家，惟论财势耳”[④]，富商大贾和豪门世族结成婚姻自不必说，就是这时候已经暴发致富了的原来地位最为卑贱的奴隶之家，也可以和名门大族联成婚姻，上文“违禁”节中所说的“近乃有起家巨万之豪仆，联姻士流”[⑤]，就是例子，而一方不惜干违禁的事，另一方也不以为耻辱，“有起自奴隶，骤得富贵，无不结姻高门，缔眷华胄者。余尝谓彼固侯景、李建勋之见，而为名族者，甘为秦晋而不耻，何无别之甚也”[⑥]。

三是家庭观念、亲缘关系趋于淡薄。中国传统社会的纲常伦理观念中非常重视和强调家庭观念和亲缘关系，主张“孝悌”，即孝顺父母、尊敬兄长，提倡“父义、母慈、兄友、弟恭、子孝”，明太祖更是标榜以孝治天下，在明代的律法中，对种种不孝不敬行为的处罚是很严厉的。而别籍异财，即祖父母、父母等在世，而子孙另立门户无疑是不

---

① 〔明〕黄省曾：《五岳山人集》卷三四《仕意篇》下。
② 〔明〕顾炎武：《天下郡国利病书》原编第9册《凤宁徽》引《歙志·风土论》。
③ 〔明〕薛论道：《林石逸兴》卷五。
④⑥ 《五杂组》卷一四《事部》二。
⑤ 《从先维俗议》卷二。

孝行为中的一种,理所当然被列入严禁之列。

随着商品经济的发展,人们的家庭观念发生了变化,亲缘关系趋于淡薄。父子别居的现象很多,"《三国志》言冀州俗,父子异部,更相毁誉。今之江浙之间多有此风,一入门户,父子兄弟,各树党援,两不相下。万历以后,三数见之,此其无行谊之尤"①,"淳庞之气益漓浮薄,以至父子兄弟异釜而炊,分户而役"②。

四是等级秩序、尊卑观念发生动摇。封建社会的伦理观念非常强调等级秩序和尊卑有别,甚至把它说成是天理所定,是不可改变的,"上下之分、尊卑之义,理之当也、礼之本也"③。明代的法律非常强调等级秩序,对上下、尊卑之间的规定和限制尤为详尽。而到了明代中后期,等级秩序、尊卑观念发生了动摇,表现在违禁和逾制上,上文已经说得很多了,这里不赘述。值得注意的是,卑贱者的种种违禁、逾制的行为,成了司空见惯的了,人们习以为常,不以为忤:"至贱如长班,至秽如教坊,其妇外出,莫不首戴珠箍,身被文绣,一切白泽、麒麟、飞鱼、坐蟒,靡不有之。且乘坐肩舆,揭帘露面,与阁部公卿交错于康逵,前驱既不呵止,大老亦不诘责。"④"大家奴皆用三镶官履,与士宦漫无分别,而士宦亦喜奴辈穿着。"⑤而这时候,甚至还出现了这样的现象:"民间之卑胁尊,少陵长,后生侮前辈,奴婢叛家长之变态百出。""少可以陵长,则贱亦可以陵贵。于是未婚未冠之弱子,稍有文名,便分先达之席;不士不农之侠客,一联诗社,即躐大人之班。而异途亦且攘臂焉,以为下流既可混于上流,则杂流岂不可混于正流也?"⑥

---

① 《日知录》卷一三《父子异部》。

② 《天下郡国利病书》原编第15册《山东》上引《滕县风俗志》。

③ 〔北宋〕程颐:《伊川易传》卷一。

④ 《万历野获编》卷五《勋戚·服色之僭》。

⑤ 《云间据目抄》卷二《记风俗》。

⑥ 《从先维俗议》卷二。

在这样一个人们的行为规范、思想观念、价值取向发生变化的时代和社会里，传统的价值观念都有可能被怀疑、被重新审视。原来被视为邪恶的，人们不屑谈、不愿谈、不敢谈的人的各种私欲，这时候也被提出来了，并且得到了肯定：

> 世之人有不求富贵利达者乎？有衣食已足，不愿赢余者乎？有不上人求胜，悦不若已者乎？有不媚神谄鬼，禁忌求福者乎？有不卜筮堪舆，行无顾虑者乎？有天性孝友，不私妻孥者乎？有见钱不吝，见色不迷者乎？有一于此，足以称善士矣。吾未之见也。①

曾经为宋明理学家所否定、所压制、所要消灭的种种个人私欲，这时候被认为是正常人所共有的，是人的本能的体现。人的主体意识觉醒了，人性得到了回复，这也只有在那样一个商品经济得到高度发展、封建的伦理道德受到冲击的社会里才能出现。

三、哲学的突破

明初统治者为了加强专制统治，把程朱理学当作统治思想强力推行。明太祖“即位之初，首立太学，命许存仁为祭酒，一宗朱子之学。今学者非五经、孔孟之书不读，非濂、洛、关、闽之学不讲”②，并且强调“四书五经如五谷，家家不可缺”③。在洪武十四年(1381)明廷还特地颁发四书五经给北方各地学校。明成祖登基后，特命儒臣胡广纂修《性理大全》《四书五经大全》，颁行天下，作为士子求学、出仕的必读教科书，凡是不符合程朱理学的学说都被视为异端加以排斥，

---

① 《从先维俗议》卷二。

② 〔清〕陈鼎：《东林列传》卷二《高攀龙传》。

③ 〔明〕黄溥：《闲中今古录摘抄》。

“饶州儒士朱季友诣阙上书，专诋周、程、张、朱之说。上览而怒曰：‘此德之贼也。’命有司声罪杖遣，悉焚其所著书”①。因此，在明代前期，程朱理学在思想领域一统天下。

对统治者来说，加强思想统制，程朱理学确实是最合适不过的。以孔孟思想为核心的传统儒学发展到宋代，经过周敦颐、程颢、程颐、张载、朱熹诸儒的发展，逐渐形成了一整套严密的哲学思想体系。他们一方面打着“道统”的旗号，以孔孟之道的嫡传自居；另一方面又援佛、道入儒，促进了儒学的哲理化，使它成为既有严密的理论体系又有较强的思辨性的哲学思想，这就是道学，或称理学，其中最主要的是以二程、朱熹为代表的程朱理学。程朱理学中的伦理思想，是把社会政治伦理化，把伦理道德天理化，把君臣父子、上下尊卑等纲常伦理看成永恒的、绝对的、不可更改的原则，看成宇宙的规律和万物的本原。二程认为，“父子君臣，天下之定理，无所逃于天地之间”②，“人伦者，天理也”③，天子之所以居尊位而专有土地人民，是因为天子是天道的体现，“君德即天德也”，“君道即天道也”④，因此，臣民忠于君主是合乎天理的行为，也是天理的体现。而朱熹认为，“君臣父子，定位不移，事之常也；君令臣行，父传子继，道之经也”⑤，“三纲五常，终变不得，君臣依旧是君臣，父子依旧是父子”⑥，因此，“君尊于上，臣恭于下，截然不可犯”⑦。这些言论无疑为统治者加强封建统治提供了理论依据。因此，从南宋后期，中经元代，一直到明清，历朝统治者无不推崇程朱理学，并把它奉为统治思想的官方哲学。

在思想统治非常严密的情况下，“明初诸儒，皆朱子门人之支流余裔，师承有自，矩矱秩然”⑦，他们“习熟先儒之成说，未尝反身理会，

① 《东林列传》卷二。

②③④ 《二程集》第77、394、117—118页，中华书局，1981年。

⑤ 《朱子文集》卷一四。

⑥⑦ 《朱子语类》卷二四、六八。

⑦ 《明史》卷二八二《儒林传》一。

推见至隐，所谓此亦一述朱，彼亦一述朱耳”[①]，像“曹端、胡居仁笃践履，谨绳墨，守儒先之正传，无敢改错”[②]，这自然是缺乏创新意识的。当时的著名理学家有河东学派的代表人物薛瑄和崇仁学派的代表人物吴与弼，号称南北两大儒。薛瑄自称“七十六年无一事，此心惟觉性天通”[③]，而吴与弼“一禀宋人成说”[④]，这样，这些理学家们只是重复些宋儒的“性”“命”“理”“气”等说，并无多少创见，这对理学的发展自然是很不利的。因此，程朱理学在明代前期逐渐僵化，失去了发展的生机。不过相比较而言，吴与弼的理学思想中也夹杂着一些心学的成分，如他在一首诗中说“寸心含宇宙，不乐复如何”[⑤]，而导明代心学先河的陈献章也出自他的门下。而且，作为理学大师，他们的人格也还有可议之处，像薛瑄“为御史，在宣、正两朝，未尝铮铮一论事；景皇易储，先生时为大理，亦无言”，于谦之狱是英宗复辟后“第一案”，“功罪是非”，当时薛瑄为大学士，“仅请从末减，坐视忠良之死而不之救”[⑥]。吴与弼曾得到勾结宦官杀害于谦，后又专权乱政的武将石亨的荐引，因此他“跋石亨族谱，自称门下士”[⑦]，这在当时就受到了士人们的訾议。而一般的士子们，研读四书五经的主要目的是猎取功名，加强道德修养也就成了次要的东西。当时有些号称理学家的人，实际上是口是心非、表里不一的伪道学家。而且，明代到了宣德以后，逐渐衰落，特别是到了正德年间，各种社会问题暴露无遗，政治、经济等方面出现了危机，当时的理学家没有解决实际问题的能力，实在于事无补。这样，程朱理学在明代中期也就理所当然地走向没落了，随之而起的是心学。

---

①② 〔明〕黄宗羲：《明儒学案》卷一〇《姚江学案》。

③ 《明儒学案·师说·薛敬轩瑄》引。

④⑦ 《明儒学案》卷一《崇仁学案》一。

⑤ 《吴康斋先生集》卷六《诗·道中作》。

⑥ 《明儒学案·师说·薛敬轩瑄》。

“学术之分，则自陈献章、王守仁始。”[①]“有明之学，至白沙始入精微，其吃紧工夫全在涵养。喜怒未发而非空，万感交集而不动，至阳明而后大，两先生之学最为相近。”[②]这是说陈献章和王守仁两人的共同功劳是使明代哲学开始脱离程朱理学的藩篱，而两人的学说又有共同之处。陈献章之学说正是使明代哲学从程朱理学转向王守仁心学的中间环节。“先生之学，以虚为基本，以静为门户，以四方上下、往古来今、穿纽凑合为匡郭，以日用、常行、分殊为功用，以勿忘、勿助之间为体认之则，以未尝致力而应用不遗为实得”[③]，“献章之学，以静为主。其教学者，但令端坐澄心，于静中养出端倪”[④]。这两段话，指出了陈献章的学术思想既保留有程朱理学的观点，又有脱离程朱理学而转向心学之处，这与他的经历有关。他早年崇奉程朱理学，曾随吴与弼学习。吴与弼传授给他的东西很多，但他理解不了，回到家乡白沙后，用功了九年，还是不能领会，于是改变用功的方法，采用类似禅宗的静坐之功，才慢慢体会到了心的本体，理就在心中。因此他曾说：“君子一心，万理完具，事物虽多，莫非在我。”[⑤]他反对明初学者因循成说的习气，要求门人独立思考，做到自得于心：“我否子亦否，我然子亦然，然否苟由我，于子何有焉？”[⑥]

陈献章没有中过进士，后来又屡荐不起，几乎没有做过官，政治上很平凡，他的学说对明代哲学并没有太大的影响，“宗献章者曰江门之学，孤行独诣，其传不远”[⑦]。但他对明代心学具有先导之功。

建立起明代心学的庞大理论体系，并使心学成为明代中后期哲学主流的是王守仁，故后世称心学为王学，又因为王守仁的心学思想与南宋心学家陆九渊的相近，后世亦称这一派别称为陆王心学或陆

①⑦ 《明史》卷二八二《儒林传》一。

② 《明儒学案》卷五《白沙学案》上。

③ 《明儒学案》卷五《白沙学案・文恭陈白沙先生献章》

④ 《明史》卷二八三《儒林传》二《陈献章传》。

⑤⑥ 《白沙子》卷一、五。

王学派。但王守仁的思想在许多方面并不直接继承陆九渊的学说。王守仁心学的主要命题有“心即理”说、“致良知”说和“知行合一”说，在这些方面都是与朱熹的观点相对立的，因此，王守仁的心学可以看作明代哲学的第一次突破，这是心学对程朱理学的突破。

王守仁的“心即理”说是继承了陆九渊的“人皆有是心，心皆具是理，心即理也”①的学说的，而论证比陆九渊精密得多：“在物为理，处物为义，在性为善，因所指而异其名，实皆吾之心也。心外无物，心外无事，心外无理，心外无义，心外无善。吾心之处事物，纯乎理而无人伪之杂谓之善，非在事物有定所之可求也。处物为义，是吾心之得其宜也，义非在外可袭而取也。”②“夫物理不外于吾心，外吾心而求物理，无物理矣。遗物理而求吾心，吾心又何物耶？心之体，性也，性即理也。”③因而他反对程朱理学将心与理分而为二：“夫万事万物之理不外于吾心，而必曰穷天下之理，是犹析心与理而为二也。”④“心虽主乎一身，而实管乎天下之理；理虽散于万事，而实不外乎一人之心。是其一分一合之间，而未免已启学者心、理为二之弊。”⑤既然心外无物、心外无理，世上事物之理都存在于心中，不必向外求得。既然心即理，心的本体就是天理，那么必然会推出这样的结论：个人的道德意识、是非标准也存于心中，凭自己心中本来就有的道德意识，自然就有判断是非的能力，而不必按照别人的成说，因此他说：“夫学贵得于心，求之于心而非也，虽其言出于孔子，不敢以为是也，而况其未及孔子者乎？求之于心而是也，虽其言出于庸常，不敢以为非也，而况其言出于孔子者乎？”⑥而“学，天下之公也，非朱子可得而私也，非孔子可得而私也”⑦。这些言论强调人的主观能动性和主体意识，对儒

① 《象山全集》卷一一《与李宰书》。

② 《王文成公全书》卷四《文录》一《与王纯甫》。

③④⑤ 《王文成公全书》卷二《语录》二《传习录》中。

⑥⑦ 《传习录》中《答罗整庵少宰书》。

家传统思想的权威性是个重大的冲击，起了思想解放和个性解放的先导作用。

“致良知”说是王守仁心学的最基本的理论。王守仁反对朱熹对《大学》的“格物致知”的解释，认为朱熹的解释是“即物而穷其理”，是向外穷理以求得知识，因而加以反对，王守仁认为致知是致自己内心的良知：“若鄙人所谓致知格物者，致吾心之良知于事事物物也，吾心之良知，即所谓天理也。致吾心良知之天理于事事物物，则事事物物皆得其理矣。致吾心之良知者，致知也；事事物物皆得其理者，格物也。是合心与理而为一也。”①良知就是在人心中的天理，“天理在人心，亘古亘今，无有终始；天理即是良知”②。良知是人人具有的，圣愚皆同，个个自足，不假外求，只是有的人比较自觉，有的人比较昏昧，“良知良能，愚夫愚妇与圣人同，但圣人能致良知，而愚夫愚妇不能致，此圣愚之所由分也”③，“圣人自然致之，贤人勉强致之，凡人困学致之，愚人蔽昧不致”④。但凡人和愚人只要通过静和动两种功夫，进行自我认知，不必依靠外力的帮助，良知也就能自觉，一切邪思妄念也就能消融，就能达到“此心纯乎天理而无一毫人欲之私”⑤的境界。人人都可以达到圣人的境界，这就是“致良知”。

在这里，王守仁的“致良知”说很可能被误解为是和程朱理学的“存天理、灭人欲”相接近的，其实，两者的“天理”范畴并不相同。在程朱理学那里，“天理”是指儒家传统的纲常伦理教条，而王守仁所说的“天理”即良知，这是从“心即理”说推导而出的，良知即心，是人的主观道德意识，它既是是非标准，又是好恶标准，“良知只是个是非之心，是非只是个好恶，只好恶就尽了是非，只是非就尽了万事万

① 《传习录》中《答顾东桥书》。

② 《王文成公全书》卷三《语录》三《传习录》下。

③⑤ 《传习录》中。

④ 《王文成公全书》卷八《文录》五《杂著》《书魏师孟卷》。

变”[①],“尔那一点良知,是尔自家底准则,尔意念着处,他是便知是,非便知非,更瞒他一些不得,尔只不要欺他,实实落落依着他做去,善便存,恶便去,他这里何等稳当快乐,此便是格物的真诀、致知的实功”[②]。从人人都具有判断是非、好恶的良知这一前提出发,自然而然就能得出人人都能独立自主地判断是非的结论:“夫君子之论学,要在得之于心。众皆以为是,苟求之心而未会焉,未敢以为是也;众皆以为非,苟求之心而有契焉,未敢以为非也。”[③]因此也就不必以孔子的是非为是非。其次,王守仁认为良知是人人具有的,“良知之在人心,不但圣贤,虽常人亦无不如此”[④],“自己良知原与圣人一般,若体认得自己良知明白,即圣人气象不在圣人,而在我矣”[⑤]。因此“人皆可以为尧舜”[⑥],甚至在他看来,“满街人都是圣人”,“人心中各有个圣人”[⑦]。因此黄宗羲说:“自姚江指点出‘良知人人现在,一反观而自得’,便人人有个作圣之路。”[⑧]王守仁把“良知”看作普遍的人性,又认为人性是平等的,具有反传统的意义。

王守仁既然认为心即理,心、理不可分,那么知、行也就不可分。他的“知行合一”说是为了反对朱熹的“知先行后”说而提出来的:“知者行之始,行者知之成,圣学只一个工夫,知、行不可分为两事。”[⑨]“知是行的主意,行是知的工夫。知是行之始,行是知之成。只说一个知,已自有行在;只说一个行,已自有知在。”[⑩]“知之真切笃实之处即是行,行之明觉精察处即是知。”[⑪]王守仁的知行合一说对当时学者们

① 《王文成公全书》卷三《语录》三《传习录》下。
②③ 《王文成公全书》卷二一《外集》三《壬午答徐成之》。
④ 《传习录》中《答陆原静书》。
⑤ 《传习录》中《启问道通书》。
⑥ 《王文成公全书》卷一《语录》一《传习录》上。
⑦ 《传习录》下。
⑧ 《明儒学案》卷一〇《姚江学案》。
⑨⑩ 《王文成公全书》卷一《语录》一《传习录》上。
⑪ 《王文成公全书》卷六《文录》三《答友人问》。

将知和行分为两端，进而重知轻行、只是空谈的学风，有很强的针对性。他一方面强调了道德意识的自觉性，要求人在内在精神上下功夫；另一方面又重视道德的实践性，要人在事上磨练。但他认为“一念发动处，便即是行了”①，他的立意宗旨是要克服掉发动处的不善，则又把人的意识活动当成了实践活动。

王守仁在世时，程朱理学虽已渐衰，但势力尚大，心学曾被当作异端，两派之间曾进行激烈的斗争。王守仁之后，心学大盛，势力超过了程朱理学，成了哲学的主流，“宗守仁者曰姚江之学，别立宗旨，显与朱子背驰，门徒遍天下，流传逾百年，其教大行，其弊滋甚”②。心学虽然是与程朱理学相对立的哲学派别，但它仍然是一种儒家思想学说，和程朱理学一样，说到底是为封建统治提供理论依据，以维护封建统治的。不过，由于它的学说中有要求发挥人的主观能动性的一面，因而客观上具有反传统的意义。

王守仁在晚年提出“致良知”说时，对作为立言宗旨的“无善无恶心之体，有善有恶意之动，知善知恶是良知，为善去恶是格物”③这一“四字教”并未做详尽阐发，而王守仁的学说中有强调人的主观能动性、要求人独立思考的言论，而且他又认为人人具有判断真理和认识道德标准的良知。这样，王守仁的弟子们对“致良知”之说各有各的理解，这就导致了王学分成不同的派别。这种学术分野在王守仁在世时就已经开始了，他的两大弟子钱德洪和王畿对“四字教”各有各的理解而向王守仁求正，而王守仁认为他们两人的说法“正好相资为用，不可各执一边”④，这就是著名的“天泉证道”。

钱德洪和王畿同属“浙中王门”，是王守仁在家乡的心学传人，但两人对王学宗旨的看法已很不相同。钱德洪主张“四有”，恪守师说，只是对王守仁的某些说法做些补充；而王畿主张“四无”，不拘守王守

①③④ 《传习录》下。

② 《明史》卷二八二《儒林传》一。

仁的成说，把"良知"说引向了禅学。黄宗羲评论这两人说："龙溪（王畿）从见在悟其变动不居之体，先生（钱德洪）只于事物上实心磨炼，故先生之彻悟不如龙溪，龙溪之修持不如先生。乃龙溪竟入于禅，而先生不失儒者之矩矱，何也？龙溪悬崖撒手，非师门宗旨所可系缚，先生则把缆放船，虽无大得亦无大失耳。"①

除"浙中王门"外，当时主要的王学派别还有"江右王门"和"泰州学派"等。"江右王门"是王学在江西地区的分支流派，这一派的代表人物有邹守益、罗洪先等，也以恪守师说、传播王学为旨归，救正了"浙中王门"通禅的偏颇，故后人把这一派看作王学的嫡传，"姚江之学惟江右为得其正传"②。

王学诸派中在明代中后期产生重大影响的是泰州学派，它的创始人是泰州人王艮。这一派的盛行正当嘉靖中叶至万历年间，它使王学风行天下，又使王学发生了较大的变异："阳明先生之学，有泰州（指王艮）、龙溪而风行天下，亦因泰州、龙溪而渐失其传。泰州、龙溪时时不满其师说，益启瞿昙之秘而归之师，盖跻阳明而为禅矣。然龙溪之后，力量无过于龙溪者，又得江右为之救正，故不至十分决裂。泰州之后，其人多能以赤手搏龙蛇，传至颜山农、何心隐一派，遂复非名教之所能羁络矣。顾端文曰：'心隐辈坐在利欲胶漆盆中，所以能鼓动得人，只缘他一种聪明，亦自有不可到处。'羲以为非其聪明，正其学术也。所谓祖师禅者，以作用见性。诸公掀翻天地，前不见有古人，后不见有来者。释氏一棒一喝，当机横行，放下拄杖，便如愚人一般。诸公赤身担当，无有放下时节，故其害如是。"③

这一番话写出了泰州学派的特点：这一派出自王学而在流传过程中离王学的宗旨渐远。特别是传至后来的颜钧、何心隐等，已经为

① 《明儒学案》卷一一《浙中王门学案》一《员外钱绪山先生德洪》。

② 《明儒学案》卷一六《江右王门学案》一。

③ 《明儒学案》卷三二《泰州学案》一。

封建的纲常礼教所不能羁络了，冲决旧教条罗网，带有异端的色彩。泰州学派可以看作明代哲学的第二次突破，它既是对程朱理学的纲常伦理教条的突破和扫荡，使得这时期程朱理学彻底让位于心学，“嘉隆以后，笃信程朱，不迁异说者，无复几人矣”[①]，更主要的是对王学本身的突破。

泰州学派的创始人王艮，灶丁出身，文化程度不高，跟随王守仁学习并接受他的思想时已38岁。由于他本人的出身、经历，他的学说简明直捷、贴近生活实际。他开门授徒，不拘人的身份、背景，能吸引社会各阶层的人。这一派的成员中，既有上层社会的官员、士子，又有樵夫朱恕、陶匠韩贞、田夫夏廷美这样的来自下层社会的人物。黄宗羲称他“谓‘百姓日用即道’，虽僮仆往来动作处，指其不假安排者以示之，闻者爽然”[②]。

“百姓日用即道”这一著名观点认为，圣人之道就在普通百姓的日常生活之中：“圣人之道，无异于百姓日用。凡有异者，皆是异端。”“百姓日用条理处，即是圣人之条理处。圣人知，便不失；百姓不知，便会失。”[③]把“圣人之道”与百姓日用等同起来，起着破坏封建纲常伦理秩序的作用。

王艮的学说还强调“安身立本”和“明哲保身”。“安身立本”说是他对“格物”的独特解释，他说：“格物，即物有本末之物。身与天下国家一物也，格知身之为本，而家国天下之为末，行有不得者，皆反求诸己。反己，是格物底工夫，故欲齐、治、平，在于安身。……身未安，本不立也。”[④]他把自身视为根本，强调只有安身，才能爱身、敬身，从而推及爱人、敬人，才能齐家、治国、平天下。为什么他特别强调安身呢？因为在他看来，身与道相等，尊身与尊道不可分：“身与道原是一

① 《明史》卷二八二《儒林传》一。

②④ 《明儒学案》卷三二《泰州学案》一《处士王心斋先生艮》。

③ 《王心斋先生遗集》卷一《语录》。

体，至尊者此道，至尊者此身。尊身不尊道，不谓之尊身；尊道不尊身，不谓之尊道。”①

从“安身立本”和“尊身”即“尊道”出发，就必然要求“明哲保身”。王艮认为：“明哲保身者，良知良能也。”知保身，才会爱身、爱人，才会敬身、敬人，人们才会爱我、敬我，才能保一家、保一国、保天下。反之，自身不保，就不能保天下国家，而“能知爱人，而不知爱身，必至于烹身割股、舍生杀身，则吾身不能保矣”②。

王艮提出“安身立本”“尊身尊道”和“明哲保身”说，反复强调自身的重要，把自身当作天下事物的本，把家、国、天下当作事物的末，故而只有安身、尊身、保身，才能齐家、治国、保君父、平天下。他的学说虽不免会开“临难苟免”、遇事退避之隙，但在抹杀人的价值和尊严，使人不成其为人的封建礼教社会，提出这样的观点，显然是对个人价值的肯定、对个人尊严的维护，这无疑具有反封建的意义。

泰州学派发展到何心隐，进一步提出了物质欲望是合理的看法。他说味、色、声、安佚等欲望，是合乎人性的，“性而味，性而色，性而声，性而安逸，性也”③，因此他提倡“寡欲”，即发展自然人欲，并有所节制：“寡欲，以尽性也。尽天之性以天乎人之性，而味乃嗜乎天下之味以味。……凡欲所欲，而若有所节，节而和也，自不戾乎欲于欲之多也，非寡欲乎？”④他还主张“育欲”，适当地满足个人的各种合理欲望：“昔公刘虽欲货，然欲与百姓同欲，以笃前烈，以育欲也。太王虽欲色，亦欲与百姓同欲，以基王绩，以育欲也。育欲在是，又奚欲哉！”⑤何心隐的这些观点是为了反对程朱理学的“存天理，灭人欲”，主张“无欲”“绝欲”的禁欲主义的，正反映了当时商品经济高

① 《王心斋先生遗集》卷一《语录答问补遗》。

② 《王心斋先生遗集》卷一《明哲保身论》。

③④ 《何心隐集》卷二《寡欲》。

⑤ 《何心隐集》卷三《聚和老老文》。

度发达的社会里人们要求充分满足自己的物质欲望的一种愿望，因此它能在人们中引起广泛的反响，故顾宪成（端文）说“心隐辈坐在利欲胶漆盆中”，“能鼓动得人”。何心隐是颜钧（山农）的学生，因此黄宗羲称王艮的学说传至这一派“遂复非名教之所能羁络矣”。

颜钧的另一学生罗汝芳则提出了“赤子之心”的说法，他认为“天初生我，只是个赤子。赤子之心浑然天理，细看其知不必虑、能不必学，果然与莫之为而为、莫之致而至的体段，浑然打得对同过”[①]。他是把“赤子之心”看作自然具备着一切“知”和“能”的，因此导出不必学习传统教条的结论，主张“莫之为而为，莫之致而至”，这对反对封建束缚是有意义的。黄宗羲称：“先生之学，以赤子良心、不学不虑为的，以天地万物同体、彻形骸、忘物我为大。此理生生不息，不须把持，不须接续，当下浑沦顺适。工夫难得凑泊，即以不屑凑泊为工夫；胸次茫无畔岸，便以不依畔岸为胸次。解缆放船，顺风张棹，无之非是。”[②]则又指出了罗汝芳之学进一步把王学引向了禅宗化。

泰州学派经过发展，产生了被人斥为“异端之尤”，也以“异端”自居的思想家李贽。李贽是王艮之子王襞的学生，王畿和罗汝芳的思想对李贽也有很大影响。由于李贽的思想太激烈，在许多方面已经突破了心学的藩篱，为当时的许多人包括心学家们所不能接受，因此后来与心学有密切联系的黄宗羲在《明儒学案》中没有把他列入，似乎不承认他是泰州学派的传人。

李贽的异端思想表现在激烈的反传统上。在《焚书》和《续焚书》里，他对传统的伦理道德的虚伪性进行了尽情的揭露和批判，在《藏书》和《续藏书》里，他对历史上包括明代在内的著名人物用自己的历史观而不是用传统的历史观进行了评判。

---

①② 《明儒学案》卷三四《泰州学案》三《参政罗近溪先生汝芳》。

李贽发展了王艮“百姓日用即道”的观点，认为满足日常生活的需要是最根本的，“穿衣吃饭，即是人伦物理，除却穿衣吃饭，无伦物矣。世间种种，皆衣与饭类耳，故举衣与饭，而世间种种自然在其中，非衣饭之外更有所谓种种绝与百姓不相同者也”①。李贽认为，自私是人的天性，是人的一切活动的动机，也是人类社会发展的动力：“夫私者，人之心也，人必有私，而后其心乃见，若无私，则无心矣。如服田者私有秋之获，而后治田必力；居家者私积仓之获，而后治家必力；为学者私进取之获，而后举业之治也必力。此自然之理、必至之符，非可以架空而臆说也。”②

李贽的这些观点，不仅与程朱理学的“道心”“天理”观和“存天理，灭人欲”的说教相反，而且与儒家传统的道德观念也是不同的。公开宣扬利己主义的人性论，正反映了当时勃兴的市民阶层的愿望。

李贽还发展了罗汝芳的“赤子之心”说，提出了“童心”说：“童心者，真心也，若以童心为不可，是以真心为不可也。夫童心者，绝假纯真，最初一念之本心也。若失却童心，便失却真心；失却真心，便失却真人。人而非真，全不复有初矣。”③提出这样的观点，是为了反对“以闻见道理为心”的虚假，反对一切假人、假言、假事、假文：“夫既以闻见道理为心矣，则所言者皆闻见道理之言，非童心自出之言也。言虽工，于我何与？岂非以假人言假言，而事假事，文假文乎？盖其人既假，则无所不假矣。由是而以假言与假人言，则假人喜；以假事与假人道，则假人喜；以假文与假人谈，则假人喜。无所不假，则无所不喜。”④李贽的“童心”说主要是针对道学和道学家的虚伪性的，他认为六经、《论语》《孟子》等儒家经典并不真的是出自圣人之口的圣人之言，而是后人附加上去的，并不能作为“万世之至论”，并且指出，正

---

① 《焚书》卷一《答邓石阳书》。

② 《藏书》卷三二《德业儒臣后论》。

③④ 《焚书》卷三《童心说》。

是这些传统的儒家书籍，导致了后世道学家的虚伪性，“六经、《语》《孟》，乃道学之口实，假人之渊薮也”[①]。

从程朱理学衰落到王守仁心学崛起，再从王守仁心学发展为泰州学派这样的异端学说，明代哲学实现了两次重大突破。人们的思想从程朱理学的桎梏中解脱了出来，传统的价值标准、伦理道德规范失却了普遍的共同的约束力，人们的思想从一元走向多元。自我意识觉醒了，自我价值得到了体认，正是从这个意义上说，王学及从王学发展出的泰州学派，对明代中后期的思想解放和个性解放起了积极的推动作用。但是，人们的思想一旦从一个共同的价值体系下解脱出来，开始走向多元时，也常常会产生混乱。过分地注重自我，也常常会导致个人私欲的急剧膨胀。这时候，任情纵欲、见利忘义等负面现象也会随之出现。王学，尤其是泰州学派的一些主张，在这些方面也确实起了引导作用。

王学本身在发展过程中逐渐变异，它的通禅和禅宗化，也同样产生了一些流弊。王学通禅，从王守仁创立心学之时就已经开始了，王守仁在转向心学前，曾“出入于佛老者久之”[②]，导致他创立心学体系的“龙场悟道”就带有很浓重的禅宗“顿悟”色彩。他遭谪至贵州龙场驿期间，心情很苦恼，于是“日夜端居澄默，以求静一”，“久之，胸中洒洒”，“忽中夜大悟格物致知之旨，寤寐中若有人语之者，不觉呼跃，从者皆惊，始知圣人之道，吾性自足，向之求理于事物者误也，乃以默记五经之言证之，莫不吻合”[③]。他的“心即理”说和“良知”说，都带有禅宗色彩。而他讲学授徒也常常采用禅宗的方法，如著名的“四句教”就是。天泉证道，强调“利根之人，直从本源上悟入，人心本体原是明莹无滞，原是个未发之中。利根之人一悟本体，即是工夫，人己内外

---

① 《焚书》卷三《童心说》。

② 《明儒学案》卷一〇《姚江学杂・文成王阳明先生守仁》。

③ 〔明〕钱德洪：《阳明先生年谱》，《王文成公全书》卷三二。

一齐俱透”[①]，也是模仿禅宗的。王守仁的传人王畿“以笃信谨守、一切矜名饰行之事，皆是犯手做作”，他“悬崖撒手，茫无把柄，以心息相依为权法”[②]，入于佛老，故后人称王畿这一派为“狂禅”。而泰州学派的重要成员，从王艮到颜钧、何心隐、罗汝芳再到李贽，他们的思想和行为都带有很明显的禅宗色彩，更是将王学逐渐引向禅宗化。黄宗羲称他们“赤手搏龙蛇”“掀翻天地”“赤手担当，无有放下时节”，主要也是就他们这一派通禅而言的。而泰州学派的传人焦竑，“师事耿天台、罗近溪，而又笃信卓吾之学，以为未必是圣人，可肩一狂字，坐圣门第二席，故以佛学即为圣学，而明道辟佛之语，皆一一绌之”[③]。他和他的好朋友李贽，被当时人认为是鼓吹“狂禅”的人物。

王门后学的通禅在明代中后期是个很普遍的现象，“阳明亡后，学者承袭口吻，浸失其真，以揣摩为妙悟，纵恣为乐地，情爱为仁体，因循为自然，混同为归一”[④]。王门后学通禅和逐渐禅宗化，发展到后来越来越空疏，并且失去了王学尤其是泰州学派的那种反理学、反传统的精神，其末流更是陷入了空寂、游谈之中，这对晚明危亡的政局同样毫无补益。

四、士心的嬗变

作为一个个具体的人，士人们的情趣、爱好、性格、心态等总是千差万别的；但作为一个群体，则一个时代、一个社会，甚至同一时代和社会在不同的历史发展阶段，士人们的精神风貌、价值取向、思想观念、生活情趣等方面总有一个大体一致的发展趋向。这一普遍的发

① 《明儒学案》卷一〇《姚江学案·文成王阳明先生守仁·传习录》引王畿《天泉证道说》。
② 《明儒学案》卷一二《浙中王门学案》二《郎中王龙溪先生畿》。
③ 《明儒学案》卷三五《泰州学案》四《文端焦澹园先生竑》。
④ 《明儒学案》卷一九《江右王门学案》四《同知刘师泉先生邦采》。

展趋向又总是和这一时期的社会政治、时代风尚、哲学思想等的发展趋向大致相当。从明代初期到万历时期，整整二百年的时间。在这二百年里，明代的社会政治、时代风尚、哲学思想等方面都发生了非常显著的变化，作为一个群体的士人的心态也同样发生了非常大的变化。如果站在明初和万历这时间的两端来看，则士人心态方面的差异之大非常显著，但如果从明初到万历，把它作为一个历史的长时段来考察，则士人心态的变化又是一个漫长的、缓慢的、渐进的发展过程。

明朝初兴，太祖朱元璋除了采取一系列与民休息、发展生产的措施外，非常重视对全体士民的教化，把程朱理学推上统治思想的地位，用它来收拾人心、风励节操，培养全体臣民特别是士人的一种忠君爱国的观念，又鉴于元朝败亡的教训，特别重视吏治："明太祖惩元季吏治纵弛、民生凋敝，重绳贪吏，置之严典。府、州、县吏来朝，陛辞，谕曰：'天下初定，百姓财力俱困，如鸟初飞、木初植，勿拔其羽，勿撼其根。然惟廉者能约己而爱人，贪者必朘人以肥己，尔等戒之。'洪武五年下诏有司考课，首学校、农桑诸实政。……一时守令畏法，洁己爱民，以当上指，吏治焕然丕变矣。下逮仁、宣，抚循休息，民人安乐，吏治澄清者百余年。""自明兴到洪、宣、正统间，民淳俗富，吏易为治。而其时长吏亦多励长者行，以循良见称，其秩满奏留者，不可胜纪。"①

吏治的好坏，常常可以从一个侧面看出这一时期士人与君主、与王朝的关系如何。知府、县令以及他们的属吏，是官僚集团中的中下级成员，他们直接负责着管理、教化百姓，以及为朝廷征收赋税等重任，是连接君主和百姓的中间环节。其实，不仅是这些中下级官吏廉洁克己，就连作为王朝重要支柱的朝臣们也都是如此的。

① 《明史》卷二八一《循吏传》。

明朝初期经过太祖、成祖的苦心经营，到了仁宗、宣宗之时，出现了承平安定的局面，史称“仁宣之治”，这与王朝官吏们的遵纪守法、克尽厥职是分不开的。亲附于明王朝，与这个政权休戚与共，乐于为它服务、奉献，忠君、爱国，克己、爱民，无疑是这一时期士人的普遍的心态。

到了明英宗正统年间，明王朝进入了长期的相对稳定的守成局面。这时期开始出现宦官干政的状况，明代政治开始趋于混乱：“明至英宗以后，幸门日开。传奉请乞，官冗役繁，用度奓汰，盛极孽衰，国计坐绌。”[①]天顺年间，宦官势力继续增长。到了成化年间，明宪宗重用宦官和奸佞，朝政更加混乱。史称这一时期“朝野多故，时事亦孔棘矣”[②]，“朝多秕政”[③]。

这一时期的朝政虽已大不如前，但数十年来培养起来的忠君爱国、以名节自励的士风仍在。“上者爱国，次亦爱名”[④]，仍然是士人的基本心理倾向。当然，这一时期不是没有阿意取容、结交近幸的奸佞之徒，像万安由结交近侍而得以入阁，与宪宗所宠幸的万贵妃联宗，自称子侄辈，随其他阁臣一起受皇帝召对，不知议事，只是顿首呼“万岁”，被人戏称为“万岁阁老”。他上宪宗的奏疏，不言政事，专讲房中术，保存在宫中的竟得一小箧。而刘吉“多智数，善附会，自缘饰，锐于营私”，竟因此担任阁臣长达十八年，人称“刘棉花”，“以其耐弹也”[⑤]。史称“万安、刘吉要结近幸，蒙耻固位，犹幸同列多贤，相与弥缝匡救”[⑥]，可见当时的阁臣大多还是比较正派的，因此少数奸佞之徒也没对朝政造成太大的危害。

---

① 《明史》卷一八五“赞曰”。
② 《明史》卷一七六“赞曰”
③ 《明史》卷一六八《万安传》。
④ 《明史》卷一八〇“赞曰”。
⑤ 《明史》卷一六八《刘吉传》。
⑥ 《明史》卷一六八“赞曰”。

在天顺、成化年间的阁臣中，李贤、彭时、商辂等人的政绩都是很突出的。像李贤在天顺年间“以一身搘拄其间，沛然若有余，奖厉人材，振饬纲纪。迨宪、孝之世，名臣相望，犹多贤所识拔”，而彭时、商辂“侃侃守义，尽忠献纳，粹然一出于正”①。内阁之下，以六部最为重要，六部和内阁同为朝廷两大支柱，“天顺、成化间，六部最称得人”②。六部尚书中王翱、年富、王竑、李秉、王复、姚夔、林聪，侍郎中叶盛等都极有名。

当时的阁臣中，吕原、岳正、刘定之等在阁的时间都不长，但无不尽心尽力。像岳正在天顺间入阁，“在内阁才二十八日，勇事敢言，便殿论奏，至唾溅帝衣。有规以信而后谏者，慨然曰：‘上顾我厚，惧无以报称。子乃以谏官处我耶？’”尽忠于皇帝，却仍然被谤见弃，因欲以反间计离散在“夺门之变”中有功的宦官曹吉祥、武将石亨之结党，事败后被英宗贬为钦州同知，“英宗亦悉其忠，其在戍所，尝念之曰：‘岳正倒好，只是大胆。’正闻，自为像赞，述帝前语，末言：‘臣尝闻古人之言，盖将之死而靡憾也！’其自信不回如此”③。尽管忠而见弃，竟没有一丝一毫的怨恨，反而因为皇帝说了自己一句好话，就觉得死了也值得。

岳正这样忠而见弃而有着至死无憾的心态者，并不是个别的。于谦又是一个。他“忧国忘家，身系安危，志存宗社”④，在“土木堡之变”后，支撑起明王朝的危亡政局，组织北京保卫战，粉碎了瓦剌军队的进犯。他遇到不如意事，“辄拊膺叹曰：‘此一腔热血，竟洒何地？’”在英宗复辟后，终于遭谗被杀，“及籍没，家无余资，独正室镭钥甚固。启视，则上（指景帝）赐蟒衣、剑器也”⑤。其实，忠而忘身的又何止岳

① 《明史》卷一七六“赞曰”。
② 《明史》卷一七七“赞曰”。
③ 《明史》卷一七六《岳正传》。
④ 《明史》卷一七〇“赞曰”。
⑤ 《明史》卷一七〇《于谦传》。

正、于谦，这一时期，“直言敢谏之士，激于事变，奋不顾身，获罪固其所甘心”[①]的大有人在，像刘球、陈鉴、杨瑄等皆因正直敢言而贾祸，或被杀，或被系，或被遣。

直言敢谏，是当时突出的士风，也是士人爱国爱名的心态的体现之一。十三道监察御史和六科给事中合称科道，它们共同负有建言和进谏之责。这时期的科道官们责无旁贷：“御史为朝廷耳目，而给事中典章奏，得争是非于廷陛间，皆号称言路。天顺以后居其职者，振风裁而耻缄默。自天子、大臣、左右近习，无不指斥极言。南北交章，连名列署。或遭谴谪，则大臣抗疏论救，以为美谈。顾其时门户未开，名节自励，未尝有承意指于政府，效搏噬于权珰，如末季所为者。故其言有当有不当，而其心则公。”[②]文学词臣本来并不负有建言进谏之责，这时期也勇于言事：“词臣以文学侍从为职，非有言责也，激以名义，侃侃廷诤，抵罪谪而不悔。”[③]不止是科道官和文学词臣，这时期的“草野微贱”，“逢掖布衣、刀笔掾史、抱关之冗吏、荷戈之戍卒”，“慷慨发愤之徒扼腕而谈世务也，英、景之际，《实录》所载，不可胜书”[④]。朝野上下、整个士人集团，都处于一种关心国事、奋发向上的氛围中。

廉洁奉公，是当时士人阶层爱国爱名心态的体现之二。至武宗正德时，明代开国已一百多年，而“吏治澄清者百余年”，“英、武之际，内外多故，而民心无土崩瓦解之虞者，亦由吏鲜贪残，故祸乱易弭也”[⑤]。朝政的混乱和动荡并没有造成整个社会局势的混乱和动荡，最高权力阶层之间的争斗和更替也并没有对中下层官吏造成太大的损害。大多数官吏仍然在以他们的良心、社会责任感和近

---

① 《明史》卷一六二“赞曰”。

② 《明史》卷一八〇“赞曰”。

③ 《明史》卷一七九“赞曰”。

④ 《明史》卷一六四“赞曰”。

⑤ 《明史》卷二八一《循吏传》。

百年来以明朝法律及程朱理学的道德观念培养起来的对帝国的忠诚，辛勤地工作着。

到了明武宗正德、明世宗嘉靖时期，士人作为群体，他们的心态发生了较大的变化，这与这一时期的政治局势、社会风尚、哲学思想等方面所发生的重大变化有关。就政治局势而言，正嘉时期，朝政进一步败坏，而且越来越糟。对士风的变化起到重大作用、对士人心态造成很大影响的，有以下几件大事。

第一件事是正德前期群臣谋除"八党"的失败以及由此引发的刘瑾对士流的摧残。武宗即位之初，信任并重用在他当太子时就随侍身边的宦官刘瑾、马永成等八人，这八人天天引导明武宗游戏取乐，并且都握有很大权力，结成一体，排斥、打击朝臣，阻挠朝臣们对大政的施行，时人称他们为"八党"或"八虎"。朝臣们多次上疏极谏，而武宗始终不听。大臣们决心除去"八党"。正德元年（1506）十月，科道官们交章论劾"八党"罪状，阁臣刘健、谢迁、李东阳"持其章甚力"。这时候户部尚书韩文合九卿诸大臣又上一疏，这一奏疏写得既简洁又明快，极论"八党"的罪恶和危害，最后要求将"八党""明正典刑"。武宗看了"惊泣不食"[①]，一天中三次派司礼太监王岳等到内阁商议对"八党"的处置办法。明武宗要求将他们安置到南京，而阁臣则一定要趁此诛杀"八党"。韩文和阁臣并且相约会同诸大臣在第二天早朝时伏阙力争。而与"八党"素有勾结的吏部尚书焦芳则把消息透露给了刘瑾。刘瑾等"八党"连夜去见武宗，围绕着他哭泣，武宗心动。"八党"又趁此恶人先告状，诬蔑王岳等与朝臣勾结而试图陷害他们八人。武宗听信了八人的话，命令连夜逮捕王岳等，并命刘瑾掌司礼监，其他几人也掌东厂、西厂等。第二天诸臣早朝伏阙，发现形势已大变。刘健等只好上疏求去，刘瑾矫旨批准了刘健、谢迁的致仕要

① 《明史》卷一八六《韩文传》。

求。李东阳由于对除去“八党”一事态度稍缓，得以留任。

刘瑾等“八党”得胜后，立即对朝臣采取报复措施。对上疏请留刘健、谢迁的科道官二十多人，分别进行廷杖，并削职或下诏狱。韩文由于合九卿上疏，带头反对“八党”，刘瑾“恨文甚，日令人伺文过”[①]，一个月后终于借故使他降级致仕。第二年三月，刘瑾等又将刘健、谢迁、韩文等五十三位反对“八党”的正直官员列为奸党，并令群臣跪于金水桥南听诏。正德四年(1509)十二月，又追夺包括刘、谢、韩及马文升、刘大夏等在内的六百七十五人的诰命，将他们削籍为民，其中许多人被判充军。刘瑾等“八党”还肆意凌辱官员，摧折他们的士气。官员们动辄就被廷杖、除名、下诏狱。正德三年(1508)夏的一次早朝中，丹墀下发现一封指责刘瑾不法情状的匿名信。刘瑾大怒，矫旨让百官跪于奉天门下，自己则立在门左对百官进行诘责并追查写信人。当时酷热难当，十多人被晒得昏倒，有几人被晒死。到了晚上，仍未追查出结果，刘瑾竟将三百多名五品以下的朝官统统收入诏狱。到了第二天，大学士李东阳上疏申救，刘瑾也听说了信是宦官中人所写，才释放了朝官。刘瑾还创设了“立枷法”和“罚米法”来惩罚反对他们以及犯有过错的官员。“立枷法”是让被捕的官员戴上一百五十斤重的枷长时间地站在公共场所示众，等到濒临死亡时，才取下枷发配充军，被枷死的官员很多。“罚米法”是责令触犯刘瑾权威的官员拿出成百上千石米，限定时间由官员自己输往边地。被罚的官员很多，许多官员因被罚米而倾家荡产、家破人亡。刘瑾特别痛恨韩文，韩文落职后，刘瑾又借故将他逮捕到京拷讯，监禁数月，并罚米千石，让他亲自解往大同。不久又如数罚了他一次。韩文家里素来清贫，两次被罚，家业荡然。

群臣反对刘瑾等“八党”的斗争，是从维护皇权、维护大一统的正

---

① 《明史》卷一八六《韩文传》。

统观念出发的。宦官干政，势必对皇权造成侵害，而这正是儒家传统思想熏陶下成长起来特别注重君臣之义的士人们所不能接受的。而且祖宗成宪也不允许宦官干政，明太祖时曾在宫中立有“内臣不得干预政事”的禁碑。群臣基于这两点认识，自然要对宦官的干涉朝政进行抗争。而且，当时的臣子们一般都是经过严格的科举考试，才挣得仕途出身，又经过严格的选拔才逐步得到升迁的，“学而优则仕”的儒臣们内心有一种优越感，他们可以睥睨才学不如他们的一切人，而对无才无德的宦官根本看不起。宦官干政造成君臣失序，使他们痛心疾首。

刘瑾对反对他们“八党”的官员们进行大肆报复，对朝臣们任意折辱，这是由他的强烈的自卑感和疯狂的权力欲所决定的，他是与整个士人群体为敌的。他知道要维护自己一人之下、万人之上的“非正统”地位，并对群臣颐指气使、生杀予夺，必须对群臣使用暴力，实行政治恐怖，不仅在政治上，而且在经济上，不仅在肉体上，更在精神上彻底摧垮群臣的意志，离散他们的士气。刘瑾当政几年，老臣、忠直之士被罢黜殆尽，群臣的那种忠君爱国的士气大受挫伤。“廷臣自李东阳而下，无不靦颜要地，甘心颐指”[①]，这一评论不免有些夸张；而“中叶以前，士大夫知重名节，虽以王振、汪直之横，党与未盛；至刘瑾窃权，焦芳以阁臣首与之比，于是列卿争先献媚，而司礼之权居内阁上”[②]，这倒是事实。刘瑾在疯狂打击反对他的一大批正直官员的同时，将一批奸邪之徒扶植了上来。这些依附于刘瑾的官僚为虎作伥，把政事搞得更糟。在正德五年(1510)刘瑾倒台后，列入阉党而被打击的官员有六十多人。

第二件大事是正德后期发生的“南巡风波”。刘瑾被诛后，明武宗对奸佞的宠幸不衰，并且继续尽情地享乐。在奸佞江彬等人的引

① 《明史纪事本末》卷四三《刘瑾用事》“谷应泰评曰”。

② 《明史》卷三〇六《阉党传》。

导下，更是不加约束地嬉游玩乐。他曾变着法子，四次出京巡游。在出游时，他甚至打着“威武大将军”的旗号，并给自己取名为“朱寿”，后来还自封为“镇国公”“太师”。明武宗对自己毫不检点和约束，恣意妄为，自然引起了群臣的不安。在群臣看来，国有国体，政有政体，皇帝和臣子各有自己的体统、职责和行为规范。皇帝放纵自己，行为过于荒唐，有损于皇帝的尊严和国家的形象，就会影响全体臣民对皇帝和国家的忠爱和服从，最终影响到专制政体的稳固。因此作为国家和权力象征的皇帝，必须端坐在宝座上，他的言行必须符合皇帝的体统，永远保持他作为政治偶像的威严和神秘。责任心强烈的官员们自然对皇帝的有损体统的举动进行了一次又一次的切谏。明武宗则对臣子们的各种谏疏不予理睬，依然我行我素。

当明武宗在正德十五年(1519)二月以“威武大将军镇国公太师朱寿”的名义下诏准备南巡时，群臣再也忍不住了，决心采取激烈的行动来阻止这次巡行。先是大学士杨廷和等上疏劝谏，接着礼部尚书毛澄等与廷臣力陈南巡有五不可，刑部主事汪金上疏论南巡有九不可，六科给事中邢寰、十三道御史王度等，南京六科给事中孙懋、十三道御史张翀等又先后上疏劝谏，武宗照例不予理睬。三月份，在京的科道官们又在早朝时伏阙谏，受到武宗降旨责斥，但到晚上仍伏阙不肯离去，修撰舒芬等七人上疏劝谏，兵部郎中黄巩和员外郎陆震的联疏又入，吏部郎中夏良胜等三人的合疏继入，吏部郎中张衍瑞率部僚十四人、刑部郎中陆俸率部僚五十三人、礼部郎中姜龙率部僚十六人、兵部郎中孙凤率部僚十六人的上疏又先后入，医士徐鏊也以养身之道劝谏。明武宗大为震怒，在江彬等佞幸的建议下，他下旨将黄巩二人、夏良胜三人和徐鏊共六人关进诏狱，舒芬和张衍瑞等一百零七人在午门外罚跪五日。接着，大理寺正周叙等十人、行人司副余廷瓒等二十人、工部主事林大辂等三人的上疏又相继入，明武宗更加暴怒，将他们统统关入诏狱。第二天，武宗又下令将为首的周叙、余廷瓒、林大辂三人和黄巩等六人一起戴上枷锁，在阙下跪五日，每天早晨出狱罚跪，晚上仍收入狱中。三月二十五日，舒芬等一百零七人跪完后，各被廷杖三十，为首的几人被谪外任，其余的人夺俸半年。四月十五日，黄巩、周叙等九人各被廷杖五十，其余的三十人被廷杖四十。黄巩等五人被除名，徐鏊戍边，其余的人被贬谪。廷杖黄巩等三十九人时，当场被杖死以及杖后受创而死的共十四人。

这些被拷掠、被贬谪的各部中下级官员，都不是"司风宪，当言路，以谏诤为尽职"的科道官，但他们"抗言极论，窜谪接踵，而来者愈多；死相枕籍，而赴蹈恐后。其诋触权幸、指斥乘舆，皆切于安危之至计"[①]，表现了对帝国的一片忠诚。

第三件大事是嘉靖前期的"大礼议"。明武宗在正德十六年(1521)三月死去，没有子嗣，他的从弟，即孝宗弟兴献王的世子继承了皇位，这就是嘉靖帝明世宗。明世宗即位后，为了其生身父母的尊崇典礼，皇帝与他的臣子之间、依附于皇帝的少数派官员和多数官员之间展开了长达十多年的争执，而争执非常激烈的时期也有三四年之久。

"大礼议"中争执最激烈的一幕是嘉靖三年(1524)七月发生的"左顺门事件"。明世宗接受因在"大礼议"中处处迎合自己而这时已被调升为翰林学士的张璁等少数派官员的建议，决定去掉加在其告身名母尊号甲的"本生"二字。他在左顺门召见百官，下旨改"本生圣母章圣皇太后"尊号为"圣母章圣皇太后"，这遭到了群臣的反对，从尚书、侍郎到翰林、科道官及各部诸司、大理寺的官员共上章十三道，力争"本生"二字不被削。但这些疏章"并留中不下"，于是"群情益汹汹"[②]。到了七月十五日早朝结束时，兵部尚书金献民和大理寺右少

---

① 《明史》卷一八九"赞曰"。

② 《明史》卷一九一《何孟春传》。

卿徐文华倡言说："诸疏留中，必改孝宗为伯考，则太庙无考，正统有间矣。"吏部左侍郎何孟春则说："宪宗朝，百官哭文华门，争慈懿皇太后葬礼，宪宗从之，此国朝故事也。"修撰杨慎接着说："国家养士百五十年，仗节死义，正在今日。"何孟春等人"复相号召"。于是九卿、翰林、给事中、御史、诸司郎官、大理寺属共二百二十九名官员，跪伏在左顺门请愿。明世宗派司礼中官传旨劝退，众官不肯，说："必得俞旨乃敢退。"金献民说："辅臣尤宜力争。"内阁大学士毛纪、石珤闻知后，也赶来左顺门跪伏。明世宗再次派人传旨劝退，群臣从辰时跪至午时，仍不肯起来。于是明世宗大怒，让司礼太监将跪伏官员的姓名录下来，并将丰熙、张翀等为首的八人收入诏狱。"杨慎、王元正乃撼门大哭，众皆哭，声震阙廷"，皇上更加愤怒，将马理等五品以下的官员一百三十四人逮捕入狱，命何孟春等八十六人待罪。过了一两天，原在系捕时脱逃的官员也被全部抓回。于是开始了对伏谏官员的处理，"上责之，命拷讯丰熙等八人，编伍，其余四品以上者俱夺俸，五品以下者杖之，于是编修王相等一百八十余人各杖有差"，王相等十七人"俱病创，先后卒"[①]。

所谓大礼之议，涉及的问题有世宗是继嗣还是承统、称孝宗为皇考还是皇伯考、兴献王和王妃的地位如何、尊号如何上、是否去掉"本生"二字、对兴献帝是建世庙还是祔太庙，这些问题在我们今天看来属于细枝末节，并不重要，但在非常重视礼仪的古人看来，却是至关重要的事情，它关系到皇位是否正统、是否合法。在"左顺门事件"之前，君臣双方争执的着眼点不同，少数派官员和多数派官员之间的辩难都援引了大量的古礼古训为依据，各有各的道理，很难判断孰是孰非。双方的争执又不可避免地带有权力之争，这在迎合明世宗的少数派官员方面来说尤为明显。但就大多数官员来说，他们的上疏劝

---

① 《明史纪事本末》卷五〇《大礼议》，又《明史》卷一九一《何孟春传》、《明通鉴》卷五一等。

谏、跪伏请愿，则是从维护道统出发的，他们对皇帝是充满忠爱之心的。他们的迂腐之处在于固执先贤大儒的成说而不能从当时的具体情况和世宗的现实处境、个人感情出发，审时度势，准酌情理，因此“争之愈力，失之愈深”①。“左顺门事件”发展成血腥的镇压，对君臣双方来说，都是一个大悲剧，它所造成的恶果就是“君臣交失”②。议大礼在明世宗的内心留下了很深的印记，他不再信任他的臣子，于是“威柄自操，用重典以绳臣下”③。他对待臣子的严苛和暴虐是出了名的，臣子们一有过失就被拷掠，被罢免，即使有功之官员也是“功高赏薄，起蹶靡常”④。他对言官的劝谏尤其厌恶，谁要是直言，即使这劝谏非常切实，也是“杖斥随之”⑤，到了中期“益恶言者，中外相戒无敢触忌讳”⑥，到了晚期，“以廷杖遣戍未足遏其言，乃长系以困之”⑦，言官“重者显戮，次乃长系，最幸者得贬斥，未有苟全者”⑧。这样做的后果，是忠贞正直之士难以容身，相反一批柔媚、奸佞之徒得以高居要位，像严嵩这样的大奸臣依靠柔媚之术而长期得到明世宗的信任，得以专掌国政二十年。又如明世宗爱方术，常斋醮，于是出了一批因青词写得好而进入内阁的“青词宰相”。而嘉靖中后期直至隆庆年间，阁臣们争权夺利，弄权营私，为争得首辅的地位而互相角逐，也是非常突出的现象。

就士人群体而言，正嘉时期的险恶政治形势，无论是在肉体上还是在精神上，对他们的打击和摧残都太大了。就大多数士人而

---

① 《明史》卷一九一“赞曰”。
② 《明史纪事本末》卷五〇《大礼议》“谷应泰评曰”。
③ 《明史》卷二〇四“赞曰”。
④ 《明史》卷二一一“赞曰”。
⑤ 《明史》卷二〇七“赞曰”。
⑥ 《明史》卷二〇九《杨爵传》。
⑦ 《明史》卷二〇九《沈束传》。
⑧ 《明史》卷二〇九“赞曰”。

言，他们是真诚地维护大一统政权的，是真心实意地为帝国服务的，但这个政权这时已经腐坏，不仅不能保护他们，反而与他们为敌，屠戮他们，打击他们，摧残他们。而且，谁对帝国越忠直，对皇上越赤诚，就越得不到好报，受到的迫害就越严重。从正嘉时期发生的三件政治大事中就可以很清楚地看出这一点。对士气摧折最甚的，莫过于两次大规模的廷杖了，每次都有十多人被杖死，许多人致伤致残。廷杖在被杖者肉体上留下的永久痛楚，从《万历野获编》的作者沈德符对万历时因谏张居正夺情而被廷杖的官员的访谈录中可见一斑："余曾见沈继山先生云，杖之日交右股于左足之上，以故止伤其半，出则剔去腐肉，以黑羊生割其臑傅之尻上，用药缝裹，始得再生。乃行戍东粤，徒步过岭，血犹涔涔下也。邹南皋先生为余言，每遇天阴，骨间辄隐隐作痛，以故晚年不能作深揖。……余又问孟五岑给事，亦云被杖最毒，偶不死耳。闻王希泉给事以上震怒，操梃者不敢容情，亦濒殆云。"[1]而正嘉时期的两次廷杖，都有十多人被杖死，活下来的官员所受的创伤可能比这更严重，如正德时廷杖谏南巡，奸佞江彬还特别叮嘱加重责打。受廷杖的官员们肉体上的创伤犹能恢复，精神上留下的创伤则是永久的。自古以来，"士可杀而不可辱"，而在朝廷上将官员剥去衣衫施以杖刑，这是对臣子们在人格上进行的污辱，是有损国体、有损王朝纲常名教的行为。宋代之前并没有廷杖官员的刑罚，明代廷杖沿用的是金、元吏俗。明代在成化以前虽然臣子也有被杖的，但受杖时穿衣裹毡，被杖者肌肤不致被损害，到了正德年间，刘瑾用事，才对官员去衣行笞，后来沿袭不改。因此，廷杖被看作"非刑"，"京朝官之有犯者，下之法司足矣。律当死也，据律以议罪，杀之可也。何至令官校杖之阙庭，横尸以出乎？以圣明之朝而执缚加于衣冠，搒

① 《万历野获编》卷一八《刑部·廷杖》。

笞施于卿士，恐非所以养士大夫之廉耻而尊朝廷也。是故欲士之死忠殉节，莫若养其廉耻，欲朝廷之尊安，莫若爱养臣下”①。

这三次政治事件，对士人心灵的震撼是极大的。既然拳拳忠心，换来的是残酷的刑罚，那还会有多少人再做愚忠的臣子呢？而且这时期，作为统治思想、维系人心的程朱理学已经衰落，王守仁的“心学”完成了对程朱理学的突破，得到广泛传播并逐步取代了程朱理学的地位，同时王学的一个重要分支泰州学派也已经崛起，并正在对王学本身进行突破。王守仁的“心即理”“致良知”和泰州学派的“安身立本”“明哲保身”等学说，对士人们思想观念的影响是很大的，使他们的思想从程朱理学的正统的纲常名教的束缚中解脱出来。这时期社会时尚也已发生了很大的变化，违禁、逾制、奢侈之风都很盛行，作为普遍的社会风气和社会心理，同样改变着士风，影响着士人的心态。带着悲哀以至悲凉的情绪，带着对理想和现实之间差距的思索和苦闷，带着对世俗生活的热望和渴求，不知不觉中士人的精神风貌、价值取向、人生理想都发生了变化。以天下为己任、维护大一统政权，不再是全体士人的基本的人生理想和立身之本，士人们忠君爱国的观念逐渐淡薄，开始走向自我体认。“自时厥后，政府日以权势相倾，或脂韦淟涊，持禄自固”②，而“六卿之长不得其职，大都波流茅靡，淟涊取容”③。不再勇于任事，锐意进取，思建不世之功，而是更多地注重自己的私利，想方设法地巩固自己的地位和权势，这是当时阁部大臣中较为普遍的情况。对国家负有匡弼之职的科道官们也不再以名节自励，忠于自己的职守，“居言路者，各有所主。故其时不患其不言，患其言之冗漫无当，与其

① 〔明〕袁袠：《世纬》卷上《贵士》。

② 《明史》卷一九〇“赞曰”。

③ 《明史》卷二〇二“赞曰”。

心之不能无私，言愈多，而国是愈益淆乱也”[①]。这是当时朝臣的状况。而廉洁奉公曾是一般地方官吏们的操守，这时期也渐渐衰微了，“当正嘉之际，士大夫刓方为圆，贬其素履，羔羊素丝之节寖以微矣”[②]。这从《明史·循吏传》中也可以看出来。传中所收人物限于中下级官吏中功绩卓著而终于庶僚，没有迁升至公卿大吏者，正传的人物有三十位，附传的有八十二位。正传中嘉靖以前的有二十七人，嘉靖及其以后的只有三人，而附传人物全部是正统以前的。

到了万历时期，朝政更加败坏，张居正的死后遭清算和“争国本”事件，都在士人心理上造成很大影响，而“争国本”之后，万历帝长期怠政，放弃了职责，官员长期得不到正常升迁，使士人们求取功名的希望成为泡影，由失望而无望，大一统政权的凝聚力也就随之消失了。而这时期，明代的哲学思想又有了新的发展和突破，泰州学派的异端思想大行于世，王学逐渐变异，逐渐走向禅宗化。人们的思想从一元走向多元，自我意识觉醒了，思想也变动不居。同时，社会上的各种奢靡、浮夸之风更加趋于炽烈。

这时期士人的心态又有了新的变化，“朝政弛，则士大夫腾空言而少实用”[③]。大臣们想要有所作为也不可能了，“事功之难立也，始则群疑朋兴，继而忌口交铄，此劳臣任事者所为腐心也”[④]。其时“言路势张，恣为抨击，是非瞀乱，贤否混淆，群相敌仇，罔顾国是，诟谇日积”[⑤]，于是阁臣们“外畏清议，内固恩宠，依阿自守，掩饰取名，弼谐无闻，循默避事”[⑥]。而这时的科道官们，“建言者分曹为朋，率视阁臣为进退，依阿取宠则与之比，反是则争。比者不容于清议，而争则名高，

① 《明史》卷二一五“赞曰”。
② 《明史》卷二〇一“赞曰”。
③ 《明史》卷二四二“赞曰”。
④ 《明史》卷二二三“赞曰”。
⑤ 《明史》卷二一九“赞曰”。
⑥ 《明史》卷二一八“赞曰”。

故其时端揆之地，遂为抨击之丛，而国是淆矣”[①]。他们对皇帝的过失自然也有谏诤，但这时已是“忠厚之意薄，而衒沽之情胜”[②]了，沽名卖直之意胜过忠君爱国之心。万历时期出现了党派门户之争，“物议横生，党祸继作”[③]，这是大一统政权的凝聚力消失以后的必然现象，也是士人心态发生变化的表现形式之一。而天启年间出现了魏忠贤阉党专政，导致了士人群体普遍的人格泯灭，“公道沦亡，人心败坏，凶气参会，群邪翕谋”[④]，以名节自励的正直派官员则付出了沉重的代价，“权枉盈廷，谴谪相继”[⑤]，吏治也就更加败坏，“庙堂考课，一切以虚文从事，不复加意循良之选，吏治既以日偷，民生由之益蹙”[⑥]。贪污受贿成风，是这时期的突出现象：“今日之财，下不在民，上不在官，盈箱累橐，一归贪墨。”“而当衡者方利其赂馈，苞苴一入，立登清贯。贪浊之风，煽乎京毂；腥秽之臭，遍乎遐壤。墨吏之得志，未有如今日者也。”“而清修之士，反蒙嗤笑；廉洁之吏，多见摈逐。官失其职，民不聊生。”[⑦]

正嘉以后，士人们从普遍热衷功名到有人绝意仕进，由有人弃官不就发展到有人不应科举，并产生了许多的名士、狂士、山人和隐士，这也是这一时期士人心态发生变化的重要表现。在封建社会的后期，科举考试是最主要的选拔人才方式，因此，通过科举而求取功名、进入仕途被视为正途。在明代正嘉以前，士子们往往热衷于功名，不愿出仕的人虽然也有，如“景泰十才子”中就有几个是不出仕的，但这种情况还是很少见的，当然这时期也有山人、隐士，但也不多见。到

① 《明史》卷二三〇“赞曰”。
② 《明史》卷二三四“赞曰”。
③ 《明史》卷二三一“赞曰”。
④ 《明史》卷二四五“赞曰”
⑤ 《明史》卷二四三“赞曰”。
⑥ 《明史》卷二八一《循吏传》。
⑦ 〔明〕袁袠：《世纬》卷下《惩墨》。

了正嘉以后，政治的险恶、官场的腐败，使得许多士人心灰意冷，绝意仕进，像李舜臣“闲居二十年，屡荐不起”[1]，王问“强仕归田，四十年杜门扫轨，卒行其志”[2]，周复俊“里居杜门扫轨，凝尘晏然”[3]，张祥鸢“触迕当路，遂请告归，读书赋诗，足迹不入城市”[4]。到了嘉靖中后期，许多人往往弃官不就，像陈鹤“弃其所授官，着山人服”[5]，王寅“以高才为诸生祭酒，辄弃去不顾”[6]，李元昭“世袭千户，弃去不就”[7]，这样也就产生了大量的名士、狂士。热衷于功名，试图通过科举考试求得出身，获得做官的资格，通过升官发财、光宗耀祖来实现自身的价值，曾是明代前期士子们的普遍心态。因此，在通常的情况下，士子们是不轻易放弃应试的资格的，即使考场多次受挫，也不退却，总是一而再、再而三地应试，甚至满头白发还在应试。而到了万历时期及以后，通过应举来猎取功名的观念也逐渐淡漠了。许多人应试了没几次，落第后也就放弃了。像唐时升“少有异才，未三十，谢去举子业”[8]，李流芳“再上公车不第，天启壬戌，抵近郊闻警，赋诗而返，遂绝意进取”[9]，归子慕“一再试不第，不赴公车，屏居江村”[10]，顾云鸿“中万历庚子乡试，退而卜筑虞山之藤溪”[11]。也有一些读书人根本就不参加科举考试，以布衣终身。这样，山人、隐士也就大量涌现。

上述的这些士人们，或表现为任情放纵，以诗酒、声色自娱；或追求一种宁静的精神境界，怡情于山水之中；或力求生命价值的延续和超越，求仙和狂禅。他们在以自我为中心的感情世界里尽情地享受着人生。

---

①②③④　〔清〕钱谦益：《列朝诗集小传》丁集上“李太仆舜臣”条、“王佥事问”条、“周太仆复俊”条、“张云南祥鸢”条。

⑤⑥⑦　《列朝诗集小传》丁集中“海樵山人陈鹤”条、“十岳山人王寅”条、“李千户元昭”条。

⑧⑨⑩⑪　《列朝诗集小传》丁集下“唐处士时升”条、“李先辈流芳”条、“归待诏子慕”条、“顾先辈云鸿”条。

第二章　高居庙堂的士人和士人心态

传统儒学对中国士人的理想人格范型进行了设计，一方面要求士人的是“士志于道”，作为士人要加强道德的自我完善，努力养成圣贤的气象，并且竭力维护传统的基本价值体系；另一方面又要求士人以积极入世的精神参与到政治结构中去，掌握政治权力，努力发挥自己的社会政治作用。这种谋求“道统”与“政统”合一的方法，也就是所谓的“内圣外王”之道。在一个儒家传统思想占统治地位，大一统政权又很稳固的时代或社会里，士人们的心态通常表现为自觉地维护“道统”和“政统”，并努力地趋近于这种理想的人格范型。但这种理想人格范型是很脆弱的。当一个时代或社会进入大变动时期，政治局势、哲学思想、社会风尚等方面的变化常常会引起士人心态的变化，从而破坏这种理想的人格范型。进入政治组织结构中的大多数士人放弃了自己的社会职责，失去了政治角色应起的作用。这种现象在晚明时期尤为显著。在张居正死后的万历时期，阁臣的依阿自守、循默避事，言官谏臣的不负责任的肆意抨击，都是非常突出的。而万历年间开始出现的党派门户纷争，更是难分难解，一直延续到明代灭亡之后。到了天启年间，出现了阉党专政的局面，士人们依附于魏忠贤，人格泯灭是个普遍的现象。相反，坚持道义的那一小部分士人则付出了沉重的代价。这些现象代表了入世的、在朝的士人心态发展变化的主要趋向。

一、弼谐无闻，循默避事

——阁臣的依阿心态

万历帝对张居正的死后清算，既出了他因长期遭受张居正的约束而受到的窝囊气，又对张居正的后继者们起了严厉的惩戒作用，实在收到一石二鸟之效。万历帝已不再是以前那个任人摆布、受人约束的小孩，他已经长大，成了名副其实的专制皇帝，他威柄自操，不再允许太阿倒持的状况出现，阁臣们谁再要像张居正那样越职擅权、作威作福已经是不可能了。

张居正在世时，既然敢盛气凌人地对待小皇帝，不时地对他加以管束，对下属的约束自然也就更严厉了。史载他"操群下如束湿"[①]，遏制言路，对反对自己和不肯附和自己的人更是残酷打击，反对派或被罢免，或被降职。这样做当然也就很不得人心。张居正的后继者们自然要收取人心，为了表示自己与张居正不同，他们一反张居正时所采取的政策措施，一切事情尽量做得宽大、迁就。这样，又带来了另一个后果，原来遭受张居正压制的言路逐渐地得到了发舒和伸张，言官谏臣们也逐渐变得胆大起来。他们对什么事都要加以评论，对任何人包括内阁大臣和皇帝都敢加以指责，发展到后来更是意气用事、恣意抨击。

张居正死了，一切都改变了，这就注定了他的后继者们不可能再像他那样大有作为了。遇到事情，再也不敢像以前那样放胆去干，总是畏首畏尾、顾虑重重，既要符合皇帝的旨意，使他高兴、满意，赢得和巩固皇帝对自己的恩宠和眷顾，又要迎合群臣们的意志，使他们对自己无可挑剔，不至于遭受他们的议论，更不至于因为他们的抨击而

① 《明史》卷二一八《申时行传》。

失去体面,被迫下台。申时行等在廷对时回答万历帝的一番话正道出了内阁大臣们的这种力求自全的心态:“臣等才薄望轻,因鉴前人覆辙,一应事体,上则禀皇上之独断,下则副外庭之公论,所以不敢擅自主张。”[①]对上下两方都不得罪已很不易,而要照顾到方方面面,使上下两方都很满意,而自己又能应付自如、游刃有余,那就更难了。常常会出现这样的情况,或者是依顺了皇帝而开罪了群臣,或者是赢得了群臣的赞誉而得罪了皇帝,甚至既得罪了皇帝又开罪了群臣。调和鼎鼐的阁臣们既要迎合皇帝又不能开罪群臣,只好依阿自守,两可其间。对朝廷大事尽量保持沉默,能退避则退避,能推脱则推脱,遇到原则性问题不得不表示意见时也尽量地做到圆滑、中和、留有余地,对自己的过失巧妙地加以掩饰,对别人的过失迁就和纵容,有着这种心态、这种作风的,在万历亲政后的阁臣中是非常普遍的,尽管不是所有的阁臣都是如此,但大多数阁臣确是如此的。

张居正死后最先继任首辅的是张四维。张四维的入阁其实也不甚体面。他家道殷富,在张居正执政时,送了许多厚礼,对张居正相当巴结,对冯保也全力结交,依靠谄媚而获得了两人的好感,被张居正援引入阁,入阁后曲意奉承张居正,没有什么作为。在张居正死后,他“知海内之怨居正深,一切务为宽大,以收人心”,以致“法度渐废弛”[②],甚至因贪酷、不谨等原因而在大计时被罢黜的官员,张四维也一一恢复了他们的官职。因而他在当时博得了普遍的好感。但这位首辅执政不久,因父亲去世而丁忧离职,服父丧还未满期,自己也生病去世了。

于是申时行继任首辅。他是有名的和事佬。他受知于张居正,一是由于他的文才,他在嘉靖四十一年(1562)的殿试中获进士第一,即高中状元,依例授翰林院修撰。二是由于他的品性谦和,“蕴藉不

① 《明神宗实录》卷二一九。

② 〔明〕王世贞:《嘉靖以来首辅传》卷八。

轻崖异”[1]，张居正觉得他可靠，将他引荐入阁。申时行继任首辅后，也像张四维一样，一切务为宽大，和他先后共事的阁臣有余有丁、许国、王锡爵、王家屏等，由于他的谦和，彼此之间也就没有什么大的摩擦。他对群下也很优容、宽大。张四维任首辅时，他的儿子和申时行的儿子在同一年的会试中被录取了，御史魏允贞、郎中李三才认为两位大学士有作弊行为，上疏讥切，两位大学士也上疏申辩，言事的两人被贬官。申时行担任首辅后，给魏、李二人都升了官，魏允贞还被提拔到吏部担任了郎官。还有邹元标，刚中进士不久就因上书反对张居正夺情而被廷杖，革去进士头衔后又遭流放，张居正遭清算时，他被召回北京并被任命为给事中。然而他不识抬举，被召回不久就两次上书批评万历帝。他是申时行的门生，却上书弹劾申时行的儿女亲家、礼部尚书徐学谟，致使徐学谟丢了官。当万历帝被邹元标的第二次上书触怒而准备对他严厉处罚时，申时行仅将他贬官外任，不久又将他升了官，并且召回北京。张居正执政时所采用的考察官吏的考成法，到这时候也被申时行奏请停用了，对官吏的审察也就变得简易而且随便起来，这样朝政也就更加废弛。申时行执政时的一次京察，只有三十多人被降级或罢免。

申时行对群下的一味优容和迁就，正是为了求得自全，可这种处世态度并没有使他获得多少好处，反而使他很快尝到了苦果。首先是阁臣权力和威望的降低。明代前期，内阁和六部各有职司，互不统属，后来阁权渐重而部权变轻。六部中的吏部掌官吏的任免权，原来不受内阁的控制，到张居正时，六部听命于内阁，官吏的任免权也被内阁控制了，吏部尚书对阁臣俯首贴耳。申时行执政时，吏部尚书又把官吏任免权争了回去，他们不再听命于阁臣。其次是言路的舒张。激进的中下级朝官们在把已故的张居正搞倒、搞臭、清算之后，继续

---

① 〔明〕王世贞：《嘉靖以来首辅传》卷八。

对他攻击不已。并且由于申时行是受到张居正的亲近而被提拔上来的，言官们又把攻击的矛头悄悄地指向了他。有御史上疏说前内阁大臣专擅的行为有四种，请求万历帝永远加以禁革，这样试图将内阁所执掌的合法权力也削夺掉。张居正执政时的科场事这时也被提了出来。张居正的两个儿子在同一年中进士，而申时行是当时会试的主考官之一，御史丁此吕认为这与主考官有关，上疏要求追查主考官的责任。在同一疏中，丁此吕又攻击礼部侍郎高启愚几年前在南直隶乡试时所出试题“舜亦以命禹”含有向张居正劝进受禅的用意。这一攻击是非常险恶的，如果罪名成立的话，高启愚就会因谋逆罪而身遭大辟，与高启愚有牵连的人也将受到严惩，而高启愚正是由申时行推荐担任皇帝的经筵讲官的。在这样严重的事态面前，申时行想要沉默，想要做和事佬已是不可能了，他出来为高启愚辩护，认为丁此吕的攻击是故意陷人重罪，不可听从，如果这样的先例一开，将来谗言就会接踵而至。他要求将丁此吕的奏疏发吏部进行官评。吏部尚书杨巍驳斥丁此吕，并奏请将他调任出京，万历帝采纳了这一建议。接着就有人交章攻击杨巍，说他阿谀申时行，蔽塞言路，并且连带攻击申时行。万历帝不久也反悔，罢免了高启愚而留丁此吕。于是申时行、杨巍上疏请求去职，内阁和部院大臣也纷纷上疏替他们申辩，次辅许国尤其激愤，专疏求去，竭力攻击言官。这样万历帝不得不听取杨巍的意见，而将丁此吕调离朝廷，慰留申时行和许国。言官们又群起攻击许国，申时行请求对攻击最激烈的几个人予以薄惩，言路由此更加心恨申时行。后来又有人借着万历帝在大峪山的寿宫没有选好而挑起事端，试图把申时行搞下台，但是没有成功，攻击者反而被贬官。从申时行执政之时起，阁臣与言路逐渐形成水火不容之势。

申时行对群下宽大、容忍，对万历帝更是依顺、迁就，史称“时行务承帝指，不能大有建立”[①]。万历帝怠政，不愿搞经筵日讲，常常找借口停开，申时行便建议用进呈讲章供皇帝阅读来代替君臣面对面的讲习讨论，此后成了定例，讲筵就永远废除了。一位大理寺评事上酒、色、财、气四箴，批评万历帝嗜酒、恋色、贪财和尚气，触怒了万历帝，准备对那位评事进行严惩。按例朝臣的奏疏要发放外廷公布出来，申时行认为这样的奏疏有损于皇帝的形象，不宜发放外廷，建议不惩罚那位评事，让他告假了事。这样，虽使评事暂时避免了惩罚，但大臣奏疏留中不发的现象从此开始。万历帝宠幸郑贵妃，遭到中下级朝官们的指责，有的奏疏言词过激，常常触怒万历帝，而上疏者也受到严惩。申时行又建议万历帝下诏对诸臣的奏疏进行限制：各部诸曹的建言不得超出其所执掌的范围，下属的建言必须送给上司审阅，由上司决定是否上奏。这样一来，中下级朝官们的奏疏也就不能直接送达内廷了。这一建议当然使万历帝非常满意，却破坏了明朝开国以来一直实行的官员上书言事制度，当然也遭到了众多官员的谴责。

申时行依阿自守的心态表现在“争国本”事件上最为突出。万历帝所宠幸的郑贵妃生下了皇三子之后，万历帝逐渐产生了废长立幼的念头，这时候皇长子已经5岁了。在封建时代的人看来，确立皇位继承关系、维护皇太子的正统地位是保证国家长治久安的根本所在。嫡长子是皇位的法定继承人，如果皇后无出，则由妃嫔所生的皇长子继位，这叫作“有嫡立嫡，无嫡立长”，在封建礼法社会里这是一条不可更改的原则，自周代以来的汉族人所建立的历代王朝，除了在王朝建立之初由于客观形势需要而有极少例外之外，王朝稳定时期几乎无不遵循这一条。这样的皇位继承法可以避免王朝内部由于争夺继承权而产生的各种争端，有利于王朝的稳定和延续。明代的祖宗成

① 《明史》卷二一八《申时行传》。

宪中也特别强调这一条。万历帝废长立幼的企图无疑是不顾礼法观念和祖宗成宪的，是不合法的。在皇位继承问题上，臣子对皇帝任性行为的任何纵容和姑息，都不会受到人们以及历史的谅解。一旦皇帝的废长立幼的想法真的成了事实，那么王朝在以后所产生的种种政治失序的现象，不论是否确实与皇位继承的废替有关，都将被看作由此造成，各种各样的历史罪责都将落在这些臣子的身上。这些臣子也将因此受到谴责。无论是多么柔媚的臣子，在这一问题上都是不敢有所疏误的。饱读经书、谙熟礼法的申时行深懂利害关系，他即使不想流芳百世，也不愿落得千古骂名。务顺帝指、依阿自守的申时行起先在这一事上也不敢含糊，他知道回避不了这个大事，不能不表明自己的态度。于是他会同诸大臣上疏皇上，提出了许多理由，要求及早确立皇长子的太子地位，“早建太子，所以尊宗庙重社稷也”。但得到的万历帝指示竟是：“元子婴弱，少俟二三年举行。”[①]几年之后，趁着万历帝召见阁臣，申时行等又提出了及早立储的请求，万历帝又以“长子犹弱，欲俟其壮大使出”[②]为由不肯答应。申时行等只得退一步，又请求让皇长子出阁读书，万历帝仍然不肯答应。后来有两位尚书带领群臣合疏请求册立太子，遭到夺俸的处分。于是阁臣们又合疏以辞职相争，申时行引疾乞休。因为有人从中调解，事态才得以缓和。万历帝下诏威胁说自己最不喜欢别人的烦扰，“若明岁廷臣不复渎扰，当以后年册立，否则俟皇长子十五岁举行”[③]。复职了的申时行步步退让，告诫廷臣们务必遵循皇帝的旨意，在这一年里千万不要再提立储之事。过了将近一年，万历帝所答应的册立太子的日期快要到了，工部的一位主事上疏请求预备册立时所需的仪物，万历帝抓到了把柄，以臣子们破坏了在一年里不言册立之事的协议为由，下诏将册立之事再推迟一年。这时候申时行正告假在家，主持政务的次

---

①② 《明史纪事本末》卷六七《争国本》。

③ 《明史》卷二一八《申时行传》。

辅许国认为,下级官员尚且上言请求立储,他们这些内阁大臣们怎么可以沉默呢?急忙起草了一个代表阁臣意见的疏章,照例由申时行领衔。这个奏疏一呈上去,万历帝更加暴怒。在家的申时行得知此事后,吃惊不小,他的依阿顺上的心态又立即暴露出来了,当即单独写了一个密揭呈送上去,为自己开脱,说自己已告病在家,同僚们的奏疏虽仍由自己领衔,其实自己并不知道。并在此疏中要求皇帝不因此事而耽搁册立之事。按照惯例,阁臣的密揭是留中不发放外廷的,但不知何故,这个密揭竟然连同其他奏疏一起分发了下去,被公开了出来,当即引起舆论大哗。有人指责他"阳附群臣之议以请立,而阴缓其事以内交",有人要求追究他"排陷同官,巧避首事"之罪[①],在最早对他提出弹劾的两名官员遭到皇帝的处分后,对申时行表示不信任的疏章更是纷至沓来。申时行被这件事搞得焦头烂额,他的威信扫地以尽,他的人格也遭到了怀疑和攻击,他实在不能再在内阁的位置上呆下去了,于是不得不力求辞职,得到了批准。

申时行在内阁首辅的位置上勉为其难地维持了八年,这期间实在没有什么为人称道的政绩可言。他不是不想建功立业,而是当时形格势禁,内外交困,已经没有了机遇和条件。皇帝专擅而又怠政,言路势张而又肆意抨击,官吏们又不能和衷共济,国事则举步维艰。处于那样的时代和那样的位置,补弊救差尚且不及,哪里还能够侈谈功业?他所能做的唯一事情,就是把这危难的政局支撑住、维护住,即使不能把政事处理得更好,至少也得使它不至于变得更糟。但即使这样,还是常常力不从心。他的依违其间、他的折衷调和,自有他的苦心在;他的弼谐无闻、他的循默避事,实在包含有许多的悲哀和无奈。可是他即使事事委曲求全,周旋斡转,还是不如意事十居八九,许多事情搞得他困窘不堪。他在位的几年中明显地感到自己衰

---

① 《明史》卷二一八《申时行传》。

老了,精力不济了。申时行不是刚强果敢的人,甚至也不是意志坚定的人,要他排除一切干扰和阻碍,勇往直前,是不可能的。他总是瞻前顾后,疑虑重重。但他也不是一个不懂时务、不识大体的人,在某种程度上说,他的洞察力相当敏锐。在郑贵妃生下皇三子后不久,他就意识到了万历帝心中会萌生废长立幼的企图,因此在群臣们还没有意识到问题的严重性之时,他第一个提议册立皇长子为太子,试图把事情解决在萌芽状态。但是事情并不能如愿以偿。万历帝是个任性的人,申时行只好忍让迁就,耐心地等待,寻找着机会。但是事态的发展是始料所未及的。万历帝采用的正是拖延战术,所谓"廷臣不复再言,当于后年册立"的诺言,正是他所设下的圈套。如果臣子们迁就,到时候不言,无人提及,他就假装没有此事,正好往后拖延下去;如果有人说了,他也正好以"有人激扰"为借口加以拖延。申时行甚至在事情很明朗了,万历帝根本没有立长子为太子的诚意的情况下,还想用折中调和的方法来解决问题,这不能不说是个重大失策。他的密揭,除了申明自己确实没有参与其事,为自己辩护外,确实含有希望万历帝慎重对待册立之事的用意,所谓"惟宸断亲裁,勿因小臣妨大典"①。廷臣们对他的指责,也许过于苛求。

难道申时行就不可以据理力争,甚至以死相谏吗?申时行不愿也不可能这样做。他的性格因素、他的处世心态,还有他的施政策略都决定了这一点。在申时行看来,政有政体,阁有阁体,阁臣与建言之臣的职司不同,"阁臣委任重,责望深,每事措手不易",职责是"密勿论思,委曲调剂",悻悻建白、侃侃廷争,言官谏臣可以,而阁臣不可以。如果阁臣不懂得运用迂回曲折的策略,在不动声色之下把事情巧妙地处理好,而是像言官那样直言不讳,甚至动辄以去就、生死相诤,只能逞一时之快,虽然能够博得崇高的名望,但于国事毫无补益。

---

① 《明史》卷二一八《申时行传》。

他说："以一阁老易一谏官，朝廷安得有许多阁老？"[①]委曲调剂、依违其间，这就是申时行的治世之道。如果申时行一开始就采取强硬的态度，而不是迁就忍让，立储的问题不就早已可以解决了吗？批评申时行的人往往指责申时行从一开始就贻误了时机。如果强硬的态度对万历帝有用的话，这样的指责可以成立；但是强谏对于万历帝这样一意孤行的人是没有用的，对他采取强硬态度，只能将事情搞得更糟。申时行也许是了解这一点的。后来事态的发展也同样可以说明这一点，要不是申时行的依阿自守、委曲求全，他还维持不了那么长的时间。申时行之后的首辅是王家屏，他是万历朝少有的直言敢谏的首辅之一，有臣子因为疏请让皇长子出阁接受教育而受到万历帝的处分，王家屏敢于封还御批力谏，但他执政仅半年就被迫去职，后来的直谏者无一不受到万历帝的严厉处罚。因此强谏只能引起君臣之间的冲突和对抗，丝毫无助于问题的解决。申时行没有能够解决立储问题，他的后继者们同样不能把它圆满地处理好。

申时行之后的历任首辅大都像申时行一样依阿承上、务求自全，对政事少有建树。王家屏离任后，已去职的王锡爵被从老家召回，担任了首辅。王锡爵的气质与申时行不同，申时行柔和而王锡爵性刚负气。在张居正当政时，王锡爵疏救因反对张居正夺情而被廷杖的言官，在廷臣们请求皇上召回治丧的张居正的奏疏上，他独不署名，曾多次触犯张居正的权威。他在廷臣中的声望原是很高的。当申时行、杨巍等大臣与言官相互攻击时，廷臣们竭力推荐王锡爵担任阁臣，王锡爵入阁后，反而与申时行等相合而与言官作对。后因与同僚一起争册立太子事没有实现而杜门乞归，又因母老而连章乞求归养，被批准致仕。但在他重新被召回内阁并且担任首辅后，他原有的锐气消失了，变得圆滑起来。王锡爵做过这样的自我表白："猥承张居

① 《列朝诗集小传》丁集中《申少师时行》。

正擅权之后，侍皇上久御练事、至圣至神之主，兢惕万倍，纵胆智包身、奸雄盖世，安能颐指皇上之手口，借以处人？”[①]这番话正道出了他事事小心、处处谨慎、自守固宠的心态。他执政时，正值被万历帝推迟了一年的立储的日期又到了。廷臣们鉴于上一年的教训，再也不敢提及了。王锡爵使用密揭请求皇上遵守诺言，举行立储大典。万历帝又变换了花招，以“立嫡不立庶”的祖训和皇后还年轻，有可能还会生育为借口，提出了三位皇子并封为王的主张。“惧失上指”[②]的王锡爵不取再争了，立即按照皇上的旨意票拟了一份三王并封的诏书，又考虑到这份诏书在外廷不可能被群臣所接受，而自己逃脱不了舆论的谴责，又建议皇上按前朝皇后抚育诸妃之子为己子的先例，让皇后抚育皇长子，那么长子也就可以算嫡子了，这样也就可以解决“立嫡不立庶”和皇后无出的问题，并且按这个意思又票拟了第二份诏书，一并呈上。万历帝接受了第一份票拟，下诏礼部，让礼官立即准备封王的有关事仪。这引起了举朝大哗，谏诤的奏疏一个接着一个，指责王锡爵患得患失、耽误大事的官员也很多，甚至有九位朝臣一起到王锡爵办公的朝房去当面责问他。王锡爵也意识到了问题的严重性，与同僚一起请求皇上追还三王并封的诏书，又上书自劾，提出辞呈。万历帝迫于公众舆论，被迫撤回诏书，但他仍不肯册立皇长子为太子。一年之后，彗星冲犯了紫薇垣，这在古人看来是极不吉利的星象，王锡爵利用这次星变，又恳请皇上册立太子，依旧未得应允。这时候皇长子已 13 岁了，王锡爵请求让他出阁接受教育，指出自古至今，没有皇子到了 13 岁还不读书的，万历帝这才答应了他的请求。

皇长子最后被册立为太子，要等到万历二十九年（1601），这时候皇长子已 20 岁了。这场延续了十五年的“争国本”事件，至此方告结

---

① 《明神宗实录》卷二六八。

② 《明史》卷二一八《王锡爵传》。

束。这时候当政的是首辅沈一贯。在他之前，首辅赵志皋老迈多病，精力不济，政事多由同僚张位裁决。赵志皋和张位遇事也多依违两可，这期间连皇长子的加冠礼也没有争得。张位去职后，政务由沈一贯实际负责。太子地位的确立，沈一贯确实是出了大力，当万历帝又反悔自己的决定，下诏改期册立时，沈一贯封还了诏书，终于促成了册立仪式。但就总体而言，沈一贯执政时的表现是不能令人满意的，“虽小有救正，大率依违其间，物望渐减”[①]。他处理政事常常不能坚持原则，依阿顺上的时候居多。有一次万历帝大病，以为自己不行了，把沈一贯召入寝宫交代后事，其中有一事是对自己派出的矿监税使祸害全国表示后悔，提出予以免除。沈一贯退出后，立即按照皇上的谈话内容拟旨送上，到了晚上，圣谕传送出来了，住宿在朝房的九卿大臣都感到高兴。第二天，万历帝的病有了好转，他又后悔起来，派了二十名宦官到内阁追回圣谕，说矿税一事不可罢免，其他诸事悉听内阁裁决。沈一贯起先不肯缴还圣谕，宦官们批打他的嘴巴，差不多流出血来，沈一贯也就不敢坚持了，慌忙把圣谕缴还了。正当万历帝要追回成命时，司礼太监田义也力争，万历帝大怒，用刀追杀他，而田义的言词更激烈。这时候宦官们拿着沈一贯缴还的圣谕回来了。后来田义看到沈一贯，当面唾骂他，说：“你如果再坚持一会儿的话，矿税也就撤除了，有什么好害怕的！一个堂堂的政府首脑，不敢坚持原则，竟连一个太监都不如。”由于沈一贯的软弱，祸国殃民的矿税之害直到万历帝去世才停止。

沈一贯对皇上依阿顺从，但在扶植私人势力、排斥和打击正直官员方面倒是很有手腕的。正直敢言的原礼部尚书沈鲤入阁后，因为士心向来归附于沈鲤，沈一贯怕他夺了自己的位置，对他很是忌恨，而以文章气节著称的礼部侍郎郭正域等人都心向沈鲤。通过“楚宗

---

① 《明史》卷二一八《沈一贯传》。

案”“《续忧危竑议》妖书案”和“乙巳京察”三次事件，沈一贯与政敌展开了激烈的争斗。他在这三次事件中做得太出格，为公论所不容，受到的弹劾太多，最后被迫辞职。但他在辞职之际，终于把沈鲤也搞下了台。

万历末期当政的方从哲，可能是万历朝历任首辅中最为平庸的一个了。他“性柔懦，不能任大事”①。当时的政治危机比万历前期更加深刻了，万历帝荒怠政务也更加严重，各地灾害频繁，遭拘禁的人犯没人处理，官署大量缺员，而等待升迁和任职的人员又积滞得很多，史称这一时期“职业尽弛，上下解体”②，方从哲针对当时的政治弊端尽管也提出了不少意见和建议，但“帝多不听，而从哲有内援，以名争而已，实将顺帝意，无所匡正”③，是个十足的柔媚依阿之徒。他成事不足，败事则有余。当时东北边事十分危急，后金攻克了辽东重镇抚顺，明朝派兵部侍郎杨镐任辽东经略，杨镐出动四路军队攻打后金，兵科一给事中用红旗督战，而方从哲也写信加以催促，结果明军仓猝出师，在萨尔浒之战中被后金打得大败，后金又连克了几座城市。后来熊廷弼任辽东经略，采用防御战术，而方从哲派给事中姚宗文巡视辽东，姚宗文与熊廷弼有旧怨，两不相能，姚宗文回朝后联合其他人，对熊廷弼进行诬陷，致使熊廷弼被罢免，造成辽阳失守。后人论及明朝的灭亡，认为万历朝已埋下了祸根，而方从哲是罪魁祸首。

别的首辅尽管依阿自守，但不至于暗昧不明事理，他们的循默避事只是为了自全保身。而方从哲不仅处事依违，而且常常昧于事理，不知祸患。万历帝死后，明光宗继位。光宗的宠姬李选侍与郑贵妃相交结，郑贵妃请立李选侍为皇后，而李选侍也替郑贵妃求封太后。光宗重病时，命方从哲封郑贵妃为皇太后，方从哲接受命令后急忙传达到礼部，催促准备封典，由于礼部侍郎孙如游的力争，事情才得以

---

①②③ 《明史》卷二一八《方从哲传》。

停止。明光宗吃了医官崔文升的泻药后，一病不起，而鸿胪寺丞李可灼自称有仙方进献，方从哲等虽不相信药效灵验，但也不加制止。光宗服食两丸红丸后一命呜呼。方从哲不能制止李可灼进献红丸，不对李可灼进行责罚倒也罢了，反而票拟遗旨赏赐李可灼银币。他处事愚昧，引来了廷臣们的纷纷指责和弹劾，有人指责他轻荐狂医，误事后又企图用赏赐的办法来掩饰自己的罪责，有人说方从哲有十大罪、三可杀，甚至有人上纲上线，指责方从哲"弑逆"，要求对他处以重典。一时间议论纷纷，方从哲差点吃不了兜着走。幸亏持正的大学士韩爌详述进药始末，替他解难，另两位尚书也说了公道话，这场风波才暂时平息了下来。

可是方从哲并不就此吸取教训，依旧迷迷糊糊、处事依违。光宗死后，邀封皇后没有得逞的李选侍占据乾清宫，企图挟持皇长子干预朝政。大臣们了解李选侍的阴谋，坚决要求李选侍迁往别处，好让皇长子在继承皇位这一天能够住进去，并且规定了搬迁的期限。但方从哲并不积极促成此事。到了皇帝登基的前一天，李选侍仍没有想要搬走的迹象，大臣们请方从哲一起去催促，方从哲却认为迟几天也无妨，主张缓期搬迁，遭到大臣的严厉驳斥后，才与其他臣子一起去催请李选侍移宫。

《明史》称申时行诸人"有鸣豫之凶，而无干蛊之略。外畏清议，内固恩宠。依阿自守，掩饰取名。弼谐无闻，循默避事"[①]，大抵属实。作为内阁辅臣，他们在政治舞台上表现平庸，政绩记录几乎是空白。这除了因为他们的才干可能确实并不优长，更主要的还是晚明时期的时代因素造成了他们全身避祸的处世态度，有了这样的人生态度，自然不可能再有什么作为了。混乱不堪的晚明政局因此而更加不可收拾了。

---

① 《明史》卷二一八"赞曰"。

二、忠厚意薄，衒沽情胜

——谏臣的徼名心态

追求好名声、获得荣誉感是人类普遍的和基本的心理需要。一个正常人大约是不会没有自尊和受人尊重的愿望和要求的。中国古代的士人们尤为注重自己的名声，他们中的大部分人把流芳百世、名垂千古作为自己的人生理想和生存目标而孜孜以求。这是有着深厚传统的。早在春秋时期就有人提出了“三不朽”的说法。《左传·襄公二十四年》载，晋国的范宣子问鲁国的叔孙豹怎样才能使自己“死而不朽”，叔孙豹回答：“豹闻之，太上有立德，其次有立功，其次有立言，虽久不废，此之谓不朽。若夫保姓受氏，以守宗祊，世不绝祀，无国无之，禄之大者，不可谓不朽。”在叔孙豹看来，求得高官厚禄，而且传至子孙，使他们世代享受，这并不足以使自己永垂不朽，只有建立完整的道德体系，树立崇高的道德形象，使它成为后人的规范和准则，或者建功立业，对国家对社会做出贡献，或者留下至理名言，垂教后世，有了这三者之一，名声才可以永不磨灭。求得高官厚禄，这是现实的需要，是利；而立德、立功、立言三者，是理想的追求，是名。在叔孙豹的名利观念中，理想的名比现实的利更重要。当名和利发生冲突，两者不可兼得时，应当舍利而求名。由于《左传》被视作儒家的经典著作之一，因此这种“三不朽”的思想，在塑造后世士人的人格，影响士人的心态方面作用很大。这三者中，立德是最上等的，也是最难的，只有大圣大贤的人才能达到，在一般士人的心目中，历史上大约只有孔孟这样的极少数人才能达到这种超凡至圣的境界，而对大多数人来说这是不可企及的，是奢望。立功也不易，治国平天下，对国家社会作出实际的突出的贡献，对大多数士人来说，既没有这个条件，更没有这个才能。而立言相对来说是较为容易的了，饱读诗书的士人们一般也就努力于此，希望通过留下些能够垂教后世的言论而使自己的名声永远不朽。

立言，并不是非得著书立说，留下皇皇巨著不可。上书言事，讽谏君臣过失、评论政治得失、提出治国措施之类也是立言的方式。谁也不会否认贾谊的《治安策》、晁错的《论贵粟疏》之类疏章足以使他们声名不朽。

在明代，士人们上书言事的风气是很普遍的。在嘉靖中期以前，士人们爱名重名的观念是和他们的忠君爱国的观念联系在一起的，“上者爱国，次亦爱名”，因此他们上书言事，侃侃廷诤，以至正嘉时期士人的三次大规模政治抗争，动机大多比较纯粹，是为了竭力维护大一统政权，并通过对大一统政权的忠诚而求得自己的崇高名声。嘉靖后期至万历初期，执政的一些内阁大臣权势较重，政治手腕也较高，不仅控制了朝臣，连言路也基本上为他们所掌握，官员们上书言事，往往要看阁臣的眼色行事，言路成了内阁大臣们争权夺利的工具。但这样的时间毕竟比较短暂，张居正死后，政治局势发生了很大的变化，皇帝需要用言路来遏制执政大臣的权势，而执政的大臣们又从张居正的死后遭到清算中吸取了教训，为了收买人心，一切务为宽大，这样，言路又反弹起来，逐渐得到舒张。

言路又回复到嘉靖中叶以前那种敢言的状态了。直言敢谏可以获得好名声，“争则名高”，在明代中期以来屡次争执过程中已经形成了这样一种观念。远的如正嘉时期的三次大规模抗争中，士人们虽然付出了沉重的代价，但他们都获得了很高的名声，他们的名字和事迹，将由当时或后世的史官记载在史册上。近的如谏诤张居正夺情的几位官员，他们虽然都受到了廷杖的处罚并且被赶出了京师，但他们在当时就因为正直的品格而知名于天下，遭受的处罚愈重，他的名声也就愈高。在张居正死后不久，他们便被召回京城恢复原职，并且很快就得到提升。人们把他们当作忠臣，当作英雄，他们受到了人们的尊敬和仰慕，许多年轻的官员追随着他们，以他们为重。

这时候的时势毕竟跟嘉靖中叶以前大不相同了。士人们的心态已发生了重大的变化，他们的自我得到了体认和注重，私欲也已膨胀，因此士人们不可能再像先前那样齐心协力，搞好国事了。上书言事的官员中，有许多人的动机并不很纯粹，徼名的心态胜过忠君爱国的观念。忠厚之意少，衒沽之情胜，是当时的突出现象。一些功名心强的年轻官员看到先前反张的几个人现在名利双收，以他们敏锐的头脑察知万历帝对已故的张居正所怀有的不满情绪，不失时机地掀起了一场倒张运动。张居正死后，冯保的威势犹盛，冯保和张居正是结成一体的，要倒张，先得从倒冯开始。御史江东之首先起来揭发了冯保的罪状，御史李植紧随其后，弹劾了冯保的十二大罪，冯保终于被治罪，而江东之和李植两人受到了万历帝的看重。接着江、李二人又因弹劾张居正，在倒张运动中再立新功，愈加受到万历帝的赏识，御史羊可立也因追论张居正而受知于皇上，于是这三个人结合在一起，专以排击他人为能事。他们为了博取名声，又借重先前因反张而受到处分、这时已复职升官的吴中行、赵用贤、沈思孝等人。朝廷中的大批官员是张居正执政时任用的，由于反张运动的冲击，他们受到了威胁，因此也彼此照顾、庇护着。万历帝正痛恨张居正，因为李植等三人敢于起来揭发廷臣，为了风示廷臣、树立榜样，给他们都升了高官。他们既已得到皇上的宠幸，搏击他人也就更加起劲。像治河专家潘季驯是张居正时被提拔为工部尚书的，这时候已转刑部尚书，因为在一个奏疏中报告了张居正家属在倒张运动中悲惨不堪的情状，并请求万历帝予以开恩，而被李植之流指斥为张居正的死党而遭到革职处分。

这些中下级官员因为倒张有功而大获其利，不仅捞到了不少实际的好处，而且他们的名声也大振。其他的一些年轻的中下级朝官们也受到了激励和鼓舞，他们把直言敢谏当作博取名声的好手段，于是常常生出是非之争。这样，一批专伺他人过失，恣意排诋、搏击他人以换取名声的投机分子也就应运而生了。他们动辄弹劾执政大臣，而且往往夸大其词，提出的罪状有数条、十数条甚至数十条之多，必欲把攻击对象置于死地而后快。像宋焘“任气好搏击”[①]，陈登云“疏论吏部尚书陆光祖，又论贬四川提学副使冯时可，论罢应天巡抚李涞、顺天巡抚王致祥，又论礼部侍郎韩世能、尚书罗万化，南京太仆卿徐用检，朝右皆惮之”[②]，王元翰“锐意搏击，毛举鹰鸷，举朝咸畏其口”[③]。最具代表性的人物当然是丁此吕了，他是个倒张运动的活跃分子，请求罢斥张居正的余党不遗余力。他首发张居正时的科场案倒也罢了，竟然还攻击高启愚所出试题含有拥戴张居正称帝之意，不能不说是心怀叵测，含有险恶的政治目的了。他的企图不仅是置高启愚于死地，更主要的是想通过它来搞倒首辅申时行。在他的背后，其实是有一股政治势力在支持和主使的。在丁此吕的奏疏遭到阁部大臣们的抵制后，倒张运动中起家的李植、江东之等新贵们马上跳到前台来，对申时行等人提出弹劾。继起参加论争的官员越来越多，一时间内阁之地竟成了争执是非的场所。

由于论劾者本身素质有问题，他们中许多人私心较重，沽名钓誉之心常常胜于忠君爱国之心，这样是非之争中常常包含着权力之争，“其时端揆之地，遂为抨击之丛，而国是淆矣”[④]。最先成为激进的中下级言官们攻击对象的当然是申时行了。在丁此吕借着高启愚试题案发难失败后，李植、江东之、羊可立等人又借着大峪山万历帝的寿宫没有选好一事向申时行发起进攻。主持大峪山寿宫工程的是申时

① 《明史》卷二三〇《姜士昌传》附《宋焘传》。
② 《明史》卷二三三《陈登云传》。
③ 《明史》卷二三六《王元翰传》。
④ 《明史》卷二三〇“赞曰”。

行的儿女亲家、礼部尚书徐学谟，而这项工程的上马又是申时行赞成的。李植三人上疏说大峪山陵墓下面有巨石，极言其地不吉利，要求追查有关官员的罪责。在这一疏中他们又极力推举王锡爵。王锡爵正是李植的馆师，江、羊两人又是由王锡爵特荐于朝的。他们的用心很明显，是想将申时行赶下台后，拥举王锡爵出任首辅。幸而王锡爵不领他们的情，他在奏疏中说自己耻为三人所荐引，义不可留，并且力排李植三人。后来万历帝也觉察了这三位新贵的真正用意，终于将他们贬官外调。但从此以后，言路和内阁日益对立，犹如水火。

当丁此吕、李植等人借着科场案力攻申时行时，次辅许国非常愤激，在奏疏中力诋言官："昔之专恣在权贵，今乃在下僚；昔颠倒是非在小人，今乃在君子。意气感激，偶成一二事，遂自负不世之节，号召浮薄喜事之人，党同伐异，罔上行私，其风不可长。"[①]这一奏疏确实道出了当时言官们的徼名心态。这一奏疏含有讥刺赵用贤、吴中行等人的意思，触及了他们的痛处，许国因此受到了赵、吴两人追随者们的日甚一日的攻击。平心而论，赵用贤等因反对张居正夺情而受廷杖的几个官员，人格并不是没有可议处，他们的意气用事，恐怕也多少带有沽名卖直的心理，像赵用贤"性刚，负气傲物，数訾议大臣得失"[②]，沈思孝"尚气好胜，动辄多忤"[③]。

徼名心切的言官们有时候会不顾客观事实，故意制造些事端来对执政大臣们进行攻击。有一年由右春坊右庶子黄洪宪主持顺天府乡试，大学士王锡爵的儿子王衡得了第一名，申时行的女婿李鸿也中了举人，有人便怀疑这次考试有作弊行为。礼部郎中高桂上疏参劾李鸿，并认为包括王衡在内的八个中式举人值得怀疑，请求对他们进行复试。王锡爵上疏自辩，并与申时行上疏求去，被万历帝慰留。复

---

①② 《明史》卷二二九《赵用贤传》。

③ 《明史》卷二二九《沈思孝传》。

试结果，其中的一位举人文笔较差，有官员准备将他置于乙等而加以废黜，有官员认为不可，引起争执。高桂力争，终于列了甲乙等上报，申时行等人又调旨保留了那位举人的资格。而王衡确实有才名，王锡爵非常气愤，上疏极诋高桂，于是工部主事饶伸又抗疏极论王锡爵等人："张居正三子连占高科，而辅臣子弟遂成故事。洪宪更谓一举不足重，居然置之选首。子不与试，则录其婿，其他私弊不乏闻。……锡爵柄用三年，放逐贤士，援引憸人，今又巧护己私，欺罔主上，势将为居正之续。"[①]事情竟闹到了这样的地步：王锡爵和申时行同时被迫杜门乞休，而当时的次辅许国又要去主持会试入场，弄得内阁中空无一人，没法处理奏章。

言路势张，发展到后来更是恣为抨击。《明史》载，"张居正柄国，权震主。申时行继之，势犹盛。王锡爵性刚负气，人亦畏之"，等到了赵志皋为首辅时，"年七十余，耄矣，柔而懦，为朝士所轻，诟谇四起"[②]。赵志皋刚任首辅就遇上了西华门发生火灾，御史赵文炳弹劾了他，不久南京御史柳佐、给事中章守诚又上章弹劾他，而吏部郎官顾宪成等用"空司"的办法来驱逐他。后来给事中张涛、杨恂，御史冀体、况上进，南京评事龙起雷又相继对赵志皋发起攻击，巡按御史吴崇礼则弹劾了他的儿子，工部郎中岳元声极言赵志皋应该放逐，给事中刘道亨的攻击更是不遗余力。赵志皋气愤地说："同一阁臣也，往日势重而权有所归，则相率附之以媒进；今日势轻而权有所分，则相率击之以博名。"[③]赵志皋每被弹劾，往往疏辨求退，而他愈是想退位，万历帝愈是慰留他，不让他退，甚至在赵志皋已病得不能起床办公时，乞休的疏章接连呈上，万历帝仍然不让他退。而这时候科道官们还是不断上疏攻击他。赵志皋精力不济，实际政事多由次辅张位裁决。言官们攻击赵志皋也往往连带攻击张位，后来单独对张位进

---

① 《明史》卷二三〇《饶伸传》。

②③ 《明史》卷二一九《赵志皋传》。

行弹劾的疏章也越来越多。当时出现了一本散布政治流言、宣称郑贵妃将当皇后的《忧危竑议》妖书，言官们利用这一事件，指控张位是妖书的主谋，终于将他赶出了朝廷。

在沈一贯、沈鲤相继去位之后，内阁中只留下朱赓一人执政了。朱赓为人厚道谨慎，并没有什么大的过失，只因为他和沈一贯同是浙江人，两人关系密切而为言路所不容，受到了许多的指责和攻击。朱赓执政时，请求万历帝增补阁臣，经过廷推选用了李廷机等人，给事中王元翰、胡忻反对李廷机入阁，认为李廷机用为阁臣是朱赓的主张，上疏对李、朱加以诋毁。礼部主事郑振先弹劾朱赓十二大罪，并且说朱赓与沈一贯、王锡爵为过去、现在、未来三身。吏部从地方官中考选科道官，给事中汪若霖不同意开列的名单中的两个人，和其他言官发生争执。万历帝因为言官之间的纷争是由汪若霖引起的，将他贬官外调。汪若霖先前曾经弹劾过朱赓，遭贬谪正当朱赓病好后回内阁办公之时，众人认为是朱赓乘机报复才使汪遭贬的，对朱赓群起攻击，先后有五十多人对他疏论。后来朱赓病重，上了二十多道乞休章，言官们生怕他病后还会出来，仍然不断攻击他，直至他病卒。

李廷机受到的攻击并不比朱赓少，他的结局也就更惨。廷推之前，王元翰就担心他将入阁而屡次对他暗中诋毁。廷推阁臣，李廷机果然名列其中，有几位科道官不同意，相持了很长时间，才将他的名字呈报上去，得到万历帝的批准。王元翰等人继续不停地攻击李廷机，而万历帝本来就看重李廷机，将王元翰等人夺俸。后来姜士昌、宋焘又因攻击李廷机而遭万历帝贬谪，言官们更是群情激愤。李廷机上疏要求去职，万历帝不允。过了一段时间，郑振先弹劾朱赓十二罪而连及李廷机，李又几次上疏乞休，并且几个月杜门不出。言官们怀疑他是在装病，几十人交章力攻。万历帝勉留李廷机，并且派官员请他出来处理公务，李廷机坚卧不出。在家等待了一年多，辞职请求仍得不到批准，他又屏居荒庙之中，言官们继续攻击他。他上了一百二十多道辞职的疏章，又离开京城等待批准，万历帝才不得不让他辞职。李廷机也并没有什么过失，也是因为与申时行、沈一贯等人关系不错，才受到了言官们的交章驱逐。后来入阁的吴道南颇有时望，也因触犯了言官而受到不断的攻击，杜门乞休一年多终于去职。

万历末年至天启初年，平庸的方从哲担任首辅，由于他在“红丸”和“移宫”两案中表现不佳，所受到的攻击可能是最严厉的了。许多言官弹劾他，说他轻荐狂医，造成了明光宗的死亡，又说他包庇李可灼，自掩罪责，给事中惠世扬纠劾他有十大罪、三可杀之后，又有许多言官对他进行弹劾，方从哲被迫去职。后来礼部尚书孙慎行追论“红丸”案，甚至指斥方从哲犯有弑逆之罪，劾文读来使人骇异：“臣以为从哲纵无弑之心，却有弑之事；欲辞弑之名，难免弑之实。”并且还在万历帝谥号上大做文章：“继此则有谥皇祖为恭皇帝事，历考晋、隋、周、宋，其末世亡国之君率谥曰恭，而以加之我皇祖，岂真不学无术，实乃咒诅君国，等于亡王，其设心谓何？”直把方从哲描写成一个祸国殃民、十恶不赦的大奸贼：“其罪恶逆天，万无可生之路。若其他督战误国、罔占行私、纵情蔑法、干犯天下之名义、酿成国家之祸患者，臣不能悉数也。陛下宜急讨此贼，雪不共之仇。”①

万历朝的阁臣中持正、有为的少，依阿、平庸的多，让他们来治理国家、主持朝政，不尽如人意之处实在太多，对他们进行弹劾，追究他们的失职行为，本是言官们应尽的责任，问题在于如何掌握分寸，注意方式方法，做到摆事实、讲道理，以理服人。如果能做到这一点，一定会对国事补益不少。而万历朝的言官们弹劾他人，指摘过失，常常从个人恩怨、好恶出发，意气用事，胡搅蛮缠，把意气之争当作是非之争，以致是非瞀乱、贤否混淆。执政大臣们成了言官们集中抨击的对象，动不动就遭到弹劾，以致事功难立。他们处于举步维艰的时世，

① 《明史》卷二四三《孙慎行传》。

受制于乾纲独揽的万历帝，本来就很难有所作为了，再加上言官们还在察察以求，他们求得自全自守已非易事，怎么可能再有什么作为呢？言路和内阁水火不相容，发展到后来更是恣意抨击，群相敌仇，将国家大政弃置一边。事情发展到这一步，推本寻源，还是由于言官们“争则名高”的心态。从好处着想，他们这样做可能是出于道德和责任心的驱使，他们的谏诤是为国为君；从坏处着想，他们是受自私自利之心的驱使，他们争执是非的目的是博取名声。当然不能说他们纯粹是为了沽名钓誉，但至少有着这种企图的人还不少。其中有些人徼名的意识非常强烈，追求名声的愿望胜于忠君爱国之心。即使在一些名望很高、素来被视为清流的士人中，刻意求名的心态也不可避免。孙慎行弹劾方从哲的几道疏章，刻薄而且恶毒，不能不说过于矫情，孙慎行却因此获得崇高的声望，被视为缙绅之冠，后来廷推阁臣，他名列首位，舆论对他一致看好，只是由于当时魏忠贤已掌管司礼监，他才没能入阁。

“争则名高”的心态甚至发展到了这样的一种程度，有些人把正直当成了博取名声的资本，把名誉当成了可以任意买卖的商品，为了沽取正直的名声而犯颜直谏，不仅对执政大臣们肆意攻击，对皇帝也进行了严厉的指责。他们对万历帝的指责不仅大胆直捷，而且越来越尖刻，甚至毫不掩饰和忌讳。有些人甚至甘冒大不敬的风险，不惜对万历帝进行讥讪和诽谤。这些士人饱读经书，熟悉史事，他们把名声看得超乎寻常的重要，自然懂得立言可以使名声不朽。为了使自己能够名垂青史，他们不惜付出一切代价：抛弃实利，丢失前程，甚至抵押上血肉之躯和生命，在皇帝的暴怒和严厉的刑罚下实现自己的人生价值。

万历帝宠幸郑贵妃，拖延册立皇位继承人，长期消极怠政，这些都成了臣子们严厉指责的好材料。郑妃生下皇三子不久，万历帝就下诏晋封她为皇贵妃，而生下皇长子已经五年的王恭妃，仍没有得到晋封，这件事引起群臣们的不平和议论。给事中姜应麟首先抗疏力争，认为晋封郑贵妃而不封王恭妃，“揆之伦理则不顺，质之人心则不安，传之天下万世则不正，非所以重储贰，定众志"[①]，要求皇上收回成命，或者先晋封王恭妃，并且册立皇长子为太子。这以后，要求早定国本，册立皇长子为太子的呼声越来越高，而万历帝一再拖延。臣子们认为是郑贵妃对万历帝吹枕边风的缘故，对郑贵妃及其家人的攻击也就越来越强烈。全椒知县樊玉衡于是上疏说："陛下爱贵妃，当图所以善处之。今天下无不以册立之稽归过贵妃者，而陛下又故依违，以成其过。陛下将何以托贵妃于天下哉？由元子而观则不慈，由贵妃而观则不智，无一可者。"[②]刑部员外郎于玉立则指斥万历帝"宠幸贵妃，宴逸无度"[③]。礼部主事卢洪春指斥万历帝："以目前衽席之娱，而忘保身之术，其为患更深。若乃为圣德之累，则均焉而已。且陛下毋谓身居九重，外廷莫知，天子起居，岂有寂然无闻于人者?"要求他"勿以深宫燕闲有所恣纵，勿以左右近习有所假借"[④]。御史范儁也要求万历帝防人欲，认为"人欲宜防，力以靡曼曲蘖为戒"[⑤]。这些奏疏直指宫中隐私，干涉了皇帝的私生活。一般来说，皇帝的私生活是很忌讳的话题，后宫事务，外廷是很少能够加以干涉的，即使有人要对皇帝的私事进行干预和劝谏，也得小心翼翼，使用非常隐微的带有暗示性的语言。而这些奏疏使用的语言不仅刺眼、激烈，而且言中之意简直把郑贵妃当成了媚主误国的妖孽，是周幽王时的褒姒、春秋晋献公时的骊姬一类谮废太子、败乱国家的祸水，由此推之，万历帝自然也就成了周幽王、晋献公那样昏庸的君主了。这些充满挑衅性语言的奏疏引起万历帝的震怒，谏者自然受到了严厉的惩处。如樊玉衡指斥郑贵妃的奏疏，使万历帝和郑贵妃愤怒异常，万历帝一天中拟了三四道旨，准备将樊玉衡置于死地，幸亏大学士赵志皋等人力

---

① 《明史》卷三三《姜应麟传》。

② 《明史》卷二三三《樊玉衡传》。

③ 《明史》卷二三六《于玉立传》。

④ 《明史》卷二三四《卢洪春传》。

⑤ 《明史》卷二三四《卢洪春传》附《范儁传》。

救，说自皇上即位以来还没有杀谏官的先例，万历帝才焚毁了樊玉衡的疏章，隐忍不发，过了一个多月，终于借着别的事情将他永谪偏远之地。而触怒皇上，招来廷杖及随后的处分，忍得一时的伤痛甚至牺牲一生的前程而换回永垂不朽的声名，正是某些谏诤者所刻意追求的。事实上，他们中的许多人也的确实现了自己的愿望，他们的名字、奏疏的内容，连同他们的事迹被记载在当时的实录中，并且部分地被采入《明史》及其他史书中。

还有更尖刻的。万历帝的嫡母孝安陈太后的梓宫发送安葬，按礼万历帝应当送到宫门之外，但正好万历帝有病，派了别人代送，这就引起了许多臣子的不满，用道德伦理的观念教训万历帝。户部主事王就学的奏疏最激烈："人子于亲惟送死为大事。今乃靳一攀送，至圣孝不终。岂独有乖古礼，即圣心岂能自安？于此而不用其情，乌乎用其情？于此而可忍，乌乎不可忍？恐难以宣诸诏谕，书诸简册，传示天下万世也。"[①]宦官张鲸在帮助万历帝驱逐冯保一事上立有大功，得以掌管东厂，非常专横，朝臣们多次弹劾，就是奈何不了他。外间有议论说万历帝接受张鲸的贿赂，因此庇护他。刚上任一个月的给事中李沂以讥诮的口气上疏指责万历帝："流传鲸广献金宝，多方请乞，陛下犹豫未忍断决。中外臣民初未肯信，以为陛下富有四海，岂爱金宝；威如雷霆，岂徇请乞。及见明旨许鲸策励供事，外议藉藉，遂谓为真。亏损圣德，夫岂浅鲜？"[②]给事中邹元标的上时政六事疏中指责万历帝不能改过，有欺诈行为："臣曩进无欲之训，陛下试自省，果无欲耶，寡欲耶？语云：'欲人勿闻，莫若勿为。'陛下诚宜翻然自省，加意培养。"[③]

万历帝怠政，越到后来程度越严重，责任心强的官员们纷纷上疏

---

① 《明史》卷二三四《卢洪春传》附《王就学传》。

② 《明史》卷二三四《李沂传》。

③ 《明史》卷二四三《邹元标传》。

谏诤，指斥他荒怠的奏疏也越来越直言不讳。他们不惜冒“大不敬”的危险，直把万历帝当作一个十足的失德之君，对他进行劝谏的奏疏中不乏讥讪、诋毁言词，甚至使用侮辱性的语言对他进行人身攻击，其中要数雒于仁和马经纶为最。

大理寺评事雒于仁在奏疏中指责万历帝没有人君风度，说他嗜酒、恋色、贪财、尚气，并上酒、色、财、气四箴对他进行规劝。疏中说：“臣闻嗜酒则腐肠，恋色则伐性，贪财则丧志，尚气则戕生。陛下八珍在御，觞酌是耽，卜昼不足，继以长夜，此其病在嗜酒也。宠‘十俊’以启幸门，溺郑妃，靡言不听，忠谋摈斥，储位久虚，此其病在恋色也。传索帑金，括取币帛，甚且掠问宦官，有献则已，无则谴怒，李沂之疮痍未平，而张鲸之赀贿复入，此其病在贪财也。今日搒宫女，明日扶中官，罪状未明，立毙杖下，又宿怨藏怒于直臣如范俊、姜应麟、孙如法辈，皆一诎不申，赐环无日，此其病在尚气也。四者之病，胶绕身心，岂药石所可治？今陛下春秋鼎盛，犹经年不朝，过此以往，更当何如？”所献的四箴，直把万历帝指责为一个昏君、暴君、亡国之君。《酒箴》说他没日没夜地沉溺于酒，神志不清，以致失去了帝王的威严和仪容，不成体统：“耽彼曲糵，昕夕不辍，心志内懵，威仪外缺。”接下去的四句：“神禹疏狄，夏治兴隆。进药陛下，酖醑勿崇。”这是以夏桀嗜酒亡国暗讽万历帝。大禹经过千辛万苦，才打下了夏代兴隆的基业，而夏桀沉溺于酒，以致败亡了国家。陛下可要想到祖宗创业的艰难，不要像夏桀那样嗜酒亡国啊！相传夏桀嗜酒，并筑有酒池。《色箴》说郑贵妃整日纠缠着万历帝，争宠斗艳，搬弄是非，迷惑君王，搞乱国政：“艳彼妖姬，寝兴在侧，启宠纳侮，争妍误国。”直把她看作夏桀时的妹喜、商纣时的妲己、周幽王时的褒姒一类的妖孽，而万历帝宠幸女色，自然也就是夏桀、商纣、周幽王一类的人了。《财箴》说万历帝搜括民财，一丝一毫也不放过，宫庭内库充盈了，而老百姓却因此倾家荡产：“竞彼镠镣，锱铢必尽，公帑称盈，私家悬罄。”说他的贪财行为就像商纣王筑鹿台以聚积民财、隋炀帝敲剥天下而取财利一样，必弄得民心丧尽、国运不长："武散鹿台，八百归心；隋炀剥利，天命难谌。"《气箴》说他任情尚气，恣睢妄为，刑法苛刻，政失准的："逞彼忿怒，恣睢任情，法尚操切，政盭公平。"说他如同秦始皇一样暴虐，弄得民怨沸腾："秦皇暴戾，群怨孔彰。"①

一年冬天，兵部考选军政，万历帝认为有营私舞弊行为，兵部的好几位官员受到了降级处分。万历帝又迁怒于两京科道官们，认为他们闭口不言，没有对此事进行弹劾和纠正，有二十四位科道官被外调或罢免，留用的被停俸一年。阁部大臣们上疏谏诤，万历帝下旨将外调的科道官降为杂职，并调往边地。又有大臣上疏申救，万历帝更怒，将降为杂职的官员全部夺职为民。御史马经纶抗疏上言，严厉指责万历帝的翻云覆雨行为，说他既讨厌言官的直言，动不动借口渎扰而治罪，而现在言官不言，又以钳口不言的过错对他们治罪。又采用反话正说的方法，通过指责言官钳口不言的五大罪状而对万历帝的五种失德行为进行抨击："乃言官今日之钳口不言者，有五大罪焉：陛下不郊天有年矣，曾不能援故典排闼以诤，是陷陛下之不敬天者，罪一；陛下不享祖有年矣，曾不能开至诚牵裾以诤，是陷陛下之不敬祖者，罪二；陛下辍朝不御，停讲不举，言官言之而不能卒复之，是陷陛下不能如祖宗之勤政，罪三；陛下去邪不决，任贤不笃，言官言之而不能强得之，是陷陛下不能如祖宗之用人，罪四；陛下好货成癖，御下少恩，肘腋之间，丛怨蓄变，言官俱虑之，而卒不能批鳞谏止，是陷陛下甘弃初政，而弗获克终，罪五。言官负此大罪，陛下肯奋然励精而以五罪罪之，岂不当哉！奈何责之钳口不言者，不于此而于彼也？"最后说皇上的行为既大失人心，又违背天意，如果上天震怒，因为皇上的失德行为而降下大祸来，那么皇上对得起祖宗社稷吗？②

---

① 《明史》卷二三四《雒于仁传》。

② 《明史》卷二三四《马经纶传》。

雒于仁和马经纶在奏疏中肆无忌惮的言辞，不要说是针对皇上，就是针对一般的人，也是难以忍受的。万历帝尽管荒怠政务，德业不修，但他仍旧牢牢控制着朝政，在他统治期间，总的来说宦官的势力不太强盛，宦官专政的局面几乎没有出现。而且他对臣下，尤其是对言官谏臣的处分，一般来说也不是太苛刻和暴虐，像正嘉时期那样大规模廷杖谏臣，甚至将谏臣杖死的情况几乎没有出现。嗜酒、好色、贪财、尚气，这几乎是封建帝王的通病，很少有能避免这些的，不过表现出来的程度不同而已。这些毛病，尤其是贪财好货的习性在万历帝身上表现得较为突出罢了。万历帝当然不是一个英明有为的君主，但离昏君、暴君、亡国之君，也还有一定的距离。用历史上最著名的几个昏庸、残暴及亡国的君主来讽喻万历帝，是过分的，可以说含有人身攻击和人格污辱的成分。而郑贵妃深得万历帝的宠幸，但她毕竟也不是妲己、褒姒一流的女人，大臣们直把她视作国家的妖孽和祸根，这也含有诽谤的成分。而马经纶谏疏中反话正说，这也含有讥讪嘲讽的意味。万历帝说谏臣们讪君卖直，没有人臣之礼，看来也不是完全没有根据。

雒于仁、马经纶对万历帝肆无忌惮的批评，即使用儒家传统的伦理道德观念来衡量，也是不被肯定的。传统的伦理观念，强调为尊者、长者和贤者讳，对于君父不能暴其过恶，对君父的过错的劝谏应该用非常委婉的言辞来进行，而不赞成采用激烈的言辞或行动。《论语》载，有人告诉孔子，他们当中有一个直言不讳的人，父亲偷了人家的羊，做儿子的检举揭发了他。而孔子并不赞成这样做，他说："吾党之直者异于是：父为子隐，子为父隐，直在其中矣。"[1]孔子认为君子之道有四点，"其行己也恭，其事上也敬"[2]是其中的两点，而"居处恭，执事敬，与人忠"[3]是"仁"的体现。孔子的学生子夏也说，君子必须"信

①③　《论语·子路》。
②　《论语·公冶长》。

而后谏,未信,则以为谤己也"[4]。因此做臣子的对君父的劝谏,必须恭敬、诚信、忠实、得当,有一定的限度,过犹不及。犯颜直谏不是不可以,但首先要求直谏者忠实和诚信,有理有节,对尊长者切不可以使用讥讪、诽谤的口气,更不允许使用侮辱、攻击性的言语。如果不能做到这一点,就有"大不敬"的嫌疑。《孟子》虽然也赞成汤武革命,赞成诛独夫,但这也有个前提,这个独夫必须是桀、纣那样残暴无道、众叛亲离的人物。如果不是这样的人物也就谈不上对他进行诛杀了,同样的也不能对他口诛笔伐,还得恭敬地侍奉。

像雒于仁、马经纶的指责显然是缺乏忠厚之意的。忠厚之意薄,是由于衒沽之情胜。博取正直名声的意愿太强烈了,就难免做出过分的事来。其实,他们强烈的徼名心态,在他们的奏疏中也流露了出来。雒于仁在奏疏中说:"保禄全躯之士可以威权惧之,若怀忠守义者,即鼎锯何避焉?臣今敢以四箴献,若陛下肯用臣言,即立诛臣身,臣虽死犹生也。惟陛下垂察。"[5]这个奏疏其实是包含了极严重的挑衅性质的:我敢上这样激烈的奏疏,那是抱了粉身碎骨的决心和勇气的。如果我今日因上疏而死,明日便可名扬天下,作为忠臣烈士流芳百世。如果有幸没有被处死,我同样可以凭着直言的勇气名垂青史。

雒于仁这样的心态,在当时的言官谏臣中是颇具代表性的。

三、廷论纷呶,物议横生

——党争和党人心态

历史上往往出现这样的现象:当社会政治发生重大变迁,一个大一统的君主专制政权已经腐坏,用来统治思想、维系人心的儒家道德对人们已失去了普遍的约束力,帝国的群体凝聚力已经涣散时,一个

---

④ 《论语·子张》。

⑤ 《明史》卷二三四《雒于仁传》。

个通过各种各样的关系，比如同乡关系、同门关系、同年关系、同事关系等结成的利益集团就出现了，这些利益集团少则几人、十几人，多则几十人、上百人，它们为了各自的私利彼此间常常展开激烈的冲突和纷争。这些分门别派的利益集团在古代就称作“党”或“朋党”。在东汉后期桓帝、灵帝年间的党争以至两次大规模的党锢之祸，唐代后期穆宗、宣宗年间的牛李党争，北宋中期的庆历党争，尤其是北宋后期元祐年间的新党、旧党之争以及洛党、蜀党之争，程度都是很激烈的。而明代后期的党派门户纷争，时间之长、规模之大、程度之激烈，都是空前的。这一党争形成于万历年间，直到明代灭亡也没有停止，贯穿了明代后期的历史。

明代后期朋党的产生和党争的出现，也起因于士人们的徼名矜名的心态，“争则名高”的观念对士人们的影响至巨。在万历亲政后，张居正遭清算，内阁大臣们依违自守，而原先受到政府压抑的言路则得以舒张。执政大臣们政治上没有什么作为，引起了言路的不满，逐渐成为中下级朝官们攻击的对象，言路和内阁渐成水火。中下级朝官们为了与阁臣争斗，联合在一起，由此出现了朋党。清算张居正运动中起家的李植、江东之、羊可立三人结成一体，并引赵用贤、沈思孝等人为重，可以看作明代后期朋党的最初形式。在斗争过程中，廷臣内部由于思想观念不同、对事物的看法不同，以及利益关系的不同，也就逐渐地出现了党派门户之分。而万历帝又长期怠政，懒于处理对立派别之间互相弹劾的奏章，这些奏章常常被长期搁置起来，不闻不问，有时即使看了也不加裁决，任由党争存在和发展。这样，党争也就长期地延续下去，参加进来的人越来越多，斗争也渐趋激烈，各种名目的小派别也越分越细。

朋党形成后，逐渐由暗争发展到明斗。万历二十一年(1593)癸巳京察，对立派别之间的斗争已很激烈。负责京察的吏部尚书孙𫓶、考功郎中赵南星等秉公执法，包括他们自己的亲戚在内的，凡是被公论所指责和不赞成的官员几乎都被罢黜了，大学士赵志皋的弟弟也在其内。首辅王锡爵刚还朝，想要照顾庇留几个人，也不能够，很不高兴。后来言官拾遗，弹劾了三位官员，吏部审议后只罢黜了其中一人，保留了二人。给事中刘道隆认为吏部所议不当，对孙𫓶、赵南星等提出弹劾。赵南星遭贬官，孙𫓶被夺俸，两人上疏求去，左都御史李世达等人交章论救，并且攻击了王锡爵，从而把事情弄得越来越僵。最后孙𫓶去职，赵南星等人被削籍，上章论救的官员也受到了处分。自此以后，门户之争日益激化，不可调和。

好同恶异，是人们的普遍心理。好同使人们结成一体，恶异使人们与对立者产生冲突，而且常常发展为意气之争。孙𫓶之后，孙丕扬任吏部尚书，主持乙未年(1595)的外计，考功郎中蒋时馨辅佐他。此次外计中，浙江参政丁此吕因为贪赃枉法被罢黜。丁此吕因首发张居正时的科场案，把申时行搞得难堪，故一直反对申时行的沈思孝、江东之等与他关系密切。外计过后，御史赵文炳弹劾蒋时馨在考察时受贿。蒋时馨怀疑自己遭弹劾是沈思孝在暗中指使的，在廷质时攻讦了沈思孝，说他先庇丁此吕避察不得，又求吏部侍郎的职位不得，因这两件事而怀恨，纠集了人来弹劾自己，目的是倾陷吏部尚书，取而代之。蒋时馨被罢官后，沈思孝、孙丕扬各上疏辨。沈思孝认为丁此吕建言有功，不应该被审察；孙丕扬则认为蒋时馨无罪，而丁此吕受赃之事确凿有据，不能因为建言之功而轻恕，并将审察丁此吕的材料呈送万历帝。好几位科道官为蒋时馨讼冤，弹劾沈思孝。沈思孝几次上疏求去，疏中诋毁孙丕扬有负于国。与沈思孝等交好的员外郎岳元声看到沈思孝挡不住了，上疏说言官之间互相攻讦，大臣之间互相攻讦，应当统统罢免。此疏看起来似乎很公正，实际是专门针对蒋时馨和孙丕扬的。这次争执直到孙丕扬和沈思孝两人都去位才停止。

这种好同恶异的心态，使党派之分日益明显。到了沈一贯执政时，党争更趋激烈。沈一贯是浙江鄞县人，通过各种关系依附于他的朝官很多，其中不少是浙人，这样就形成了一个党派系统，而反对沈一贯的朝官则形成了另一个党派系统。这两党的成员，围绕楚宗案、《续忧危竑议》妖书案和乙巳京察等事件展开激烈的斗争。

楚宗案是由楚恭王继承人事件引起的党争。楚恭王朱英炝死后，宫人胡氏产下了双生遗腹子华奎、华壁。楚王生前有“废疾”，有传言说这两子并非胡氏所产，是楚王妃暗中派人从娘家亲戚家中抱来，假托宫人所产的。闹到地方官那里，王妃坚持说是宫人所产，事情得以平息。后来华奎继任楚恭王位，华壁也受封为郡王。楚府中一位强悍的宗人与楚王发生冲突，就纠集了二十九位宗人上告朝廷，说华奎不是英炝所产，不应当继承王位。华奎也对宗人进行弹劾。万历帝将两疏下发部院审议。暂掌礼部的右侍郎郭正域主张让地方官公开勘问，首辅沈一贯则认为亲王不应勘问，而当暗中查访。万历帝接受郭正域的建议，下令公勘。当时沈一贯袒护楚王，郭正域袒护宗人，次辅沈鲤支持郭正域。地方官送上的公勘报告认为宗人们的告词没法验证，宗人们则坚持原来的说法。万历帝只好让大臣们合议，但参加审议的三十多人也各有各的说法，意见没法统一。礼部左侍郎李廷机因为众人言词太繁太多，先撮其要上报。沈一贯就指使亲信科道官杨应文等弹劾礼部，说礼部壅塞群议，不将实情上报。郭正域上疏自辩，并且揭发沈一贯阻止公勘、接受华奎贿赂等情况。沈一贯则说郭正域私庇宗人。给事中姚文蔚弹劾郭正域修怨谋陷楚王。都察院左都御史温纯则弹劾姚文蔚而连带沈一贯。沈一贯又授意给事中钱梦皋、杨应文对郭正域提出弹劾，钱梦皋的弹劾连及沈鲤。事情闹得不可开交。万历帝认为楚王嗣位已二十多年，直到不久前才有人告发，而且证据不足为凭，一定是有人另有企图，下令对这一案停止复勘。

不久《续忧危竑议》妖书案兴起了。这书假托郑福成所著，作问答语。“郑福成”的含义是郑贵妃所生的福王当成太子，书中说万历帝不得已才立皇长子为太子，他日一定会改立福王，任用朱赓为大学士就含有他日更易之意，因为“赓”字就是更易的意思。书中批评沈一贯为人阴贼，袒护郑贵妃。万历帝下令锦衣卫一定要追查造妖书的人。郭正域曾任皇长子讲官，与皇长子关系亲密。沈一贯一派认为借着妖书事而倾陷郭正域和沈鲤，这两人一定会得重祸，因此千方百计地将此案往两人身上牵扯。几个与郭正域曾发生联系的人被逮捕审问，但从他们身上没有取得有用的证据。依附于沈一贯的科道官钱梦皋、康丕扬在上疏中直指郭正域并及沈鲤。钱梦皋的疏中说：“妖书刊播，不先不后，适在楚王疏入之时。盖正域乃沈鲤门徒，而沈令誉者，正域食客，胡化又其同乡同年，群奸结为死党。乞穷治根本，定正域乱楚首恶之罪，勒鲤闲住。”[①]郭正域被勒令回家乡听候勘问，返家的船在半路上遭拦截，十五位男女仆人被捕捉穷治，也没有得到什么证据。有人迫使郭正域自杀，被他严辞拒绝。沈一贯他们看到从这一案中实在捞不到什么好处，才慢慢松懈下来。

在万历三十三年(1605)乙巳京察时，两派官员又打了个回合。当时吏部左侍郎杨时乔暂掌部事，首辅沈一贯因为忌怕他严正，试图不让他主持京察，改用兵部尚书萧大亨，由于沈鲤的反对而没有得逞。杨时乔和左都御史温纯等都属沈鲤派的官员，他们力排沈一贯派的官员。沈一贯非常恼怒，密言于万历帝，杨时乔、温纯的察疏被留中不发，被察的钱梦皋又借楚王之事攻击温纯与郭正域党比，借京察驱除建白楚宗案的人，目的是翻楚宗案。这打动了万历帝的心，特旨留钱梦皋，又下旨尽留被察的科道官，并严旨斥责杨时乔等人借着京察进行报复。钱梦皋被留后，又联合被察为外转的给事中钟兆斗几次上疏攻击温纯和杨时乔。大理少卿徐宗濬等人则上疏论钱梦皋

---

① 《明史》卷二二六《郭正域传》。

违禁妄辨，郎中刘元珍弹劾沈一贯和钱梦皋。沈、钱疏辨，钱梦皋指斥刘元珍为温纯的鹰犬。给事中陈良训等人又上疏论被察诸人必不可留，并且指斥沈一贯结交近侍。兵部主事庞时雍则指斥沈一贯欺罔和误国的罪状各有十条。这些上疏的官员受到了处分，温纯被迫致仕，钱梦皋等人也引疾避位。到了这时候，察疏才被发下来，被察而留用的人自求免职，沈一贯也自知不容于公论，杜门求去。南京科道官陈嘉训、孙居相等交章弹劾沈一贯奸贪。万历帝批准沈一贯辞职。这时沈鲤也上疏求去，沈一贯又暗中倾陷，万历帝遂让沈鲤和沈一贯同时致仕。

在纷争中，一些人逐渐成为引人注目的中心人物，在他们的周围各聚集了一批人。“名盛则附之者众，附者众，则不必皆贤而胥引之，乐其与己同也；名高则毁之者亦众，毁者不必不贤而怒而斥之，恶其与己异也。”[①]好同恶异的心态，使得士人们物以类聚，党派的规模不断扩大，并且出现了党派名目。沈一贯去位后，各种名目的党派正式形成。喜谈天下安危大计的祭酒汤宾尹、谕德顾天埈两人都是阴险无行之辈，各自广召朋徒，干预朝政。汤宾尹是南直隶宣城（今属安徽）人，他这一派称为宣党。顾天埈是南直隶昆山（今属江苏）人，他这一派称为昆党。同时科道官们也按籍贯分成了齐、楚、浙三派。齐党的党魁是给事中亓诗教、周永春和御史韩浚，燕人赵兴邦等依附于他们；楚党的党魁是官应震、吴亮嗣，蜀人田一甲、徐绍吉等依附于他们；浙党的党魁是给事中姚宗文、御史刘廷元，而商周祚、毛一鹭、过庭训等依附于他们。这三党形成了鼎足之势，把持言路，并与宣党、昆党互相凭倚，以排斥异己为能事，而汤宾尹成了诸党的总策划。同时，与这些党派相对立、相抗争的官员，被他们称为东林党，顾宪成、高攀龙等人被认为是这一派的首领。顾宪成是无锡人，他和弟弟

---

① 《明史》卷二三二“赞曰”。

顾允成等倡导在家乡原来宋儒杨时讲道处修筑了东林书院。顾宪成罢官家居时，与同志高攀龙、钱一本等人常在书院讲学。这些都是抱道忤时、得罪权贵而被迫退处林野的不得志的士人，在讲学之余，常常讽议朝政，裁量人物，这样就形成了一个朝廷反对派的舆论中心，在朝的官员也常常向慕这种风气，和他们遥相呼应，在朝廷内外有了一大批追随者，这一派的人被政敌称为东林党。

各种名目的党派集团形成后，附之者、毁之者之间争胜不已，门户之争更趋激烈。相争力求相胜，成了这时期党人们的普遍心态，这在"梃击"案发生之前的几起重要争斗中可见一斑。

首先是围绕王元翰事件展开的争斗。王元翰担任给事中四年，以敢言著称，声望很高。一些人想利用他的名望达到自己的目的。宣党给事中王绍徽是汤宾尹的门生，为汤宾尹营求入阁，求助于王元翰，说："公语言妙天下，即一札扬汤君，汤君且为公死，世间如汤君可恃也。"[①]遭到拒绝。王绍徽怀恨于他，挑动了与王元翰素不相能的都给事中陈治则的门人、同党，御史郑继芳出来弹劾他。郑继芳弹劾王元翰贪赃不法。王元翰上疏自辩，语言过于激烈，引起了郑继芳同党刘文炳、王绍徽等十多人的上疏攻击，而史记事、胡忻等十多人也连章疏救王元翰。王元翰将家中的财物统统装入筐箧中，让人抬放到朝门外，任由官吏们翻检，恸哭着辞朝离去。他因擅离职守而受到降职处分。由于万历帝对两党纷争不加理会，这以后两党纷争终久不息。

接着是淮抚李三才之争。李三才有才干，任地方官多年，很有政绩，特别是后来担任漕运总督、巡抚凤阳诸府的十多年里，抑制了矿监税使在这里的势力，很得民心。但他个人行为并不检点，大肆挥霍，很不廉洁，用财如流水。他好用权术，善于笼络朝士，利用手中的

---

① 《明史纪事本末》卷六六《东林党议》。

钱财结交了一大批人才。他曾上疏力攻沈一贯，批评执政大臣，与东林党人交好，顾宪成对他很信任。后来会推阁臣，有人提议用李三才，又有人提名他为都察院都御史，而李三才也颇有营求高官的野心。许多人也就对他看不惯，谤议纷然。浙党的工部郎中邵辅忠首先出来弹劾他，说他大奸似忠、大诈似直，有贪、伪、险、横四大罪，浙党御史徐兆魁也上疏弹劾他。李三才四次上疏自辩，请求离职。东林党人给事中马从龙、御史董兆舒等相继为李三才辩护。大学士叶向高则说李三才已杜门待罪，希望万历帝定其去留，万历帝不理。齐、楚、浙诸党的科道官刘国缙、乔应甲、王绍徽等十多人连章弹劾李三才，东林党的胡忻、曹于汴等七人又交章疏救，闹了好几个月也没停止。这时候，退居家乡的顾宪成写信给叶向高，竭力称扬李三才廉洁正直，又写信给再次出任吏部尚书的孙丕扬，替他力辩。御史吴亮与李三才平素交好，将这两封信附在邸报中公开了出来，引起了议论大哗。御史乔应甲又上两疏攻李三才，列数他十贪五奸。李三才上疏十五次自请去职，得不到批准，自劾离去。李三才家居后，反对他的人担心他还会复职，继续弹劾他。御史刘光复弹劾他盗窃皇木营建私第，并且说他与别人遥控朝政大权。李三才上疏自辩，引来了更多官员的弹劾。李三才自辩愈力，对他的弹劾也就愈激烈。天启年间，东北辽阳为后金军所占，御史房可壮连疏请用李三才，天启帝下诏廷议。通政参议吴殿邦力言李三才不可用，甚至把他视为盗臣。又有御史复荐李三才，皇上听取了他的意见，欲任用李三才，但廷议意见相持，不能决定下来。又有官员力主任用，但到最后确定阶段，他们又不敢站出来担保，此议终于被废止。

党人们的相争相胜的心态，使得是非之争常常演变为意气之争。在万历三十九年（1611）辛亥京察中，对立的党派之间又展开了激烈的角逐。在京察开始之前，与东林党对立的党派成员在朝廷中拥有很大的势力，他们建议主持京察的吏部尚书孙丕扬先分发咨询单，用它来决定官员的去留，试图通过它来将东林党成员清除掉。幸好当时执掌翰林院事的吏部右侍郎王图察觉及时，赶快告知了孙丕扬而停止这样做，诸党的计谋才没有得逞。他们对王图很痛恨。当时汤宾尹已任翰林院祭酒，但他曾做过翰林，当由王图写考察评语，他担心王图的评语将对他不利，与门人王绍徽相商，让御史金明时弹劾王图的儿子任知县时贪赃枉法，又离间王图和其兄长王国的关系，想用这些计谋倾陷王图而把他赶走。王图兄弟抗疏力辩才使汤宾尹等人的计划落实。后来主持京察的孙丕扬在别人的协助下，将与东林党对立的诸党的许多成员列入被察的奏疏中，其中汤宾尹被列为不谨，王绍徽、乔应甲以年例转调外任。诸党成员非常恼怒，刑部主事秦聚奎上疏力攻孙丕扬，为汤宾尹等人辩护。当时察疏没有下发，孙丕扬催请，在疏中弹劾了秦聚奎。秦聚奎被罢官，诸党成员更激愤，试图借着许弘纲攻击孙丕扬京察过分的奏疏将孙丕扬搞下台。刚入朝的礼部主事丁元荐抗章指责许弘纲，详尽揭发昆、宣诸党相勾结的情况，诸党成员争相攻击丁元荐，丁元荐被迫去职回乡。经过大学士叶向高的调护，察疏被下发，被察的官员受到处分，而诸党仍对孙丕扬攻讦不已。

由汤宾尹事件引起的荆、熊两御史相争案和韩敬科场案是其后较大的争执事件。汤宾尹早年在家乡时夺诸生施天德之妻为妾，施妻不从，自杀身亡，在当地激起民愤。诸生冯应祥、芮永缙等人将此事告官，并在当地替施妻建祠，这成了汤宾尹的一大耻辱。后来芮永缙又告发诸生梅氏兄弟淫乱的情状，巡按御史荆养乔将梅氏兄弟治罪。再后来御史熊廷弼以督学身份出巡到宣城，他与汤宾尹素来交好，为梅氏翻案，将他俩释放出狱，并且将冯应祥和芮永缙判罪，将芮永缙杖死，借此事为汤宾尹雪耻。荆养乔弹劾熊廷弼"杀人媚人"，上疏后又径自离职回家。熊廷弼也上疏辩解。都御史孙玮建议对两御史进行勘问，又引起了对立党派科道官之间的激烈争执，孙振基等人坚持要对此事进行勘问，而诸党成员官应震、亓诗教等上疏相驳。万历帝采纳了孙玮的意见，熊廷弼受到解职处分，袒护他的诸党成员理屈，非常愤恨。吏部尚书赵焕年老昏愦，受同乡亓诗教的操纵，竟以年例将孙振基等人调为外任。

韩敬科场案发生在同一时期。早先汤宾尹因逼死施妻，名声很臭，在家乡呆不下去，只身到浙江避风，读书人对他敬而远之，很少有人与他来往，只有长兴人韩敬仰慕他的文名，以太学生的身份拜他为师，请他指正文章。后来两人一直交往密切。韩敬参加会试时，汤宾尹正好担任分房考官。韩敬的考卷原在别的分房考官那里，已被点落，汤宾尹越房搜出，并强求总裁官录为本房第一。其他分房考官也仿效他，争相搜取自己的私人。等到放榜时，士论大哗，有考官本打算揭发此事，碍于两位总裁前辈的面子，隐忍不发。等到廷对时，汤宾尹又为韩敬活动，使他得了状元。后来汤宾尹因辛亥京察免职，韩敬也称病去职。与荆、熊相争而引起廷争同时，又发生了科场舞弊事，孙振基进行弹劾，同时首次揭发了汤宾尹与韩敬的作弊行为。疏下吏部、都察院合议时，官员们对汤宾尹作弊事不加审理。孙振基两次抗疏请求审议，同时好几位科道官拿出确凿证据证明了汤宾尹的作弊行为。当时汤宾尹虽已罢官家居，但朝中他的同党依然很多，势力很大，竭力阻挠对韩敬作出处分。礼部侍郎翁正春等合议，坐韩敬以不谨，让他落职闲住。浙党的刘廷元等三人是韩敬同乡，找出借口拒绝在合议意见上签名。翁正春等不听从刘廷元他们的意见，将合议呈上。刘廷元对翁正春作出了弹劾，孙振基等人又连章论劾刘廷元，齐党亓诗教则对翁正春进行指责，翁正春被迫辞职。当孙振基被外调时，科场案还没有得到处理，又有官员上疏极论。接替翁正春的孙慎行又召集廷臣合议，仍然坚持要对韩敬作出处理。诸党成员势众，将孙慎行赶出了朝廷，要求对韩敬作出处分的其他官员也不安其位，被解职或自动离职。到最后，朝中竟无一人敢与韩敬为难，韩敬被宽大处理，仅仅谪为行人司司副。这件事一直拖了七年才算了结。

辛亥京察后，东林党暂时在朝廷中处于优势地位，但其他诸党的势力仍旧很盛。孙丕扬多次上疏请求万历帝起用久居林下的负有清望的东林党人，万历帝不喜欢任用旧人，对他的疏求不加理睬。孙丕扬的愿望不能实现，接连不断地提出退休的要求，上疏二十多次后仍不得批准，拜疏径归。继任吏部尚书的齐人赵焕，虽有清望，突然被任用为官，对朝廷中党派之争的内幕不甚了解，而且他本人向来不喜欢东林党人，没有什么主见，受到同乡亓诗教的操纵。东林党人的势力受到排挤，齐、楚、浙三党势力则越来越盛。谁稍有异议，马上就会受到三党的群起攻击。在这样的情况下，素称戆直的李朴上疏为东林党鸣不平，对三党的朋比为奸、排击善类进行了淋漓尽致的攻击。李朴的上疏无疑是捅了马蜂窝，三党成员对他尽力夹攻，并且有人还罗织了他的罪名，说他贪赃枉法。万历帝尽管平素不喜欢言官，但得到李朴的上疏，心里也认为说得好，可是大学士叶向高、方从哲却认为李朴的奏疏过于激烈，万历帝也只好将此疏下部院议罚。李朴又上疏揭发了三党成员中的一些不法行为，万历帝对被劾的官员进行责罚。三党对李朴更痛恨，对他排击无虚日。部院合议降李朴三级外调，但万历帝留疏不发。到了第二年，吏部奉诏起用被罢免的官员，李朴也在其内。党人们对李朴的攻击更激烈。李朴也强，继续弹劾浙党成员的行为。后来李朴终于被贬为州同知。这以后，三党势力更强盛。赵焕去职后，有清望的楚人郑继之被召还替代他。郑继之的处境与赵焕差不多，年老昏庸，受到三党的控制。当时九卿大僚的任免，往往由三党的好恶而定。后来浙党所推选的李鋕以吏部侍郎的身份兼署都察院，三党的势力更盛。当时齐党亓诗教的气焰最为嚣张，成了三党的总首领。郑继之离任后，亓诗教文力荐赵焕出任。赵焕复任后，更加对亓诗教言听计从，东林党的势力完全被压倒了。

之后就是“梃击”案的发生，当时三党势力已完全控制政局，因此对“梃击”案的处理并没有产生太大的分歧。接着是万历四十五年(1617)的丁巳京察。主持京察的都是三党成员以及他们的依附者，曾经与他们意见相左的官员差不多都受到了各种各样的处分，朝廷中很少再有正直敢言的人了，于是本来利益一致而结成一体的三党内部为了权力的再分配开始产生矛盾，闹起了纠纷。这时候，往来于朝臣之间，熟知诸党内幕，又与东林党人友善的布衣汪文言又多次用奇计离间了诸党，使他们互相猜疑。浙党派系的南直隶武进人邹之麟，因为通过亓诗教在吏部谋取官职的愿望没有达到，对齐党大加攻击，认为齐党的张凤翔将排斥浙党首领姚宗文和刘廷元。亓诗教通过赵焕将邹之麟罢官，与邹之麟友善的华亭人夏嘉遇也上疏攻击亓诗教，浙党成员唐世济、董元儒协助了夏嘉遇。亓诗教等人的势力受到压抑，齐党很快就衰落下去。东林党的势力又慢慢地发展起来。

万历后期，齐、楚、浙三党在政治上能占绝对优势，与当时执政的内阁大臣也有关。叶向高去职后，方从哲任首辅，直至天启初年。方从哲平庸无能，是浙江人，而亓诗教是他的门生，因此亓诗教的势力尤其嚣张，成了三党的头目。在浙、齐两党发生分裂之时，“红丸”案和“移宫”案相继发生，方从哲因为在两案中表现不佳，受到了许多人的攻击，被迫去职。在“移宫”案中，东林党人杨涟、左光斗等起的作用很大，天启帝上台后，倚重他们，被罢免的东林党人相继被召还朝廷，担任重要官职。在长期的党争中，总的说来，东林党人处于不得志的境地，与对立的诸党之间结下了很深的怨恨。现在他们得了势，也就以加倍的仇恨来报复诸党从前对他们的压抑和打击。

天启三年(1623)的癸亥京察，就由属于东林党人的吏部尚书张问达和左都御史赵南星主持，他们将对立的三党的主要人物加以排斥，如亓诗教等四人被赵南星称为“四凶”，评为“不谨”而落职，其他属于三党或与三党有密切联系的官员也纷纷引退。东林党人抱着除恶务尽的决心，对三党官员穷追不舍，以前纷争中的是非问题又被一个个旧事重提，而“梃击”“红丸”“移宫”三案中的是非功过则成了纷争的焦点。前此，在每一案发生后，双方都曾经进行过争辩，这时候，三案被放在一起提出了。惠世扬弹劾方从哲有十罪三可杀，认为他在“梃击”案中庇护了奸党，在“红丸”案中又袒护了崔文升和李可灼，在“移宫”案中听任李选侍久据乾清宫而不积极干预。在“梃击”案中私审张差而与刘廷元等人意见相左，后来在丁巳京察中被削籍的刑部主事王之寀，这时已复官，他上《复仇疏》，要求严厉追究与三案有关的三党成员的罪责，对他们进行重处。与三案有关的刘廷元、岳骏声等人先后上疏辩，王之寀连疏力攻，而因论韩敬科场案而受三党排挤被迫去职，这时已任礼部尚书的孙慎行对方从哲的抨击尤为激烈，竟然说他犯有弑君之罪。天启帝将孙慎行的奏疏下发，让百官集议，左都御史邹元标首先上疏支持，方从哲上疏自辩。当时朝廷中东林党人已占绝对优势，因此孙慎行的奏疏尽管刻薄而且恶毒，与事实很不相符，但附和和赞同他观点的人很多，竟有一百一十多人先后上疏弹劾方从哲及其他三党成员，为方从哲辩护的只有刑部尚书黄克缵等数人。

由物议横生，党派之间相互竞争而产生仇恨，以致党祸频发，这是万历至天启年间党争发展的历程。东林党对对立党派官僚穷追猛打，双方之间的怨仇越结越深，冤冤相报，纷争不已。后来三党中的许多成员为了和东林党人决战到底，投靠宦官魏忠贤，在他的周围逐渐形成了一个阉党集团。阉党成员们借助于魏忠贤的势力，将三案又翻了过来，并且按照自己的观点和意图，随意篡改史实，炮制出了一部《三朝要典》，将王之寀、孙慎行、杨涟等作为三案罪首，又按照这样的观点，重修《光宗实录》。同时他们还制造了“六君子事件”和“七君子事件”等冤案，对东林党人大加迫害。朝廷中东林党人的势力被彻底压倒了，善类几乎一空。

激烈的党派门户之争，既是明朝末年突出的政治现象，也是士人心态发生重大变化的外在表现之一。按照中国古人的观念，世间的一切事物都具有对立的两个属性，称为阴和阳，“一阴一阳谓之道”。人的道德观念中也具有阴、阳两面，表现为公私之心、利害之心、是非之心、善恶之心、荣辱之心等等。每个人的道德中的阴、阳成分各不相同，就一般人来说，总是阴的成分多些，因此古人，特别是儒家的思想中非常强调对人的伦理道德教育。到了程朱理学那里，道德的阴阳两面，被看作天理和人欲、道心和人心的对立，强调人的道德的阳的一面战胜和克服阴的一面，这就是要“存天理、灭人欲”。在大一统的政权非常稳固、儒家正统思想占绝对统治地位、社会整合的程度较高时，人们迫于社会的伦理道德规范的控制和影响，也即道德他律的作用非常大，再加上人的道德自律的程度相应也较高，人们的思想被规范到一个道德的共同体中，人的邪恶之心、自私之心，也即道德中阴的一面常常受到压抑。这时候是不可能也不允许有任何不同的党派存在的，更谈不上党派之间的纷争了。当然，个人之间为了权利的争斗无论何时都是存在的，但形成利益集团则不太可能。当一个大一统政权已经受到了很大的削弱，以至于正在崩溃，某种统治思想对人们失去普遍的约束力时，人们的私欲也就会急剧膨胀，道德中受压抑的阴的一面就会迅速舒张，这时候社会处于一个转型时期，人们的言论也有了一定的自由度，人们的各种不同的主张常常可以公开，人们也就很容易按照自己的需要或利益结成不同的利益集团即党派。党派之间也就常常会产生竞争或纷争。

在利益一致的基础上形成党派，其成员之间的结合常常是暂时的。当利益一致时，他们可以联合起来，以对付共同的政敌；而当个人利益发生冲突时，他们内部又会发生分裂和纷争。明代后期的各个党派，内部结构并不稳固，既没有明确的目标和宗旨，也没有严密的组织体系，甚至连成员也不固定，成员之间的联系也是很松散的。不要说利益不同的党派之间会产生纷争，就是同一党派的成员之间也是很难和衷共济的。像浙党与齐党在对付东林党人时能够暂时联合，而当势力大盛时，为了利益和权力的再分配又发生了分裂和纷争。东林党内部也不例外。孙丕扬和沈思孝，按照后来人的划分，大概都是可以归入东林党派系统的人物，却为了丁此吕和蒋时馨之事意见相左，彼此交恶。杨时乔在乙巳京察中力排浙党官员，可说是东林党的中坚人物。在沈一贯去职后，廷推阁臣，李廷机因为清廉被荐举，但他是沈一贯的门生，东林党中的科道官曹于汴、王元翰等人对他有意见，不同意他入阁。而杨时乔听取了廷推的意见，将李廷机推举上报，后来又推举了与沈一贯有联系的黄汝良、全天叙等为侍郎。与沈一贯作对的东林党人对杨石乔更加不满，王元翰、胡忻等交相弹劾，逼得杨石乔不得不提出辞职的请求。在天启年间，东林党人势力最盛时，其内部又因省籍的不同，分出了小派别，彼此间产生了不少摩擦。像吏科都给事中魏大中曾驳前苏松巡抚山东人王象恒的恤典，引起了山东科道官的愤怒；驳前浙江巡抚江西人刘一焜的恤典，引起了江西人的大怒；而欲驳前尚书陕西人南师仲的恤典，陕西人也很不高兴。又山西人尹同皋、潘云翼推荐自己的座主郭尚友做山西巡抚，魏大中不同意，引起了大争端。

按照传统的观念，一般地把晚明时期的党派划分为正直派和邪恶派。东林党人被视作正直派，而其他诸党被看作邪恶派。这样的划分当然不是没有根据的，如到了天启年间，投向魏忠贤结成阉党集团的，有很多是原来与东林党对立的诸党的成员，而东林党人在魏忠贤专政时受尽了磨难，充当了悲剧角色。但具体分析起来，这样的划分实在是有许多缺陷的，东林党人并不全是名节之士，而其他诸党人也并不都是奸佞之徒。东林党中虽有极少数的优秀分子和中坚人物外，其实也是鱼龙混杂的。这是一群没有多少政治远见、缺乏治国才能、整日纠缠于琐细之事、对他人过失察察以求，呆板而且苛刻的士大夫。他们中的许多人矜名意识很强烈，而且私心也是很重的。在好同恶异、党同伐异方面，东林党比起其他诸党成员来，常常也是有过之而无不及的。如果我们就魏忠贤阉党专政以前的党争过程来看，东林党对反对派成员的打击其实并不比对手来得温和。又如万历年间内阁大臣们不安其位，求自全尚且不得，对他们群起攻击的常常也是东林党人。特别是清廉有节操，并没有多大过失，只是与沈一贯关系较好的李廷机也受到了攻击，就充分暴露了东林党人不能容人的大缺陷。尤其使人不能容忍的是，在天启初年东林党人势力最强盛之时，他们在朝廷中占有绝对的优势，本来历史提供给了他们一个革新政治的大好机会，可遗憾的是，他们不是把主要精力放在这方面，而是放在无休止的和对立党派的争执和斗争上，拘泥于君子、小人之辨，不知道同原来的对立党派捐弃前嫌，共赴国难，而是急于翻旧案，算新账，特别是在魏忠贤势力正在上升之时，他们根本就不知道怎样联合一切可以联合的力量以对付这个士人阶层的共同敌人，扑灭这股邪恶势力，而是继续激烈地进行党争，以致与对立党派之间的冤仇越结越深，将对立党派的成员彻底推向了更主要的敌人一边。

如果我们摆脱了传统观点将晚明党派分为正直派和邪恶派的局限，换一个角度看待明代的党争，则可以发现党争实际上是士人集团中的内讧，党争既是明代政治腐败的产物，又加速了明代政治的腐朽和衰亡。晚明政治的黑暗和不可收拾、明朝的最终灭亡，晚明的党人们包括东林党在内都是负有不可推卸的历史罪责的。即使我们以儒家的传统观点来看晚明的党争，东林党外的诸党固然不足取，东林党人也不是没有可议之处。他们聚众结帮，互相标榜，把派系的异同置于客观的是非标准之上，实在要不得。孔子非常强调君子的“矜而不争，群而不党”[①]“周而不比”[②]“和而不同”[③]，认为小人正好与此相反，

① 《论语·卫灵公》。
② 《论语·为政》。
③ 《论语·子路》。

因此，朋党之争这样的事也是孔子所不赞成的，更不要说今天的我们摆脱了传统观点的局限来看待它了。

四、名丽阉党，依媚取容

——士人的人格泯灭

明代士人的心态至天启年间又一大变，重要的标志是士人们屈服于魏忠贤宦官专政的淫威，纷纷投靠或依附于他，并在他的周围形成了一个阉党集团。这时候有相当多的一部分士人的人格泯灭了。

人的性格、情感和意志中，总包含有依从、柔顺、懦弱的因素，这些因素常常会使人产生畏惧强暴、屈从权势的倾向。在一个以名节和忠义为重的时代或社会里，人们处于强暴和权势的压迫之下，基于道德的力量，往往还能够自律，不至于完全丧失人格尊严。而当原本用来维系人心的伦理道德观念失去了普遍的约束力时，人的自我意识和私欲往往会急剧膨胀，这时候人们也就不再注重忠义、操守和名节了。这样，当人们遭遇外来的强力侵害时，为了自我保全，不得不顺应于它、屈服于它，一些心地邪恶的人就会因势趁时，为了满足自己的贪欲而蝇营狗苟。

在明朝中后期，曾多次出现宦官专政的局面，士人们依附于宦官，形成阉党集团的就有两次。前一次是明武宗正德年间的刘瑾专政，当时依附于他的士人已经不少，阉党集团初具规模。但这时期大一统政权尚未大坏，儒家传统的伦理道德观念对士人尚有很强的约束力，就士人群体而言，知重名节、侃侃守义仍是基本价值取向，廷臣中的中下级官员里清流之士仍占多数。到了明熹宗天启年间，万历以来激烈的党争仍在继续，士人们不再以国家之事为重，党派门户之争固结不可解。魏忠贤的势力逐渐增长，许多奸邪之士为了一己私利卖身投靠了他；而在党争中处于劣势、被东林党人穷追猛打而走投无路的诸党成员，为了保住自己的地位和发展自己的势力，以便和势不两立的东林党人决战到底，也纷纷投向魏忠贤；其他的官员迫于魏忠贤的势力，也改图失节，曲意逢迎，这样，一个庞大的阉党集团就渐渐形成了。原来处于优势地位的东林党人在和阉党集团的斗争中逐渐失势，正直人士不断遭到排斥、关押和杀戮，善类几乎一空。

物以类聚，人以群分。有着共同或相似的心理素质、人生信仰、生存目标的人常常会产生较强的认同感和亲近意识，他们最容易聚集在一起，进而形成小集团或小群体。在集团或群体扩大的过程中，他们常常起着主导作用，成为中坚力量。最先和宦官结合在一起形成阉党的是士人中那些尤为无耻者，他们根本没有德行和操守，有的只是贪欲和私利，只要有利可图，人格和灵魂可以毫不犹豫地出卖。当魏忠贤的势力正在抬头时，在朝的东林党人对他加以裁抑，使他不能逞其所欲。魏忠贤迫切地需要在朝臣中培植自己的势力，而朝臣中的一些奸邪之徒为了取得更多的权力和利益，也需要寻找靠山，借助于魏忠贤的力量，因此这两股邪恶的势力一拍即合。率先谄附魏忠贤的廷臣是顾秉谦、魏广微以及霍维华、孙杰等人。顾秉谦为人“庸劣无耻”，魏广微“阴狡”，霍维华“性检邪”①，这是一批不修士行的奸邪之徒。魏广微与魏忠贤既是同乡又是同姓，很早就暗中与魏忠贤结交，由此当上礼部尚书，后来又和顾秉谦一起进入内阁。魏忠贤得到内阁大臣做羽翼后，气势更加嚣张。而顾秉谦和魏广微则曲意逢迎，对魏忠贤像奴仆一样驯顺。顾秉谦做首辅，票拟旨意，事事按照魏忠贤的意图办理，朝廷一有举措，他往往归功于魏忠贤，票拟圣旨对魏忠贤褒赞不已。他所代撰的褒奖魏忠贤的敕文，即使是先代徒有虚名的小皇帝被迫禅位给权臣，先加九锡时所作的颂扬文字，也没有如此过分的。魏广微与魏忠贤的书信往还，在信封上题签称“内阁家报”。

---

① 《明史》卷三〇六《阉党传》。

这两人行为卑污，为东林党人所看不起。赵南星与魏广微已故的父亲魏允贞友善，魏允贞以正直敢言著称，也是有名的东林党人。魏广微对赵南星执子侄礼，很恭敬，但赵南星因为他不肖而不理会他，并且常常对别人说："见泉无子。"见泉是魏允贞的号。魏广微得知后，对赵南星很痛恨。魏广微入阁后，曾经多次登门拜访赵南星，但都被守门人挡了驾，魏广微因此更加痛恨赵南星。一次朝廷在冬季祭享太庙，魏广微在祭祀仪式快要结束时，才匆忙赶到，受到了东林党人接连的弹劾，魏广微非常愤恨，决意倾陷善类。而顾秉谦因为杨涟在弹劾魏忠贤的二十四大罪疏中将他们两人称为"门生宰相"，也对东林党人非常恼恨。他们两人合谋要将朝廷中的正直之士统统排斥，于是制作了一册《缙绅便览》，将士人划分归类，将叶向高、赵南星这样的一百多位正直人士划为邪党，而将与东林党人对立的六十多位士人称为正人，并将此书进献给魏忠贤作为任免官员的依据。在顾秉谦担任首辅期间，凡倾害忠直之士的旨意都是由他票拟的。杨涟等六君子被逮下狱，也是魏广微和顾秉谦两人合谋的结果。顾秉谦、魏广微之后，入阁的黄立极、冯铨、施凤来、张瑞图、来宗道、杨景辰等没有不对魏忠贤依媚取容的。像施凤来素无节概，以和柔媚世著称；张瑞图则替各地所建的魏忠贤生祠写了许多碑文；来宗道对当时朝臣的疏争时事颇不以为然，认为文学词臣们只要喝喝香茗就行了，被当时人称为"清客宰相"。

霍维华也与魏忠贤同郡交好。魏忠贤发迹之初，与司礼太监王安产生矛盾。霍维华通过一名做宦官的内弟知道了此事，认为这是自己向上爬的绝好机会，趁此弹劾了王安。魏忠贤调旨将王安赶出了朝廷，后来又将他害死了。霍维华因此得到魏忠贤的信任，成了魏忠贤的谋主。他对魏忠贤百般奉承，每次奏事，都要称颂魏忠贤。霍维华行事邪恶，曾被主持京察的东林党的官员以年例调为外任。在他被魏忠贤起用后，锐意搏击东林党人，追论三案，请改《光宗实录》，干了许多坏事。

与东林党人处于对立地位的诸党成员这时候也纷纷投向魏忠贤集团寻找保护，并借助于魏忠贤的力量与东林党人较量。这时候，原来被东林党人在京察或外计中罢黜的诸党成员和其他官员，由在朝的阉党成员的引荐，纷纷复职或得到了新职。这些官员出于对东林党人的仇恨和对魏忠贤的感激，也纷纷依附阉党。也许更主要的是出于报复的需要，他们日以排诋、倾陷善类为能事，开始肆意搏击东林党人。后来凡是他们看不顺眼而欲除去的，都诬指为东林党人而加以排斥。由于他们倾陷的缘故，在诏狱中被害死的官员有十多人，下狱后又被谪戍的有几十人，被削夺官职的有上万人，遭受其他处分的更是不计其数。迫害东林党人的著名的"六君子事件""七君子事件"等都有他们的参与或主使。像因贪污等劣迹昭著而在外计时受到东林党人处分的石三畏后来谄附于魏忠贤，搏击清流，献谄希宠，最为起劲，成为魏忠贤的"十孩儿"之一。杨维垣、贾继春、徐大化、邵辅忠等都是被东林党人罢斥的诸党成员，他们被魏忠贤起用后，疯狂报复东林党人，阉党集团攻击正人的事件，有许多是他们主使的。像徐大化两次被东林党人置于京察而贬官，后来被魏忠贤以中旨起用为大理寺丞，杨涟等"六君子"下狱后，徐大化为魏忠贤献策，诬指"六君子"接受了熊廷弼等人的贿赂，这样杀他们就有了正当的理由，"六君子"因此被拷打致死。杨维垣、贾继春等人被重新起用后，大翻三案。

士无特操在当时是个突出的现象。作为士人，他们没有特立独行的操守，没有坚定不移的立场，就像墙头草一样，随风而倒，谁得势就依附于谁，谁失势就离开谁，甚至于排斥、打击谁，反复无常。这样的士人在当时是很多的，像上文所说的霍维华、杨维垣、贾继春等都是这样的人。霍维华是最先谄附魏忠贤的朝臣之一，并且深得魏忠贤的信任，充当他的谋主。但在天启帝病笃将死时，他知道魏忠贤的气数将尽，快要靠不住了，眼明手快，为自己在魏忠贤倒台后留一条后路，故意做出与魏忠贤相左的姿态。这时候袁崇焕指挥的军队在宁远保卫战中击退了后金军的进攻，取得了重大胜利，捷报传来，朝臣们各有升赏，魏忠贤给霍维华加官封荫，霍维华力辞，要求将给自己的封荫转授袁崇焕。魏忠贤也觉察到了他的用意，对他进行了严厉的斥责。天启帝一死，霍维华立即对魏忠贤阉党集团的骨干成员进行弹劾。在崇祯帝即位后，阉党成员纷纷被罢黜，而霍维华继续在朝廷做官。后来他又主动提出前往辽东督师，想借此逃避人们对他罪责的追究，而崇祯帝也答应了他的请求。这时有一给事中出来极论霍维华的罪恶，揭穿了他的真面目："珰炽则借珰，珰败则攻珰。击杨、左者，维华也；杨、左逮，而阳为救者，亦维华也。以一给事中，三年躐至尚书，无叙不及，有赉必加，即维华亦难以自解"。[①] 后来揭发他的人渐多，霍维华最早受到了惩罚。杨维垣在天启帝死后，最先对阉党的主谋人崔呈秀提出弹劾，并且语侵魏忠贤。贾继春的反复无常比以上两人更甚。他在天启初年"移宫"案刚发生时，就上疏指斥杨涟等主持"移宫"的大臣，说杨涟勾结王安，希图封拜，挑起了关于"移宫"案的争论，逼得杨涟辞职。后来看到公议向着杨涟，杨维垣又害怕杨涟不久就会被召用，不惜向东林党俯首求和，并且声言奏疏非己意。在被魏忠贤召回复职后，杨维垣又大翻"移宫"案，极力诋毁杨涟、左光斗等，说他们目无先皇，罪不容诛。在崇祯帝即位后，杨维垣正督学南京，知道魏忠贤必将倒台，立即派快马传送弹劾崔呈秀等人的奏疏入京。在魏忠贤受到惩罚后，他又极力称赞高弘图疏救杨涟的行为，并且举荐罢官家居的韩爌、倪元璐等人，以求得清议的谅解。他的翻覆变幻竟然还蒙蔽了不少人，在崇祯帝定逆案时，贾继春未列名其内。崇祯帝问其故，主持定逆案的阁臣说贾继春虽然反复，但持论尚有可取之处。崇祯帝说，正因为他反复，才是真小人。贾继春终于被列入逆案而判刑。

士无特操最为典型的要数阮大铖了。他"机敏猾贼，有才藻"[②]，

---

① 《明史》卷三〇六《阉党传》。

② 《明史》卷三〇八《奸臣传》。

同乡左光斗是有声望的东林党人，阮大铖欲倚他为重。天启四年(1624)，吏科都给事中缺官，左光斗引荐了阮大铖，但赵南星等人认为阮轻躁不可任用，想用魏大中，而使阮补工科都给事中。阮大铖对东林党产生怨恨，依靠中官的力量迫使吏部任他为吏科都给事中。自此后，他投靠了魏忠贤，与霍维华、杨维垣、倪文焕结为死友，编造了《百官图》，进献给魏忠贤。但是他又害怕东林党人攻击自己，任职不到一个月就提出辞职请求，急急忙忙回了家。这样魏大中又掌吏科都给事中，阮大铖对此非常愤恨。而这时期魏忠贤的势力已渐渐占上风，阮大铖私下里对亲近的人说："我还能够好端端地回家，不知道左光斗他们将有什么结局。"后来杨涟、左光斗等人被下狱拷打致死，阮大铖得意洋洋地对客人夸自己有远见。不久他又被召回为太常少卿。进京后，他非常恭谨地侍奉魏忠贤，但又考虑到魏忠贤终将靠不住，每次进谒魏忠贤，都要送厚礼贿赂守门人，取回名帖。做了几个月的官，又辞职回家了。魏忠贤自杀后，阮大铖又封了两份奏疏让人快马驰报杨维垣，一份专门弹劾崔呈秀和魏忠贤，另一份则将他们与王安以及东林党人合在一起弹劾，转告杨维垣，要他视时局而选用其中一篇，真可谓机关算尽，但终于还是没能逃脱历史的惩罚，被定入逆案，终崇祯之世，被废斥十七年。清兵入关，福王在南京建立南明政权，阮大铖又结交了马士英。马士英入阁后，竭力推荐阮大铖。同时阮大铖又遍结因北京陷落而南逃的众宦官，众宦官也极口称赞阮大铖有才能。由于权臣、宦官的共同荐举，阮大铖被任命为兵部右侍郎，后来又升为兵部尚书兼右副都御史，巡阅长江一带。阮大铖与马士英一起，在国势倾危的情况下，日以排斥和清除东林党人为务。在清军攻破南京后，他逃至金华，被当地军民驱逐，最后走投无路，又投降了清军，跟随清军攻打仙霞关，死在征途上。

"士无特操"反映了士人们极端自私、势利的心态。他们的价值取向和追求的人生目标是个人的功名利禄，他们的去就，全视个人私利而定，毫无名节可言。这些士人都是才智之士，他们智力高，头脑活，变化快，在政治的风波中善幻多变。他们不讲忠义，没有信用，不持操守。他们是极端的利己主义者，只要对自己有利，就可以屈己从人，为满足个人野心和达到功利目的无所不用其极。他们作恶，但他们也可能为善，要视时势而定。在太平清明之世，他们往往可以有许多作为和建树，成为能吏；但在黑暗动乱的时代里，他们往往随波逐流，不讲原则，干下不少恶事。这些依附于魏忠贤的士人可耻可恶，但还没有达到极端的程度。

更有一些士人彻底地泯灭了人格和良心，心甘情愿、死心塌地卖身投靠魏忠贤，充当他的爪牙："外廷文臣则崔呈秀、田吉、吴淳夫、李夔龙、倪文焕主谋议，号'五虎'，武臣则田尔耕、许显纯、孙云鹤、杨寰、崔应元主杀戮，号'五彪'，又吏部尚书周应秋、太仆少卿曹钦程等，号'十狗'，又有'十孩儿''四十孙'之号。而为呈秀辈门下者，又不可数计。自内阁、六部至四方总督、巡抚，遍置死党。"[①]像"卑污狡狯，不修士行"[②]的崔呈秀在天启初年提升为御史，当时东林党的势力正盛，他将出京巡按淮扬时，力荐李三才，并请求加入东林党，遭到拒绝。他在淮扬时，贪赃枉法，声名狼藉。在他还朝后，都御史高攀龙彻底揭发了他的贪污情况，吏部尚书赵南星建议将他流放戍边，诏令将他革职候勘。崔呈秀非常窘迫，晚上跑到魏忠贤家里，向他叩头乞哀，说高攀龙、赵南星都是东林党人，挟私仇排陷自己，又叩头哭泣，乞求做魏忠贤的养子。当时魏忠贤正受到朝中正直之士的交相攻击，迫切需要在廷臣中寻找帮助，得到崔呈秀后，把他用作心腹，日日与他谋划商议。崔呈秀也就彻底地投靠了魏忠贤。他与魏忠贤商议时，一定屏退他人，密密私语。他还向魏忠贤进献了开列东林党人的黑名单《同志录》和不依附东林党的官员名单《天鉴录》，让魏忠贤作

① 《明史》卷三〇五《宦官传》二。

② 《明史》卷三〇六《阉党传》。

为提升或罢黜官员的参考。在上疏中高调赞美魏忠贤也是崔呈秀开的头，他的一篇请求对魏忠贤赐敕奖谕的疏章，在末尾竟恬不知耻地标榜："臣非行媚中官者，目前千讥万骂，臣固甘之。"[①]这一疏章传出去，引起朝野哄笑。崔呈秀自从得到魏忠贤的宠幸，更加贪得无厌。有许多朝臣为了与魏忠贤搭上线，先向崔呈秀行贿，拜为他的门下士，以致"暮夜乞怜者，莫不缘呈秀以进，蝇集蚁附，其门如市"[②]，像"五虎"中的其他四"虎"，都是由崔呈秀引荐而成为魏忠贤义子的。

又如曹钦程，在做知县时因贪污而声名狼藉，后来谄附汪文言，得到工部主事之职。等到汪文言因为与东林党人的关系而被魏忠贤逮捕，他又竭力排挤和打击汪文言。他由座主冯铨荐引而父事魏忠贤，成为"十狗"之一。曹钦程在群小中尤其无耻，日夜奔走于魏忠贤之门，卑下地向他献媚，无所不至，即使他的同类也以他为耻辱，羞于提及他的名字，而曹钦程也因为魏忠贤对自己宠信而对众人很骄横。后来魏忠贤也厌倦了他，斥责他败群，将他削了籍。在临行时他还要到魏忠贤那里去磕头，说什么"君臣之义已绝，父子之恩难忘"[③]，哭泣着离去。

又如李蕃和李鲁生，在做科道官时，都成了魏忠贤的心腹。他们起始侍奉魏广微，魏广微倒台后，又改事冯铨，冯铨的势力衰退后，又改事崔呈秀，有奶便是娘，被人称为"四姓奴"。其中李鲁生卑污奸险，由座主魏广微的关系而交通魏忠贤，常常参与魏忠贤的密谋。当时魏忠贤经常假借皇帝的名义发出中旨，引起朝臣的担忧，李鲁生竟上言为魏忠贤辩护："执中者帝，用中者王，旨不从中出而谁出?"[④]举朝为之大骇。

在士人的人格普遍泯灭的情况下，一些原来颇有操守、比较正直的官员也蜕化变节，投向了魏忠贤，并且成了阉党集团的骨干人物，刘志选和王绍徽就是如此。刘志选在万历年间与叶向高同举进士。他做刑部主事时，万历帝封郑妃为贵妃，而皇长子的生母王恭妃没有

①②③④　《明史》卷三〇六《阉党传》。

受封，他与同官刘复初、李懋桧一起为王恭妃争册封。后来李懋桧因给事中邵庶疏请皇上禁诸曹官员言事，抗疏力争，被贬官二级，刘志选上疏直言："陛下谪懋桧，使人钳口结舌，蒙蔽耳目，非国家福也。"[①]被万历帝贬为州判官。可见刘志选在当时是个正直敢言的官员。后来他迁升合肥知县，因大计罢官家居三十年。天启初年，叶向高被召入阁后，刘志选被起用为南京工部主事，进郎中。当时他已 70 多岁，升官的愿望非常强烈。他像个赌徒一样，把自己的政治生命押在魏忠贤身上。他上疏追论"红丸"案，极力诋毁孙慎行，受到魏忠贤赞赏，被召为尚宝少卿。入京途中，再次上疏力攻孙慎行，连带攻击叶向高。魏忠贤更加高兴，将两疏宣付史馆。后被提升为顺天府丞。魏忠贤忌恨天启帝的张皇后贤明，想倾陷她，刘志选上疏弹劾了皇后的父亲张国纪，在疏末辱及张皇后。后来他又上疏称颂《三朝要典》，认为此书"命德讨罪，无微不彰，即尧、舜之放四凶，举元、恺，何以加焉，洵游、夏无能赞一词者"，还说："慷慨忧时，力障狂澜于既倒者，魏广微也，当还之揆席，以继五臣之盛事。赤忠报国，弼成巨典于不日者，广臣也，当增入简端，以扬一德之休风。"[②]对魏忠贤曲尽阿谀奉承之能事，与万历年间抗疏直言时相比，简直判若两人。

王绍徽早年做知县，后被提升为户科给事中。他"居官强执，颇以清操闻"[③]。由于他是宣党首领汤宾尹的门生，参与党争而受到东林党人的排挤，吏部尚书孙丕扬用年例将他排挤出朝，任为山东参议。王绍徽托名有病，辞职不干。后来又被起用为官，遭到东林党人的再次弹劾后被迫告假，不久又因拾遗被正式罢官。魏忠贤执政后，将他召回朝廷并替代了左光斗的官职，后又拜为吏部尚书。政治上几经挫折，特别是遭到东林党人的排挤，王绍徽也就改变了平生的操守，屈服于魏忠贤。魏忠贤替侄子魏良卿求世封，王绍徽立即奏请皇

---

①②③ 《明史》卷三〇六《阉党传》。

上封魏良卿为伯爵。魏忠贤要求追崇自己的祖宗三代，王绍徽也就助他达到了目的。他又仿效《水浒传》，将东林党人一百零八人编入《点将录》，献给魏忠贤，作为罢黜的依据，更得魏忠贤的欢心。

人的心理中常常会有一种从众的倾向，从众心理使人在行为、态度或信仰上表现为努力趋近群体，和群体保持心理上的一致性。在强大的群体压力下，个人为了安全感的获得，为了生存、发展的需要，常常得压抑或排除个人所特有的东西，遏制住自己的个性，顺应并适应于群体。去除了个性，和群体行为一致，即使这种行为是不负责任的，甚至带有集体犯罪性质，个人也很少会产生罪恶感，甚至感觉不到这是一种不道德行为。一般地说，要追究责任，往往也只能追究集体的责任，很少能够追究到个人的头上。因此在一定的时间和空间条件下，往往会发生集体性的疯狂行为。在魏忠贤专政时期，公道沦亡，人心败坏，阉党集团气焰熏天，朝廷内外的官员们要想保持自己的权位，升官发财，不管愿意不愿意、自觉不自觉，都得改图失节，屈服于阉党集团的群体压力，即使不是在心理上，至少也得在行为上和群体保持相当的一致性。这就是在魏忠贤阉党专政期间，士人的人格泯灭成为较为普遍现象的原因。

在群体行为趋于一致的情况下，只要其中的一个人做出了一项新的举动，马上就会有人仿效，这种行为就会像传染病一样很快传染给每个人。官员们的奏疏中提及魏忠贤，往往称他为“厂臣”而不敢直呼其名，甚至黄立极、施凤来、张瑞图等人票拟圣旨，也必定称“朕与厂臣”，将魏忠贤与天启帝并称，这种怪现象是史无前例的。山东巡抚李精白报称地方上产下了麒麟，并且画了图进献上去，黄立极等票拟圣旨竟称“厂臣修德，故仁兽至”[①]，肆意吹捧，已达到诬罔的地步。上疏称颂魏忠贤是崔呈秀首开的例，倪文焕立即跟上，众人也就

① 《明史》卷三〇五《宦官传》二。

纷纷仿效,“自是,中外章疏,无不颂忠贤功德者矣”[1]。像刘徽先后称颂魏忠贤的奏疏竟达十一道之多,创下了纪录。毫无才干、专事谄谀的阎鸣泰每次陈奏边事,都要对魏忠贤歌功颂德,甚至称他“民心依归,即天心向顺”[2],把劝进帝王时的用语都用上了,得知者无不咋舌。只要朝廷中一有重大举措,附逆的官员们总是归功于魏忠贤的英明决策。如袁崇焕宁远保卫战的捷报传来后,吏部尚书周应秋等朝廷内外的文武大员们或合辞,或单奏,对魏忠贤进行恭维,揄扬铺张、欢呼舞蹈,竟然称“仰赖厂臣挥授方略,克奏肤功,不有殊典,曷酬大勋”[3]。为给魏忠贤的亲属叙功加爵,梁梦环竟称颂魏忠贤“德被四方,勋高百代”[4]。

士人们的人格既然已经泯灭,也就谈不上什么羞耻心了,为了讨好魏忠贤可以无所不用其极,其中最为奇特也最为丑恶的,当属为魏忠贤广建生祠,掀起了一场大规模的造神运动。祠原是祭祀死者神灵的场所,古人迷信,认为灵魂是永远不灭的,人死去,只是灵魂离开肉体而去,肉体可以腐烂,但灵魂依然存在,只是失去了依附的场所。讲究慎终追远的中国古人在自己的尊长死后,往往要建立祠庙,将神主捧入,并定期祭祀。一来安慰死者的灵魂,二来也是为了祈福,求死者的神灵保佑后人。生祠是为活人建立的祠庙。生祠之建古已有之,但是并不多见,它当然不是明末这些人格泯灭的士人们的发明创造。

为魏忠贤建生祠,始于浙江巡抚潘汝祯。潘汝祯在请建生祠的疏章中称魏忠贤怜悯两浙连遭灾伤,革除了上百年来相沿征收的各种赋税,使老百姓得以复生,两浙父老无不途歌巷舞,称颂魏忠贤功德。因公众之请,要在西湖边为魏忠贤建生祠,得到天启帝批准,并赐祠名为“普德”。此例一开,各方效尤,生祠之建几遍天下。不仅各地的督抚大吏们争相立祠颂德,唯恐落后,就是各地的武夫、商贾以

---

①②④ 《明史》卷三〇六《阉党传》。

③ 〔明〕文秉:《先拨志始》卷下。

及地痞无赖，也纷纷仿效建祠。从天启六年(1626)六月潘汝祯上疏建祠到七年(1627)八月天启帝死去的短短一年中，各地已经建成的生祠竟达四十座，正在动工或规划的就更多了。有的地方官员甚至连建几座，总督蓟、辽、保定军务的阎鸣泰建有七座，他的继任者、父事魏忠贤的刘诏也不甘落后，建成了四座。李蕃出督畿辅学政，在天津、河间、真定各建祠一座。大同的生祠落成，巡抚王点在上梁之日托病不出，不愿参加这一仪式，被罢免官职，改由张翼明出任巡抚。张翼明上任时，生祠已建成，无可献媚，于是上疏请建魏忠贤功坊，坊额称“一代宗功”，真是愈奇而愈下。

各地的地方官们把建祠看作向魏忠贤献媚的大好机会，生祠务求建得穷工极巧，每一祠的费用，少则数万两银子，多则几十万两，敲剥民财，盗用公款，侵占老百姓的田地坟茔，砍伐树木更是不计其数。开封为建生祠，甚至毁坏了民房两千余间，建宫殿九重，规格与帝王的宗庙相同，魏忠贤的像上涂饰金粉。延绥所建生祠，僭用琉璃瓦。刘诏在蓟州所建的生祠，金像冕旒。某地祠内之像用沉香木雕成，眼、耳、口、鼻、手、足都很生动，能像活人一样灵敏地转动，腹中肺肠都用金玉珠宝做成，衣服奇丽，发髻上有一空穴，可以簪插四季鲜花。江西巡抚杨邦宪在南昌建祠，为了扩大地盘，竟然拆毁了合祀周敦颐、程颢、程颐的三贤祠，又将祭祀孔子贤弟子澹台灭明的祠占据了，将他的神像推倒砸碎。这些士人为了推崇魏忠贤，连历代圣贤也根本不放在眼里了，明朝列祖列宗尊崇理学先师的明令也可以不顾，真可谓肆无忌惮。

生祠建成后，要举行安置魏忠贤像的隆重仪式。建祠者在这一仪式上极尽媚态，其表演令人作呕。像刘诏在迎接魏忠贤像入祠时，五拜三稽首，呼九千岁。淮扬巡盐许其孝建祠扬州，上梁之日，天启帝驾崩的讣告正好传送到。许其孝等在天启帝遗像前哭拜之后，脱去丧服换上吉服，又去主持上梁仪式。最为可笑可鄙的当属天津巡抚黄运泰了，生祠落成后，他率领文武官员在郊外迎接魏忠贤像，五拜三叩头，乘马前导，仪式如同迎接皇帝的圣旨。魏忠贤像在祠中安置妥当后，他又率众官列班阶下，五拜三叩。黄运泰又行进到像前，行万福礼，口称某名、某年、某事，“蒙九千岁扶植”，叩头谢恩，这样重复了几次。致辞结束后，又回到队列中，再次五拜三叩。旁观者无不羞耻得汗下浃踵，黄运泰则洋洋自得，真是丑态毕现。他甚至上疏请用一游击守卫生祠，开了派兵守祠的先例。

在建祠期间，官员们对魏忠贤的颂扬更是达到了高峰：“凡疏词揄扬，一如颂圣，称以‘尧天帝德，至圣至神’，而阁臣辄以骈语褒答，中外若响应。”[①]五军都督府、锦衣卫等衙门，公、侯、伯、驸马等官，以及博平侯郭振明等为捐资建生祠而上的公疏中称：“乃社稷有灵，笃生厂臣。独受遗命，一秉忠贞。但知有皇上，不知有群臣；但知有社稷，不知有富贵；但知有祖宗之法度，不知有奸壬之把持。故《三朝要典》，一旦焕然。此厂臣肯堂肯构之元功也。”并且说他“自有凌烟之像、云台之图”[②]。山东巡抚李精白请建生祠的疏章最为露骨悖逆：“厂臣仁威弹压乎山川，涉泽渗漉乎中外。尧天之巍荡，帝德难名；时雨之沾濡，元勋丕著。”圣旨赐祠名为“隆禧”。后来山东巡按黄宪卿等人也疏请建生祠，圣旨赐祠名为“湛恩”。同一生祠有了两个祠名，于是大家经过商议建了前后两殿，挂两块匾额，巡抚所请的挂前殿，巡按所请的挂后殿。生祠上梁这天，巡抚李精白和巡按黄宪卿都亲自前往展拜，并替楹柱拟了一联：“至圣至神，中乾坤而立极；乃文乃武，同日月以长明。”李精白唯恐这一联颂扬得还不够，又将“乃文乃武”改为“多福多寿”[③]。称颂得最为肉麻的，当属国子监生陆万龄请求在国学之旁建生祠的奏疏：“恭遇申岳疏灵、尼山吐气，笃生圣辅督厂魏忠贤。提不世之贞心，佐一朝之乾断。披丹开导，首劝銮舆视

① 《明史》卷三〇六《阉党传》。

②③ 〔明〕文秉：《先拨志始》卷下。

学；竭力匡襄，立补累朝缺典。而且清军实以壮国威，捐逋税以苏民困。宸居递建而九赋无增，藩邸同封而四方不扰。其最有功于世道人心，为圣门攸赖者，芟除奸党、保全善类。自元凶就系而天下翕然称明，此即厂臣之诛少正卯也。自《要典》正垂而天下翕然称明，此即厂臣之笔削《春秋》也。朝廷之上，昔为魍魉纠结之区，今日何由开朗？孔孟之门，昔为邪慝冒借之窟，今日何由清明？是厂臣驱蔓延之邪党，复重光之圣学，其功不在孟子下。臣等涵濡厂臣之教，佩服厂臣之训，念帝都为起化之地，国学为首善之区，伏愿于监西敕建厂臣生祠。后楹即祀宁国先公与启圣先圣之祀，同举并行。更愿皇上制碑文一道，勒石显扬。"[①]陆万龄竟然将阉竖魏忠贤比作士人心目中的至圣先师孔子，要求与孔子并尊。这种倡议出自读书人之口，也不怕亵渎和玷污了大圣人，如果孔子地下有知，不知将做何感想。

经过一场大规模的造神运动，魏忠贤的神像被树立起来了，而士人们的良知则已完全丧失，他们的人格也彻底地泯灭了。在一个没有灵魂、丧失理性的时代里，人们的迷狂可以达到何等程度！

正如立祠祭祀死者既是生者表达对死者怀念的一种方式，更主要的是基于一种祈福的心理，希望亡灵不至于出来作祟，危害生者一样，士人们为魏忠贤建立生祠，其实也是基于这样一种心理：既表达对他的忠诚和歌颂，更主要的是为了个人的私利，讨好魏忠贤，使他高兴和满意，借助于魏忠贤的势力，捞取更多的实利。受自私心的驱使，他们可以认贼作父，为虎作伥，为魏忠贤建立众多的生祠，把他当作一个活着的神灵供奉。士人们的自私之心发展到极致，已经失去了本性，处于一种迷狂昏乱的状态。

---

① 〔明〕文秉：《先拨志始》卷下。

五、生以理全，死与义合

——道义承担者的求仁心态

在腐化和堕落成为普遍的时代风尚的晚明社会里，士人们随波逐流，俯仰与时，道德意识的下降、良知的式微、人格的泯灭，是士人们心态变化的主要趋向。但也有一小部分士人高自标置，侃侃守正，他们抱道忤时，矫首抗俗，以他们文弱书生的双肩支撑起道和义，充当了社会批判者和社会良知的承担者。

这些士人都是些正直之士，他们接受和恪守儒家传统思想，研习探讨儒家经典和宋代理学家的注释，不是将其作为科举应试的敲门砖，而是切切实实地看作立身之本，当成加强道德修养的工具。他们中的一些人以恢复孔孟圣学和程朱理学为己任，排斥王学。晚明时期，王学代替程朱理学已有百年之久，王学中的泰州学派的学说风靡于世。王学将士人们的思想从儒家传统思想和程朱理学的束缚中解脱出来，在明代中后期起了思想解放的作用。但王学在发展、流传过程中，弊端和不足也越来越大，它的消极作用也越来越明显，它的一些学说又把士人们引向了消极苟且、自私自利之途，王学末流更是等而下之。正当王学盛极而衰之际，顾宪成等人出来，力辟王学，提倡程朱学说。顾宪成自小就有志于儒家学说，在因言事忤犯万历帝而削籍回乡后，更加精深地研究了儒家经典，首辟王守仁的“无善无恶心之体”之说，他认为：“自古圣人教人为善去恶而已，为善为其固有也，去恶去其本无也。本体如是，工夫如是，其致一而已矣。至于忽下一语，其上一语虽欲无弊，不可得矣。”[①]聚集了一帮志同道合的士人如高攀龙、钱一本、薛敷教、史孟麟、于孔兼，以及弟弟顾允成等人

① 《东林列传》卷二《顾宪成传》。

在东林书院讲学，阐扬程朱理学。东林书院建在宋儒杨时讲学之所的旧址。杨时曾问学于二程，为程门四大弟子之一。当他学成南归时，程颢曾目送他说“吾道南矣”。他对二程学说在东南地区的传播起了重大作用，朱熹与他也有间接的师承关系。东林党人选择这样一个场所建立书院，本身就含有将传统正学发扬光大的意思。东林党的这帮中坚分子都是恪守传统儒学、身体力行的气节之士。高攀龙“少读书，辄有志程、朱之学”，在他中进士后，有四川佥事张世则向万历帝进献所著《大学初义》，力诋程、朱章句，并请颁行天下，高攀龙抗疏力驳，使这本书终于没有被采用。当时海内学者都信奉王学，高攀龙“心非之，与顾宪成同讲学东林书院，以静为主。操履笃实，粹然一出于正，为一时儒者之宗。海内士大夫，识与不识，称高、顾无异词”[①]。薛敷教的祖父是顾宪成兄弟的业师，薛敷教与顾氏兄弟友善，“用风节相期许”，后来他中进士，又与高攀龙同出赵南星之门，“益以名教自任”[②]。赵南星“慨然以整齐天下为任”[③]，与邹元标、顾宪成被当时人称为“三君”。邹元标 9 岁即通“五经”，他的老师胡直师从欧阳德、罗洪先，得王守仁之传，因此邹元标之学出自江右王门，这一学派在王学诸门派中最为纯正，被视为王学正宗，在恪守儒家传统道德方面，与程朱学派有颇多共同之处。邹元标在丁母忧家居时，也聚徒讲学，从游者甚众，与东林书院遥相呼应，因此名高天下。天启年间，他和冯从吾等在京城中建首善书院，聚集同志讲学，宣扬儒学传统学说。冯从吾受业于许孚远，是程朱理学的忠实信奉者。赵南星、邹元标等并没有在东林书院讲学，由于他们都是有志于改革政治的士人，而且操守严正，与东林书院的这些人物相近，也就被人们称为东林党人。东林党人在当时成了正直派人士的一个代称。

① 《明史》卷二四三《高攀龙传》。
② 《明史》卷二三一《薛敷教传》。
③ 《明史》卷二四三《赵南星传》。

恪守儒家传统思想的士人们以天下为己任，自我期望很高。他们非常重视个人道德的修养，忠实地奉行先儒在《大学》中所提出的由格物而致知，由正心而诚意，由修身、齐家而治国、平天下的理想人格模式。这种人格模式实际上就是内圣外王之道。以修身为本，将格物、致知、正心、诚意作为个人内在修养的阶梯，这是"体"；而齐家、治国、平天下作为个人内在修养完善之后的自然展开，也就是"用"。基于此，他们把个人的道德操守看得比实际的治国才能更重要。对于此道，他们不仅身体力行、奉行不悖，而且也以此来裁量人物，合于此的便是君子，不合于此的便是小人。他们对道德上有缺陷、人格上不完善的官员毫不客气地加以弹劾和排斥，认为他们不能担当治理国家的重任，同样地他们对皇帝的过失也直言不讳地加以劝谏，甚至态度强硬而激烈。从旷日持久的"争国本"运动到"梃击""红丸""移宫"三大案，从审察官员、进行人事安排的屡次京察和大计到一些由极小的事件而引起的大争端，东林党人无不充当着道德代言人的角色，无不发挥着作用，施加着影响。他们的议论、争执，有的深中时弊，显得深刻而理智，有的则察察以求，显得苛严而刻薄，有的则简直不合时宜。他们激烈而尖锐的言词和态度，常常使人不堪忍受。在一个时变势移、大一统政权日益崩溃、儒家正统思想已经失去指导作用、士人们的心态已大变的时代社会里，不能适应时代社会的具体情况和要求，而是固守先儒的学说，用理想社会里的理想人格来要求当时的士人，必然会与大多数官员的思想和意识发生冲突，也就不能和朝臣中的大部分人和衷共济，积怨既久，也就成为势不两立的不同派别了。这些正直士人的人格尽管较为高尚，但他们往往缺乏实际的治国才能，对当时的朝政往往拿不出具体和切实可行的措施，根本扭转不了当时的政治局势。他们对官员们道德上的要求也就显得空泛而不切实际，自然也就不合时宜。

他们的个人操守自然是无可指责的，往往以清廉著称。他们中的许多人是做过地方官的。像顾宪成做推官，杨涟做知县，在地方官考核中，都被推举为廉吏第一。赵南星做推官，“治行廉平”[①]；李应升做推官，当地士民叹服他的公廉，甚至作歌谣称颂他“清和无比”[②]。他们之中担任别的官职的人往往也是如此。薛敷教“褆身严苦，垢衣粝食，终身未尝受人馈”[③]；叶茂才“恬淡寡嗜好，通籍四十年，家食强半”[④]，担任南京工部主事期间，去地方上课税，不私取一钱；左光斗“通籍十八年，橐如洗”[⑤]；魏大中“家酷贫，意豁如也。举于乡，家人易新衣冠，怒而毁之”，后来做官，“数奉使，秋毫无所扰”，提升为朝官，“不以家自随，二苍头给爨而已。入朝则键其户，寂无一人。有外吏以苞苴至，举发之，自是无敢及大中门者”[⑥]；周顺昌“力杜请寄，抑侥幸，清操皎然”[⑦]；周起元做知县也以廉惠著称，担任巡抚也是“公廉爱民，丝粟无所取”[⑧]。晚明社会贪污受贿极为盛行，上下习以为常，几乎无官不贪，而这些东林党人置身其间，能够不受社会上颓风败俗的影响，保持高尚的节操，除了因为天性淡泊，更主要的还在于他们的道德自律。

他们立身处世，讲求的是道义，不仅自己砥砺名节、操守严正，而且往往试图用自己的行为去感化人、影响人，纠正不良的士风士习。他们矫首抗俗，常常与社会和时俗发生冲突，敢于触犯权贵，并对皇帝的过失进行直谏。在万历初期张居正当政之时，附丽他的人很多。张居正病重，朝臣们争相为他祷神求福，顾宪成、赵南星、姜士昌等几

---

① 《明史》卷二四三《赵南星传》。
② 《明史》卷二四五《李应升传》。
③ 《明史》卷二三一《薛敷教传》。
④ 《明史》卷二三一《叶茂才传》。
⑤ 〔清〕计六奇：《明季北略》卷二《左光斗》。
⑥ 《明史》卷二四四《魏大中传》。
⑦ 《明史》卷二四五《周顺昌传》。
⑧ 《明史》卷二四五《周起元传》。

个新进的官员相戒不参加这些祈祷活动。顾宪成的同僚出于好意，在祷神的文告上为他代署了名，顾宪成知道后，亲手删除了。在“争国本”时期，万历帝下诏三皇子并封为王，顾宪成、薛敷教等上疏直谏，顾宪成还写信给王锡爵，和他反复论辩，对他的依阿行为进行严厉批评。顾宪成担任文选司郎中时，推举官员往往与当权者相抵牾，后又因力推去职的大学士王家屏重新入阁，为万历帝和执政的王锡爵所不满，被迫去职。廷臣争国本，钱一本的疏章“最戆直”[①]，他的《论相》一疏数论当时的执政大臣，《建储》一疏直斥万历帝。

赵南星在万历二十一年(1593)协助吏部尚书孙𬳶主持京察，秉公执法，毫不徇私，连他们自己的亲戚也毫不留情地加以罢黜。天启三年(1623)主持京察时，更是力排众议，将道德上有缺陷的官员置于“不谨”，加以罢黜。当时士风很差，“人务奔竞，苞苴恣行，言路横尤甚。每文选郎出，辄邀之半道，为人求官，不得则加以恶声，或逐之去。选郎即公正无如何，尚书亦太息而已”。赵南星对这种风气深恶痛疾，他担任吏部尚书，“锐意澄清，独行己志，政府及中贵亦不得有所干请，诸人惮其刚严不敢犯”。魏忠贤看重他的办事才能，为了拉拢他，曾派外甥送钱礼求见，被赵南星赶走。一次赵南星和魏忠贤同在朝堂商议政事，他很严肃地对魏忠贤说：“主上冲龄，我辈内外臣子宜各努力为善。”[②]言中带教训之意。魏忠贤怒形于色，由此结下仇怨。

邹元标素以直言敢谏著称。万历年间，张居正在父亲去世后，夺情视事，大多数朝臣默认这种违反礼教的行为，少数朝臣表示反对，遭到张居正的严厉压制。邹元标抗疏切谏，并从道德的角度对张居正进行严正指责。他怀疏入朝，正当廷杖反对夺情的吴中行等人，邹元标等廷杖结束，拿出谏疏交给传递疏章的中官。中官不肯接受，劝

---

① 《明史》卷二三一《钱一本传》。

② 《明史》卷二四三《赵南星传》。

他不要自找苦吃。邹元标说这是告假疏。传递上去后，也被廷杖八十，革去进士头衔加以流放。六年之后，邹元标还朝，刚回来就对朝政提出了五条批评意见，不久又弹劾了两位部臣。宫中发生火灾，他又上时政六疏，公开指责万历帝的说谎行为。天启年间，他主持外计，去留官员毫不徇私。孙慎行论"红丸"案，弹劾方从哲等人，邹元标第一个上疏支持。

杨涟、左光斗、魏大中等都是敢言之士。万历帝病重将死，皇太子不能进去探望和侍候，杨涟、左光斗力请，太子方得入内。明光宗服食"红丸"致死，他们又上疏要求追究有关人员的责任。在"移宫"案中，也以杨涟和左光斗的态度最为强硬，所起的作用最大。天启初期，杨涟、左光斗、赵南星、魏大中等人激扬讽议，甄别流品，将正直之士引荐入朝，力排奸邪之徒。魏忠贤开始掌握朝政，东林党人又对他竭力地抵制和约束，使得魏忠贤的弄权野心暂时不得伸展。

这些正直人士危言危行，他们的正直品质和勇敢精神确实令人钦佩，但是他们对人对事过于苛察，缺乏宽容的态度。他们对君子和小人的区分过于严格。有些官员在道德和行为上并没有重大过失，只是观点与他们有所不同，在争执中保持中立，也为他们所不喜欢而遭到排拒。这样，东林党就得罪了不少人。他们做事情又好走极端，像赵南星主持天启初年的京察，孙慎行、王之寀等人追论"三案"的罪责，东林党人在天启初期掌握朝政之时对历年党争的清算，都是很过分的。这样势必树敌太多，结怨太深。他们缺乏政治远见，不讲斗争策略，不会审时度势，又缺乏和大多数的士人和衷共济的精神。像黄克缵、崔景荣、毕自严等人落然有异，颇有操守，因为不愿介入激烈的党争，也被东林党人视作小人而受到排挤，不得不在东林党人极盛的天启初年去职。即使像邹元标这样的人，在天启初年还朝后不太危言激论，而是务为和易，主张士人们捐弃门户党派之见，同心共济，也被一些激进的东林党人指责，甚至被怀疑不保晚节。其实，邹元标倒是很有政治远见的，和大多数东林党人不同，当受到别人指责时，他平和地笑着说："大臣与言官异。风裁踔绝，言官事也。大臣非大利害，即当护持国体，可如少年悻动耶？"[①]对别人的指责他也不计较。可是像邹元标这样具有远见卓识的人，在当时这群正道直行的士人中是很少见的。杨涟弹劾魏忠贤的二十四罪疏也可说是这群正直之士不顾时势、缺少策略的表现之一。杨涟将上疏弹劾魏忠贤，魏大中将这件事告诉了黄尊素，富有深识远虑的黄尊素就表示忧虑，他说："除君侧者，必有内援。杨公有之乎？一不中，吾侪无噍类矣。"[②]但杨涟等人不听劝告，上了疏章，当时正直而富有智谋、好扶植善类、正人君子所依靠的首辅叶向高也深为担忧，认为要除去魏忠贤并非易事，阁臣从中挽回，还可能避免大祸患，如果和他决裂，将后患无穷，后来事情果然一发不可收拾。

这些士人们以澄清天下为己任，抱道忤时，矫首抗俗，触犯权贵，不顾时势的变移，一味地勇往直前，企图扶大厦于将倾，这就使他们注定成为悲剧命运的承担者。顾宪成等人在东林书院讲学传道，与流俗抗争，虽然获得了很高的声望，但名高速谤，气盛招尤，他们后来成了对立党派的众矢之的。他们在官场很不得志，官职一般都不大，而且很难得到提升，常常是几经贬谪，退居林下的时间往往比做官的时间更长。但总的来说，这些人还算幸运，要么因为死得早，要么因为久居林下，远离了政治斗争的漩涡，在天启年间的党祸中没有受到太大的打击。而赵南星等人就不同了。在叶向高被迫去职后，正直官员失去了依靠的力量，赵南星、高攀龙、魏大中等人接着遭到罢黜。不久陈于廷、杨涟、左光斗、袁化中等人被削籍。在叶向高去职后，担任首辅的正直的韩爌、朱国祯依次遭到斥逐，朝中正直官员彻底失去了保护，魏忠贤集团得以随心所欲地迫害正直官员了。

---

① 《明史》卷二四三《邹元标传》。
② 《明史》卷二四五《黄尊素传》。

赵南星遭罢黜后，魏忠贤和阉党成员仍然对他深恨不解，每次发布文告，都将他指为元凶。阉党成员罗织了他的十大罪，弹劾他结党营私，将他所提拔的十四人指为其私党，加以罢黜。后来阉党成员又将他逮捕审讯，并当着他的面笞打他的儿子和外孙，用以侮辱他，又诬陷他贪赃一万五千两白银。最后将他和他的儿子、外孙分别发配充军。他的嫡母、生母被逼而死，一个才7岁的儿子也因惊吓而死。崇祯帝继位后，将他召还，但做巡抚的是魏忠贤阉党集团的人物，故意拖延放还他的时日，赵南星还是死在了流放之地。在魏忠贤大肆报复朝臣之时，邹元标已经死去，也被削夺了诰命。同时，已经去官家居的冯从吾也被削籍。他们所建的首善书院被毁，冯从吾气愤异常，得病而卒。

杨涟、左光斗、魏大中、袁化中、周朝瑞和顾大章六人被逮捕，被指控的罪名是接受了杨镐、熊廷弼的贿赂，坐赃从数千到数万。杨镐、熊廷弼因在东北边疆与后金作战失利而先后下狱，杨涟等人被指控的罪名和纳贿数目均属莫须有，是魏忠贤及其阉党成员为了将他们置于死地而强加的，因为封疆事重，有了这样的罪名，就有理由将他们处死了。杨涟、左光斗、魏大中和袁化中遭逮捕，主要是上疏弹劾了魏忠贤的缘故。此外，左光斗又与高攀龙共同揭发了崔呈秀贪赃的罪行。袁化中也对崔呈秀的罪行进行了揭发。魏大中因魏广微在孟冬祭祀太庙时迟到，对他提出弹劾，又因痛恶王绍徽的为人而特意上疏请求将他斥去。他们因此引起了魏忠贤及其阉党成员的忌恨。周朝瑞则因熊廷弼事件与徐大化产生矛盾，两人互相攻击，结下大仇。杨涟等人被栽赃之时，徐大化也诬陷周朝瑞接受过熊廷弼的贿赂，使周朝瑞也被捕。顾大章起先并没有参与党争，在党争激烈之时，他保持中立，做了许多调解工作。大学士刘一燝因多次疏救触犯魏忠贤的朝臣而被逐，后来兵部查获了一个名叫刘一巘的后金奸细，魏忠贤企图把他指为刘一燝的族人而株累刘一燝，顾大章力辨其非，魏忠贤大恨。法司审议熊廷弼、王化贞案件时，顾大章也因与徐大化等人意见不合，招致仇恨。这样，顾大章也被徐大化等指控以纳贿的罪名而被逮。六人被逮后，下北镇抚司严刑追赃。杨涟等人起先不肯承认，被拷打得死去活来。左光斗认为，这样下去势必会被残害而死，冤案得不到昭雪，不如暂时诬服，可以立即转送法司审理，还有可能不至于背负着不白之冤而死。众人听从了他的建议，也就诬服了。但魏忠贤并没有将他们转送法司，而是命令镇抚司继续拷讯追赃。就这样，五日一追比，六人被折磨得不成人样。后来杨涟、左光斗、魏大中、周朝瑞、袁化中先后被杀害在狱中，杨涟死时，土囊压身，铁钉贯耳，惨不忍睹。他们几人被杀后，过了好几天死讯才得以呈报，尸体已溃烂得不可辨认了。不久，顾大章也自杀身亡。六人死后，阉党指使镇抚司继续追赃，这六人本是清廉之士，家中拿不出资财来完赃，被搞得家破人亡。左光斗一家十四人被系狱，长兄受连累而死，母亲因为哭子而死。

六人死后，多次触犯魏忠贤权威的高攀龙、周起元、缪昌期、周顺昌、周宗建、黄尊素、李应升七人也被逮。高攀龙曾经揭发崔呈秀贪赃的丑行，赵南星建议将崔呈秀流放。魏忠贤痛恨赵南星，而高攀龙是赵南星的门生，也为魏忠贤所仇恨。周起元巡抚苏、松等地时，弹劾了贪横不法的织造太监李实。魏忠贤素来包庇李实，要求周起元改变立场。周起元不肯，继续弹劾李实，引起了魏忠贤的忌恨。缪昌期被流言传为代杨涟起草弹劾魏忠贤疏章的人，魏忠贤对他非常仇恨。赵南星、高攀龙、魏大中、杨涟、左光斗诸人解职离京时，缪昌期一一将他们送至郊外，执手太息，魏忠贤因此更加愤恨。周顺昌嫉恶如仇，巡抚周起元因触犯魏忠贤被削籍时，周顺昌正告假在家，作文相赠，指斥无所忌讳。魏大中被捕时途经苏州，周顺昌为他饯行，和他同起同睡三日，并将女儿许聘给魏大中的孙子。押解的官员屡次催行，周顺昌瞪着眼喝道："若不知世间有不畏死男子耶？归语忠贤，我故吏部郎周顺昌也。”[①]并且对魏忠贤骂不绝口。捉解官员将此事报告给了魏忠贤。周宗建曾多次与魏忠贤集团抗争。客氏出宫后复入宫，周宗建第一个抗疏极谏，后来上疏历陈四事，其一专攻魏忠贤，骂他目不识丁。当魏忠贤势力渐盛时，他又抗疏直攻魏忠贤。魏忠贤对他恨之入骨。李应升在杨涟上二十四罪疏被责后，也抗疏继之。万燝因上疏被杖死，李应升又上疏极论，指责魏忠贤集团。后又代高攀龙草拟弹劾崔呈秀的疏章，崔呈秀在深夜里到李应升家长跪乞哀，被李应升严正拒绝。魏大中弹劾魏广微，李应升又上疏极论，由此得罪了魏忠贤集团。黄尊素是有名的才智之士，足智多谋，魏忠贤好几次想借事端迫害正直人士，都因黄尊素从中斡旋，没有得逞。阉党感到黄尊素难以对付，一直想杀害他。黄尊素被削籍后，与苏杭织造太监李实颇有往来，于是江浙一带传说黄尊素将仿效正德年间杨一清利用太监张永诛杀刘瑾的办法，授李实秘计，让他诛杀魏忠贤。魏忠贤得知后，多次派密探往江南访查。李实的司房得知后，非常恐惧，通过魏忠贤的心腹太监李永贞的关系求解。李永贞让这名司房取来了盖有李实印的空白疏章，以李实的名义起草了一份奏疏，对黄尊素和以上六人提出弹劾。魏忠贤据此对七人发出了逮捕令。七人中，除高攀龙在得到消息后赴水自杀外，其余六人均被押解至京下镇抚司，也以追赃的名义拷掠备至，后来一一被害在狱中。

这些士人不畏强暴，在黑暗和邪恶势力面前不屈不挠。为了坚守道义，他们置生死安危于不顾，生以理全，死与义合，求仁得仁的心态很强烈。高攀龙知道自己将被逮捕时，早晨拜谒了宋儒杨时的祠，并且作了一篇祭告文章，回家后与两个门生、一个弟弟在后园池边饮酒。听到周顺昌已被逮，他笑着说：“吾视死如归，今果然矣。”进入房中向夫人告别，说话像平时一样平静。出房后，写了一封遗表、一封

① 《明史》卷二四五《周顺昌传》。

别友人书，投水自杀。遗表上说："臣虽削夺，旧为大臣，大臣受辱则辱国，谨北向叩头，从屈平之遗则。君恩未报，愿结来生。"别友人书上说："仆得从李元礼、范孟博游矣。一生学力到此亦少得力。心如太虚，本无生死，何幻质之足恋乎？"[①]他把生死看得很淡，临死时，首先想到的是君王和国家，并且因为自己能够像东汉后期的两位著名士人李膺（元礼）、范滂（孟博）那样为反对宦官专权献出生命而感到幸运，为自己能够成就杀身成仁的平生志愿而感到欣慰。

高攀龙把大臣受辱看作国家之辱，宁愿自杀也不愿被逮受辱；左光斗则把自杀看作怯懦的表现，宁愿受逮被杀也不愿自杀。杨涟被逮时，曾写一信向左光斗诀别，劝他在被逮前自杀。左光斗奋然回应："死何恨哉！但人臣即死，当归命君父，伏刀辇毂下，而先时择便，如惧死何？"[②]周顺昌、黄尊素则自劾投狱。魏忠贤派人前往苏州逮捕周顺昌，激起了民变，一位使者当场被民众打死，其余的负伤逃走。周顺昌换穿犯人服装，自动到官府投案。当苏州城内民众争击逮捕周顺昌的使者时，苏州城外的民众也拦截并殴击前去逮捕黄尊素的另一批使者，使者在慌乱中丢失了逮捕令，不敢前往浙江余姚捕人。黄尊素得知这一消息后，也穿了犯人的衣服自动投狱。高攀龙和诸君子在对待被捕一事上的观点不同，他们所选择的死亡方式也不同，但他们不屈的精神则是一致的。

有了这种不屈的精神，他们面对抓捕、酷刑和死亡，想到的是如何保持自己的节操和气节，不失忠君报国之心。魏大中被逮，途经常州，知府曾樱见了，潸然泪下。魏大中颜色不变，安慰他说："死于王家，男儿常事，何必尔尔。"曾樱送他钱财作路费，他拒绝说："譬如嫠妇，孀居数十年，垂死中偶动一念，便属失节。箦华而睆，不敢以此易

① 《明史》卷二四三《高攀龙传》，又《碧血录》卷下。

② 《东林列传》卷三《左光斗列传》。

也。”[①]在狱中他还自作年谱，从容不迫。顾大章在狱中作成一联，表明自己的心迹：“故作风涛翻世态，常留日月照人心。”[②]缪昌期在一首题为“槛车”的就逮诗中说：“一死无余事，三朝未报心。”[③]在狱中他“慷慨对簿，词气不挠”[⑤]。周顺昌在出门投案时，举家号哭，他笑着说：“无事乱人怀也。”看到书案上有素榜，他从容说：“龙树庵僧属我书者，我向许之，今日不了，亦一负心事。”题了“小云栖”三字，书上年月、姓名，然后投笔出门。[⑥] 在狱中，每被拷掠，他大骂魏忠贤，被人敲落了牙齿，他满嘴含血，骂得更激烈。李应升在死亡前一天作了两首诗，其中一首说：“十年未敢负朝廷，一片丹心许独醒。”[④] 黄尊素在狱中与诸君子讲道不辍。李应升体弱多病，一次黄尊素被拷掠后，轮及李应升被拷，黄尊素请求代受。被杀害前，他向着朝廷的方向叩头谢帝恩，又向南叩头谢父母，赋诗一首而死。

力求人格完善，保持自己的士节和臣节，是这些士人们的共同追求，其中又以杨涟的表现最为突出。杨涟的狱中书上说：“若夫雷霆霜雪，无非天恩，何不可安受？我思古人，罪则归己，此则不辨之心也。”当时阉党大翻三案，指杨涟为“移宫”案的罪首，杨涟在绝笔书中回顾了自己的经历，用了相当多的笔墨叙述“移宫”案的经过，认为自己对得起君父，最后说：“但愿国家强固，圣德刚明，海内长享太平之福，涟即身无完肉，尸供蛆蚁，原所甘心，不敢言求仁得仁，终不作一怨尤字也。”[⑦] 他把自己所遭受的残酷迫害看成帝王的恩德，并不认为自己蒙受的冤屈是帝王不悟造成的。他不怨天，不尤人，在死亡面前，想到的仍然是君国。他的忠于君国的观念带有儒生的迂腐和愚昧，使人叹息，更使人感到悲哀。

---

① 《东林列传》卷三《魏大中列传》。

②⑤ 《碧血录》卷上。

③⑦ 《碧血录》卷下。

⑤ 《明史》卷二四五《缪昌期传》。

⑥ 《东林列传》卷三《周顺昌列传》。

左光斗在狱中的表现则更富有悲壮色彩。后来成为抗清名将的史可法是左光斗的门生，左光斗对他有知遇之恩。下面一段话是后人记录的史可法向人讲述的他去狱中见恩师的过程和际遇：

> 及左公为逆阉害，下诏狱，史公冀求一见，逆阉防伺甚严。久之，闻左公被炮烙，旦夕且死，史公持五十金，涕泣谋于禁卒。卒感焉，使更敝衣草履，伪为除不洁者。引至左公处，则席地倚墙而坐，面额焦烂不可辨，左膝以下筋骨尽脱矣。史公跪抱公膝而呜咽，左公辨其声，而目不可开，乃奋臂以指拨眦，目光如炬，怒曰："庸奴，此何地也，而汝来前！国家之事，糜烂至此，老夫已矣，汝复轻身而昧大义，天下事，谁可支持者？不速去，无俟奸人构陷，吾即先扑杀汝！"因摸地上刑械，作投击势。史噤不敢发声，趋而出。后常流涕述其事以语人曰："吾师肺肝，皆铁石所铸造也。"①

这一段文字，写出了一个铁骨铮铮的硬汉形象，读来使人改容。左光斗不让史可法来探视，怕他遭受阉党的陷害，用强硬手段把他赶走，不是为了别的，而是要史可法担负起国家兴亡的责任，继续自己的未竟事业。左光斗的尽忠报国之志至死不移。

但他们并不是一群毫无个人感情、不懂得珍惜生命、刻意寻求死亡的人。像杨涟、左光斗等六君子被逮后下镇抚司拷掠追赃，这六人本没有接受过任何贿赂，但他们甘愿蒙受不白之冤，承认了魏忠贤集团强加在他们头上的纳贿罪名和纳贿数目，这样做的目的是避免被不明不白地残害致死，能够及早被解送法司审讯，以寻求生还的机会。从中可以看出他们对自己生命的珍视和对死亡的拒绝。他们忍辱含垢，屈打成招，并不说明他们在恶势力面前只有软弱和屈服，这有他们在狱中的表现可以作证，他们的气节和大义并没有因为诬服而受损。

---

① 《方苞集》卷九《左忠毅公逸事》。

这些士人的情感也很丰富。留有“一死无余事，三朝未报心”之句的缪昌期的就逮诗中有《慰妻》《示儿》两首。《慰妻》诗说：“荣华悲短促，风雨泣低迷。”《示儿》说：“覆巢宁有卵，刈草岂留萌。”[①]从中可见他对生命的眷恋、对家人的关切。李应升的个人情感则更为复杂，他作的就逮诗最多，诗的整体基调是低沉、阴郁的。如《丹阳道中》之二中有“凄凄杨柳色，谁为问南冠”这样沉郁的句子，《述怀》诗中有“便成囚伍向长安，满目尘埃道路难”这样悲哀的句子，而“文章十载虚名误，封事千言罪孽殚”简直是愤激之辞了。而且他还有浓厚的求佛出世思想，如《亡前一日》二首，其一中说：“只有亲恩无可报，生生愿诵法华经。”其二则说：“丝丝修省业因微，假息余魂有梦归。灯火满堂明月夜，佛前合掌著缁衣。”他的《大兄同行因忆五弟》最为凄婉动人，读来使人怆然：“劳劳车马日追随，一发余生不可期。回首转嗟鸿雁影，断肠初信鹡鸰诗。白云渺渺迷归梦，春草凄凄泣路歧。寄语儿曹焚笔砚，好将犁犊听黄鹂。”[②]最后两句尤其传达出了他悲愤难忍的心绪。他不希望儿孙读书，因为读书，就要接受圣贤的教导，努力做正直之士，主动承担道义，也就有可能受到莫大的伤害，甚至付出生命的代价。自己走到了这一步，无可追悔，但自己的儿孙切不可再走这样的道路了，不如焚毁笔砚，做个自给自足、自由自在的农人。杨涟也有相似的想法。六君子被追比赃银，遭受毒打，“左、顾哓哓置辩，魏、周、袁伏地不语。杨呼家人至腋下，大声曰：‘汝辈归，好生服事太奶奶，分付各位相公不要读书。’”[③]以上两人的话，与东汉后期范滂因反对宦官专政而第二次入狱时对儿子所言“吾欲使汝为恶，则恶不可为；使汝为善，则我不为恶”[④]的话语，同样震撼人心。

这些士人和普通人一样，渴望生活，热爱生命，追求功名，向往荣华，他们并不有意寻求痛苦和死亡，但他们为了承担道义、保持气节，

---

①②③　《碧血录》卷上。

④　《后汉书》卷六七《党锢列传》。

选择了痛苦，选择了死亡。他们以生命作代价，承担着道义，求仁而得仁。《后汉书》卷六三《李杜列传论》中评论东汉后期反抗宦官英勇不屈，直至献出生命的士人们的一段话也同样可以用来分析晚明这些士人的求仁心态："夫称仁人者，其道弘矣。立言践行，岂徒徇名安己而已哉？将以定去就之概，正天下之风，使生以理全，死与义合也。夫专为义则伤生，专为生则骞义，专为物则害智，专为己则损仁。若义重于生，舍生可也；生重于义，全生可也。上以残暗失君道，下以笃固尽臣节。臣节尽而死之，则为杀身以成仁；去之不为求生以害仁也。"杀身成仁、舍生取义，正是儒家传统思想中非常重视和反复强调的。孔子说："志士仁人，无求生以害仁，有杀身以成仁。"[①]"求仁而得仁，又何怨？"[②]孟子说："生亦我所欲也，义亦我所欲也，二者不可得兼，舍生而取义者也。生亦我所欲，所欲有甚于生者，故不为苟得也。"[③]这些士人们不仅是儒家传统思想的信奉者，更是这种思想的实践者。

儒家传统思想造就了他们人格的完善，也造就了他们的悲剧命运。他们的悲剧根源，正在于他们对君王和大一统政权迷恋得太执着、太认真、太热烈、太迂愚。他们一厢情愿热爱着的是个昏庸之君，并不会感悟和体会到臣子们对他的忠心，他们所全心全意加以维护的这个政权也已经完全腐坏甚至崩溃。他们不仅没法把明王朝扶持起来，反而在它崩溃之时，被砸伤和压死，这正是最为可悲的。

① 《论语·卫灵公》。
② 《论语·述而》。
③ 《孟子·告子上》。

第三章　远处江湖的士人和士人心态

晚明时期，与在朝的士人们的心态发生重大变化同时，在野的士人们的心态也发生了同样巨大的变化。儒士已经发生异化，已不再是原来意义上的儒士，他们中的许多人不再以修身为本，不再承担道义，甚至也不再以求取功名、参与到政治组织结构中去发挥他们的政治才能为自己安身立命的唯一选择。这时期名士和狂士、隐士和山人大量涌现。他们或颠狂放浪，或隐遁避世，以他们独特的与传统价值观念相背离，甚至带着反社会性质的行为方式存在于世。他们的情感生活、内心世界更是绚丽多姿。

一、从儒士到名士和隐士

1. 儒士的异化

先秦孔、孟确立了儒家学说的原始形态，中经董仲舒、韩愈等人的改造和发展，到两宋时期，经过二程、朱熹等人的发展和总结，最终形成了庞大的完整的儒家理论体系。自从西汉武帝采纳董仲舒“罢黜百家、独尊儒术”的建议，定儒学于一尊，在之后两千余年的中国社会里，以孔孟之道为核心的儒家思想，在思想界占主导地位。中间儒学虽经魏晋玄学、隋唐佛学等佛道思想的冲击而曾经衰落过，但儒学最终还是重新取得主导地位，并且融合和吸收了佛道两教的部分学说和方法，使儒学变得更完整、更严密。中国古代的知识阶层或称读书人，即通常所称的“士”或“士人”，很少没有深受儒家思想熏陶和影响的。儒家思想成了士人们立身行事的规范，它塑造了中国士人的基本人格，中国古代的士人，不管是否以儒学作为自己的终身专业，从事于儒学的研究和传播，基本上都是“儒士”。儒士的基本人格至少有以下几点：一、士是传统价值体系也即“道统”的维护者，“道统”是儒家的一整套思想文化体系，其中最重要的是以“仁”为核心的仁、义、礼、智、信相统一的道德规范体系；二、士是大一统政权也即“政统”的维护者，固守君臣之义，维护君主的绝对权威，对君主和王朝尽忠竭力；三、士是道义的承担者，士要见利思义，重义轻利，要顶住利欲的诱惑，为了正义的事业，抛弃个人私利，甚至献出生命，这就是舍生取义、杀身成仁。

明代把程朱理学定为统治思想，开科取士，也要求以程朱学派对“四书”“五经”的解释为立论的依据，因此儒家正统思想对明代前中期的士人的影响至巨。明代前中期士人忠君爱国、廉洁奉公、克己谦恭、规行矩步的精神风貌，无不与儒家的传统道德观念对士人的影响和约束有关。明代中期，作为统治思想的程朱理学逐渐僵化并且衰落了，王守仁的心学产生并且很快兴盛起来，它逐渐替代了程朱理学成了明代哲学的主流，王学中的泰州学派的学说在晚明更是广泛流行。王学或称心学说到底也是一种儒学，但它是一种异化了的儒学，它的理论和主张不仅在最主要的几个方面与程朱学派的正统儒学相对立，而且在某些方面甚至突破了传统儒学的价值规范体系。王学对儒家传统思想的突破，在第一章第三节中已做论述，这里不赘述。

明代中后期，政治局势的腐坏、经济生活的繁荣、社会风尚的变迁，都对士风产生很大的影响，士人的心态也随之发生变化，而哲学思想方面的影响尤大。士人们普遍信仰王学，笃信程朱理学而不受王学影响的几乎没有了。这时候士人们忠君爱国的观念逐渐淡薄，维护大一统政权不再是全体士人的基本的人生理想和立身之本，而儒家传统的道德价值体系也对大多数士人失去了权威性和约束力。士人们不再以“道统”和“政统”的维护者和正义的承担者的面目呈现于世。他们的自我意识觉醒了，个性得到了解放，他们的私欲也急剧膨胀，他们变得重利轻义，甚至见利忘义。

尤可注意的是，由于社会经济的发展、商业的兴盛和繁荣，商人的社会地位得到了提高，这些变化同样影响到了士人。士人们不仅改变了历来轻视商业和商人的观念，而且他们的人格结构中也增添了商业精神的色彩。

其一，士人不再贱视或轻视商人，商人的地位在士人心目中提高了。明代中后期的士人为商人作墓志铭、寿序的并不少见，他们的文辞里对商人进行了肯定甚至赞扬。像王守仁为昆山商人方麟作墓志铭，其中说：“古者四民异业而同道，其尽心焉，一也。士以修治，农以具养，工以利器，商以通货，各就其资之所近、力之所及者而业焉，以求尽其心，其归要在于有益于生人之道，则一而已。”[①]王守仁“四民异业同道”的观点是很新颖的，他把四民看成平等的，而不是以儒家传统观念将他们分出高下贵贱，他对商人的社会价值予以充分的肯定，这样的话出于一个儒家学者之口，不能不说是具有突破性的意义的。归有光为新安商人程白庵作寿序，称他年轻时客居吴地，“吴之士大夫皆喜与之游”，并且称他为“士而商者”[②]。这里值得注意的有两点：一是士大夫们乐于与商人交往，说明商人的地位在士大夫们的心目中普遍有了提高。二是归有光称程白庵为士而商者，说明了当时士与商关系密切，彼此的界限已不分明。汪道昆

---

① 《节庵方公墓表》，《王文成公全书》卷二五。

② 《白庵程翁八十寿序》，《震川先生集》卷一三。

出生于著名的新安商人世家，汪家与同是新安名商的程氏等家族彼此通婚。他在给一个程氏商人所作的墓志铭里，甚至认为良贾的地位和作用并不亚于大儒："大江以南，新都以文物著，其俗不儒则贾，相代若践更。要之，良贾何负闳儒？"①王守仁将四民看成是平等的，因此他的学说面向的是四民，而不单单是以士为立教的对象。他的门徒中就有商人，像王艮是灶丁出身，后来跟随自己的父亲来往于山东经商，可以说是个商人。泰州学派更是把王学彻底推向了民间。王艮的弟子王栋说："自古农工商贾虽不同，然人人皆可共学。"②何心隐的言论中甚至把商贾的地位排在农、工的前面："商贾大于农工，士大于商贾，圣贤大于士。""若农工之超而为商贾，若商贾之超而为士者矣。"③

其二，士人们强调治生，重视物质生活和物质享受，把改善生活处境、满足物质需要看作紧要的和基本的事务，这也与儒士历来崇尚"安贫乐道"的精神，重视精神生活而轻视物质生活的价值取向是相背离的。有一则明人的家规中说："男子要以治生为急，农工商贾之间，各执一业。"④而明末的陈确更是提出了学者要以治生为本的观点，他说："勤俭治生洵是学人本事。""确尝以读书、治生为对，谓二者真学人之本事，而治生尤切于读书。""唯真志于学者，则必能读书，必能治生。天下岂有白丁圣贤、败子圣贤哉？岂有学为圣贤之人而父母妻子之弗能养，而待养于人哉！"⑤

其三，这时候的士人们不仅把治生看得很重要，而且他们还亲自参加到商业活动中去，这在一些商品经济发达的地区尤为明显，

① 《诰赠奉直大夫户部员外郎程公暨赠宜人闵氏合葬墓志铭》，《太函集》卷五五。

② 《明儒学案》卷三二《泰州学案》一。

③ 《何心隐集》卷三《答作主》。

④ 〔明〕张又渠：《课子随笔》卷二所引，见柯建中《试论明代商业资本与资本主义萌芽的关系》。《中国资本主义萌芽问题讨论集》续编，生活·读书·新知三联书店，1960年。

⑤ 《陈确集》卷五《学者以治生为本论》。

“吴中缙绅士大夫多以货殖为急”[①]，徽州地区“即阀阅之家，不惮为贾”[②]。泰州学派的传人中，耿定向和何心隐都从事于商业活动，“耿司农择家僮四人，人授二百金，令其生殖。其中一人尝从心隐请计，心隐授以六字诀曰：买一分，卖一分。又有四字诀：顿买零卖。其人遵用之，起家至数万”[③]。这说明何心隐不仅从事商业活动，而且对此道相当精通。当时的士大夫罢官家居，也往往从事于农商活动，像刘绘在嘉靖后期因触犯权贵被罢官，他“浚治陂池，种鱼十万头，堤树千章，尽有蒹葭、菱藕、牛羊、豚豕之利”，这样多的农副产品，自己家庭只能消费掉一小部分，大部分是作为商品出售的，获得了很多利润，而且他还“责僮易盐鬻马，课其入息”[④]，从事商品活动的性质更为明显。晚明以刻书和藏书闻名于世的常熟汲古阁毛晋、毛扆父子既是书商也是文士，而“三言”等书的编者冯梦龙也是个有名的刻书家，他们都是亦士亦商的典型。当时甚至有人弃学从商，弃官从商。这些士人之所以从商，有的是因为科举考试失利或者官场受挫，感到仕途无望，有的是因为就学或做官太清苦，为生计所迫。像上文提到的墓志铭为王守仁所作的商人方麟早年是个士子，后来弃去举子业，入赘于商人之家，转而经商，这是弃儒从商的一个早期典型。到了晚明，弃学从商，甚至弃官从商的士人不乏其人，这种现象甚至引起了当时的小说家们的注意，像“三言”“二拍”中就描写了不少弃学从商、弃官从商的人物形象。

士人的社会角色发生转换也是值得注意的一种现象。“学而优则仕”是儒家的一个传统，通过学习掌握知识，参加到政治结构中去

① 〔明〕黄省曾：《吴风录》。
② 〔明〕唐顺之：《荆川先生文集》卷一五。
③ 〔明〕顾宪成：《小心斋札记》卷一四。
④ 《列朝诗集小传》丁集上“刘重庆绘”条。

历来是士人安身立命的一条途径，特别是隋唐以后，科举考试成为选拔人才担任官职的最主要途径。科举制度总体而言确实是一种公平竞争，“万般皆下品，唯有读书高”，由科举入仕也就成了士人们的唯一选择。“朝为田舍郎，暮登天子堂”，曾经激励了每一位士子，给予他们无限美好的希望。通过考试步入仕途，不仅可以改变窘迫的生活境遇，而且可以升官发财，光宗耀祖，实现自身价值。因此士人的人生道路就是由学者而成为官僚，进入政治结构施展政治才能，实现自身价值。而到了明代中后期，士人的社会角色也开始发生转换，他们不再视科举入仕为自我实现的唯一途径，这时候便出现了弃儒从商的现象。另一个突出的现象是士人们从普遍地热衷功名发展到了有人绝意仕进，由有人弃官不就发展到了有人不应科举，于是便有了名士和狂士、隐士和山人群体的出现。

在这个社会转型时期，士人从维护“道统”和“政统”的观念中解脱出来，走向自我体认。士人社会角色的转换，说明了他们作为儒士的基本人格结构遭到了破坏；而士人带有商业精神的色彩，更是晚明社会所特有的现象。带有那个社会商品经济高度发达的时代特征，士人已不再是传统意义上的儒士形象，他们正在异化。

2. 名士和隐士的兴盛

名士的主要特点可归结为一个“狂”字，他们以狂放不羁的性格成就了名士风流，名士也可以称为狂士；而隐士的主要特点可归结为一个“隐”字，以其退隐避世的行为成就了隐士风采。还有一类人也是不仕的，但他们并不山居泽处，而是与时抑扬，常常奔走于公卿缙绅之门，这类人称为山人。山人其实也是隐士，只不过他们的生存方式与山居泽处的隐士不同。山居泽处的隐士一般都有较为固定的经济来源，他们的生活有保障，不必仰仗于人；而山人则一般没有固定的经济来源，他们的生活常常得不到保障，必须仰仗于人，因此并不一定山居泽处。因为他们也是不仕的，我们也把他们看成隐士，是一类较为特殊的隐士。这类称为山人的隐士在晚明是非常多见的。

名士和隐士，无论其性格特征、情感模式还是他们的价值取向、行为特征，都和一般的士人迥然有异。他们是士人中怪诞的群体，常常因性格、行为不合社会规范和传统价值观念而为世俗社会所不容和排斥。他们的心理甚至在某种程度上表现出畸变的倾向。名士和隐士构成了士人的两极，但有时候又绝难分开，他们往往狂中有隐，隐中带狂，是名士同时又是隐士。

名士和隐士的大量出现，并不是明代中后期才有的特殊现象，几乎每朝每代，各个不同的历史发展时期，都会有名士和隐士的音响和形迹。就拿明代来说，嘉靖中期以前，景泰十才子中，就有多人是不出仕的。稍后的刘闵、孙一元、沈周等都是有名的隐逸之士，而祝允明、唐寅更是以颠狂放诞称名于世，桑悦和王廷陈尤为怪妄，种种行为常常出名教外。这些隐士和名士的出现，都与他们所处时代的政治黑暗和社会动荡有关，因为明代进入中期以后，除了弘治年间有过短暂的辉煌和中兴外，总的来说，社会政治很不理想，腐败和黑暗的程度逐渐加深。而每当历史大变动时期，名士和隐士更是大量涌现。魏晋和晚明都是名士和隐士大放异彩的时期，这两个时期的名士、隐士以他们卓尔不群的潇洒风神，在中国文学史和文化史上用重彩写下了两段奇异而亮丽的篇章。魏晋和晚期有着共同的时代特征：政治极端黑暗腐朽，社会混乱不堪，儒家传统价值体系分崩离析，新的哲学思潮蓬勃兴盛，旧体制被打破，而新的体制尚未建立起来，社会处于解体和转型的过程中。王朝政权和官方思想已然无力对士人们进行严密的政治控制和思想束缚，人们的思想变动不居，内心充满了迷惘和苦闷。魏晋时代，从“越名教而任自然”的嵇康、阮籍到“采菊东篱下，悠然见南山”的陶渊明，构成了一长串绵延不绝、跌宕多变的名士和隐士链，而从嘉靖后期开始到明代灭亡的晚明时期，时间虽短暂，但名士和隐士更是大量涌现。

社会现实的因素对名士和隐士的大量出现固然是很重要的，但人格的因素也是不可忽视的。名士和隐士，尤其是名士，他们的人格结构往往成问题，心理素质往往不健全。

名士往往是这样一种人：他们情感有余而理性不足，用世之心有余而治世之才不足。他们往往有参与社会政治的强烈愿望，却缺乏治理国家、管理社会的实际才能。他们把社会现实看得过于理想化，他们把参与政治当成了情感体验，甚至纯粹当成了快感冲动。由于他们的浪漫气质，他们根本就无视世道的艰难、仕途的曲折和人心的险恶，这就决定了他们行事处世十有八九会遭到挫折和失败。他们对挫折和失败的到来常常是缺乏心理准备的。由于缺乏心理准备，他们也就不能正确地对待自己的挫折和失败，不能冷静、理智地分析挫折的原因、失败的缘由。他们常常不能正视自己，看不到自身的缺陷和不足，而是过多地埋怨时世、责怪别人，认为社会对自己不公平，别人对自己不理解，满腔热忱化作了一团怨气。从认为自己怀才不遇发展为愤世嫉俗，由愤世嫉俗发展为颓然自放、游戏人生，甚至表现为反社会的倾向和行为。

相对于名士来说，隐士要理性得多。隐士起先可能也有用世之心，但他们在人生道路上遭到挫折和失败之后，不是走向自我放纵，而是走向自我逃遁。在黑暗、污浊的现实社会里，他们心灰意冷，“苟全性命于乱世，不求闻达于诸侯”是他们的一种共同意愿。他们隐遁避世，其实有儒、道两家处世思想的依据在。一般说来，儒家思想是强调积极入世、富于进取精神的，如曾子说：“士不可以不弘毅，任重而道远。仁以为己任，不亦重乎？死而后已，不亦远乎？”[①]但当现实政治与自己的人生理想相背离时，在先儒思想中则有退隐避世的一面。孔子说：“危邦不入，乱邦不居。天下有道则见，无道则隐。邦有道，贫且贱焉，耻也；邦无道，富且贵焉，耻也。”[②]“邦有道，谷；邦无道，谷，耻也。”[③]“邦有道，危言危行；邦无道，危行言孙。”[④]“邦有道，则仕；邦无道，则可卷而怀之。”[⑤]孔子的这种思想，到了孟子那里，得到了高度的概括：“穷则独善其身，达则兼善天下。”[⑥]因此“兼善”与“独善”、出仕与退隐也就成了先儒处世的两个方面。一味地强调进取，甚至不可为而为之，在早先的儒家学者中是比较少见的，倒是后儒中比较多见。先儒的处世思想具有“兼善”与“独善”的双重性；道家的处世思想更是强调清静无为、高尚其志，主张和光同尘、退隐避世。隐士们隐遁退避，既是受儒家思想的影响，更多地可能是受道家思想的影响。有些人原先是出仕的，在自己的人生理想得不到实现，在现实社会中遭受挫折之后才退隐的。这些人可能受儒家“独善”与“兼善”的处世思想的影响多些。而很多士人根本就没有出仕过，这些人中道家思想的影响可能更多些。当然也有一些士人的退隐纯粹是出于天性淡泊，因为在儒家和道家思想产生以前就存在隐士。

名士和隐士都是些充满了悲剧意识的人物。他们的处世方式、行为选择虽然不同，但他们的人格结构的缺陷则是共同的：不能直面人生，不能正视现实，他们的意志是薄弱的，情感是脆弱的。他们容易出现心理偏差，行事容易走极端，在遭遇失败之后，容易产生挫折感和失败感。这样的人格结构和心理素质，在社会环境较好的情况下，他们生存得还算顺利，较少出现问题和偏差，但在

---

① 《论语·泰伯》。
②③④ 《论语·宪问》。
⑤ 《论语·卫灵公》。
⑥ 《孟子·尽心上》。

社会环境险恶的形势下，他们的心理承受力较差，也就很难适应和生存了。这时候就会出现各种各样的不合时宜的行为方式，颠狂或避世也就成了他们最好的也是最后的选择。因此社会大变动时期，特别是传统文明走向解体和转型的时期，往往也是名士和隐士表现得最突出、最为引人注目的时期。

晚明时期名士和隐士数量之多、势力之盛，从他们的集会或结社的风气之盛中也可以看出来。阮自华在福州府做推官时，有一年中秋，大会词人于凌霄台，竟有七十多位名士参加集会，这次大会上大名士屠隆被推为主持人，一个小小的福州府里竟会聚集有这么多的名士，可见当时名士风气之盛。当时名士和隐士的结社活动十分丰富：王延陵、皇甫汸、张献翼等在苏州结春社；陈芹、王稺登、张献翼、金銮、盛时泰、莫是龙等在金陵结青溪社；李元昭、童南衡、方十洲等在西湖结社；李奎、方九叙和沈仕也曾在西湖结社；潘之恒、程可中等起先加入白榆社，后来又和何白、梅守箕等结盟；曹学佺和臧懋循、盛鸣世、吴兆、吴梦旸、柳应芳、陈鸿等也在金陵结社。这些结社的名士和隐士，往往置酒高会，吟诗作词，尽情而乐。

名士们往往有强烈的用世之心，而且往往非常自负，常常过高地估计自己的才能和力量，他们的想法和行为也就显得不着边际、不合于时，这样遭遇到的挫折和失败也就较常人为多。他们有的也出仕，但所担任的官职往往不大，而且常常很快就自动去职或被罢免，名士中是不可能产生出类拔萃的政治家的。像屠隆、汤显祖、臧懋循等都是当时出过仕的大名士，但他们在政治方面实在说不上有什么大的作为，而且都是因为纵情越礼，行事处世充满了浪漫气质，不合社会规范而被罢免。名士的志大才疏从下面的两例中可见一斑。何良俊与自己的弟弟同学，当弟弟中进士时，他连举人都还没有考上，后由岁贡被送入国子监就学。当时的执政大臣因为他名气大，破例让他担任了南京翰林院孔目这样一类事务性的低级吏员，但他不好好做本职工作，偏偏眼高手低，喜欢谈兵，以经世之才自负，这样自然混得很不得意，三年后只得弃职。茅坤的孙子茅元仪也喜欢谈兵，自负经奇，恃气凌人，语多夸大。当时东北因为后金势力大盛，边事危急，孙承宗担任辽东经略，茅元仪做了他的幕僚。孙承宗免职后，茅元仪也只好回家。崇祯即位后，茅元仪进献《武备志》而被授予翰林院待诏一职，不久即被罢官。孙承宗再次被起用，镇守山海关，茅元仪又跟随了他。孙承宗收复了永平等四处失地，茅元仪也被授予副总兵的官职，负责指挥水军。不久士兵中发生哗变，茅元仪被下狱后又被发配。有些名士虽有用世之心，却没有出仕的机会，只好以布衣终身。像顾大章的从弟顾大武，“权奇俶傥，以古豪杰自命”，在酒席间，常常“奋袂叉手，谈霸王大略，每大言曰：‘世有用我，其为姚元之乎？’”天启年间，顾大章遭受党祸，入“六君子”之狱，顾大武倾身入京师，奔走周旋，试图缓解其狱。“六君子”死后，顾大武护顾大章丧归，他说：“天下将乱，吾衰矣，无以自见，生可厌，而死可乐也。”于是更加放纵于酒。[①] 又如王镨，数次应乡试，没有考上举人，于是“闭门下键，读书尚志，欲期古人于千载之上”，曾经三上京师，当时国事日非，他“登临吊古，忧时叹世，胸中块垒，发之于诗，往往牢愁结辖，不能尽其百一。归里，益不自聊，屏居郭外，游于酒人，日沉饮自放而已”[②]。这些本有强烈用世之心的名士们本来行事处世有别于一般的士人，在理想破灭后，也就更加放浪任性，率意而行。

放荡不羁，率意而行，代表的是一种风度。这种风度对于名士来说是很重要的，也是他们所刻意追求的。它是名士风流的标志。像田艺蘅“性放旷不羁，好酒任侠”，“晚岁以贡为新安博士，罢归，尝衣绛衣，挟二鬟，游湖上，逢好友则令小鬟进酒，促膝谈谑。时时

① 《列朝诗集小传》丁集下“顾仲子大武”条。本章中引《列朝诗集小传》的材料较多，以下简称《小传》。

② 《小传》丁集下“王遗民镨”条。

挟内人遍游诸山,偶日暮,不得巾车,觅得一驴,与内人共跨入城"[①]。徐于原是个贵公子,因为不问生产,家道破落,"食贫如寒素",但他仍然"花晨月夕,诗坛酒社,宾朋谈宴,声妓翕集,典衣鬻珥,供张治具,惟恐繁华富人或得而先之"[②]。张民表"顶高冠,飘二带,带上绣东坡'半升仅漉渊明酒,三寸才容子夏冠'之句。乘败车,无顶幔,一老牸牵之,朗吟车中,每日醉陂头老杏下,门人子弟扶掖而归"[③]。盛时泰"爱方山祈泽之胜,咸有结构,杖策跨驴,欣然独往,家人莫能迹也"[④]。当时甚至在官的士人也追求这种狂放不羁的名士风流。像屠隆在做青浦知县时,延接吴越间的名士,"泛舟置酒,青帘白舫,纵浪泖浦间,以仙令自许",后来做礼部郎中时,"益放诗酒,西宁宋小侯少年好声诗,相得欢甚,两家肆筵曲宴,男女杂坐,绝缨灭烛之语,喧传都下"[⑤]。臧懋循在做南京国子监博士时,"每出必以棋局、蹴球,系于车后,又与所欢小史衣红衣,并马出凤台门"[⑥]。狎妓、宠幸男色,是古代文士常有的风流行为,本不足为奇,只要不抛头露面,做得不是太露骨,原是不妨的。但他们毫不加以掩饰,竟然公开化了,并且还到处张扬。这种丝毫不加检点的放浪行为自然遭到了官员的弹劾,屠隆和臧懋循被罢官。

隐士的情形则更为复杂。有不少隐士原来也颇有用世之心,遭遇挫折之后,心灰意冷才做隐士的。如有些人因为死了父母,感到人生失意而做隐士。像邓韨在中举之后,母亲死了,便不再参加会试,以通经博古为学。黄姬水做秀才时,父母死了,他哭父母成疾,于是抛弃诸生业隐居。他收藏了很多古器物、名画、法帖之类,但常常弄得衣食不周,不能卒岁。他搜采史书,编辑成《高士传》一卷,以前代的贫士自况。又如王问被提升为广东按察佥事,赴任途

---

① 《小传》丁集中"田广文艺蘅"条。

②③ 《小传》丁集下"徐伯子于"条、"张先辈民表"条。

④⑤⑥ 《小传》丁集上"盛贡士时泰"条、"屠仪部隆"条、"臧博士懋循"条。

经富春江东汉严光隐居垂钓处，徘徊不欲离去，卜了一卦得到启示，赋诗二首，便弃职归家供奉老父。父亲死后，他不再出仕，足迹不履城市，以诗文书画自娱。有的是因为科场失意，像栗应宏、归子慕等人都是在中举后，屡次会试不第才做隐士的。栗应宏耕读于太行山中，而归子慕屏居于江村。陈价夫屡次参加乡试不中，他的弟弟荐夫则屡次参加会试不中，两人只得隐居以赋诗自娱。也有的是因为仕途失意而隐居。如徐献忠以气节自持，不能折腰俗吏，他做奉化知县时，同乡某人做宁波太守，徐献忠对他不加谦让，受到了忌恨。徐献忠怒道："你以为我不能像陶渊明做彭泽令时那样吗？"于是弃官而归，因为喜爱吴兴的山水，将家从松江搬到了那里，隐居赋诗。张之象曾做浙江布政司经历，因为性情倜傥，不愿做俯仰于人的小吏，辞职而归，"闭门却扫，横经籍书，纷披几案间，客至不能布席，贫不能买山，作《卖书买山》诗"[①]。这方面最具代表性的当属许相卿了，他在嘉靖初期任兵科给事中，一年中上谏章十数道，指责皇帝的过错，直言不讳，以奉职敢言著称于世。做给事中三年，谏言不为嘉靖帝采用，谢病归家，后遂落职闲住。他家居时，父母相继死去，守墓三年后，徘徊墓田间，产生了出世思想，因而自号"云邨"，家居四十年，足迹不入公府。他的故交夏言执政时，多次征召他，他也没有应召。当然也有一些隐士既没有出过仕，也不愿参加科举考试。这些隐士往往天性淡泊。如姜玄"少博学嗜酒，不就博士弟子试"，"居于湖渍，足未尝轻诣人，或使其子弟学焉，亦时谢遣之。朝起视盎中粟稍可炊，即闭户吟诵，岁中所过相善者，率不出百里"[②]。又如俞允文"未及强仕，谢去诸生，读书汲古，年六十七而卒"[③]。程诰"幼负奇气，不肯为诸生，曰：'今仕道如吾身，焉用是百骸臣妾我也。'去，读书"[④]。甘心隐沦，不关心世务，不应试，不出仕，这样的隐

---

①②③　《小传》丁集上"张经历之象"条、"姜布衣玄"条、"俞处士允文"条。

④　侯一麟：《程山人传》，《明文海》卷四〇七《隐逸传》。

士在晚明并不少见，他们有的名显，有的无闻。

如果说狂放不羁、率意而行，代表的是一种名士风流，那么隐遁避世、淡泊高远，则形成了一种隐士风采。俞允文“客至隐几焚香，竟日无凡语”[①]。胡宗仁“隐于冶城山下”，“晚年，衲衣拄杖，反手徐步，须髯从风飘扬，市人皆目为神仙”[②]。陈员胤“性温雅，行止如孤云野鹤，见人有惊异状，久之，坐谈甚洽”[③]。吴孺子“所居焚香扫地，名僧韵士，乐为谈对。客去闭门藉虎皮，危坐移日”[④]。许相卿“山居置斗笠长蓑，畜二雀翩跹庭下，间遇大雪，戴笠披蓑，跨一黄犊，登南岩绝顶，以为奇赏”[⑤]。娄坚与唐时升、程嘉燧三人时称“练川三老”，他们“暇日整巾拂，撰杖屦，连袂笑谈，风流弘长，与之游处者，咸以为先民故老，不知其为今人也”[⑥]。归子慕与高存之、吴子佳讲性命之学，“过从习静，端坐不语，终日凝然”[⑦]。王人鉴“堂供古佛，一灯荧然，庭前双桧，可二百年物。凝尘满席，阶下幽花小草，手自灌刈。数世不食荤血，面削而形癯，见者知为枯禅逸叟也”[⑧]。

隐士们隐遁避世并不就是弃绝尘世，甚至神仙般不食人间烟火。古代的隐逸理论中有“小隐”和“大隐”之说，所谓“小隐隐陵薮，大隐隐朝市”[⑨]，“大隐住朝市，小隐入丘樊”[⑩]。山居泽处，寄情于山水之中，不营世利，没有太多的人事纷扰，称“小隐”，也就是通常所说的山林之士，像张正蒙“临河结庐，柴门昼闭，带索拾穗，未尝俯仰于人，年逾九十，隐沦终老”[⑪]。方登“爱冶城林木幽邃，即其麓家焉”，“一生不

①②③ 《小传》丁集上“俞处士允文”条、“胡布衣宗仁”条、“陈布衣员胤”条。

④ 《小传》丁集中“破瓢道人吴孺子”条。

⑤ 冯皋谟：《云郎许先生传》，《明文海》卷三九六。

⑥⑦⑧ 《小传》丁集下“娄贡士坚”条、“归待诏子慕”条、“王布衣人鉴”条。

⑨ 王康琚：《反招隐诗》，《文选》卷二二。

⑩ 白居易：《中隐》，《白氏长庆集》卷五二。

⑪ 《小传》丁集上“张正蒙”条。

见贵人,晚以目眚并谢亲串”[①]。周如埙“足迹不出户庭,苦吟不辍,未尝与显者游,人罕识其面”[②]。又如白云居士石沆,“其为诗,陶冶性情,萧闲疏放,雅以寒山击壤自命”[③],但博学如钱谦益,也不知道他是什么样的人,问别人,没有一个能了解他的。

这样的隐士志行高远,称得上是高士,是传统意义上的标准隐士。还有一种隐士,并不怎么讲究山居泽处,他们或置身于喧嚣纷扰的都城闹市,或往来游扬于缙绅公卿之间,在滚滚红尘中求得淡泊宁静。他们虽不讲究形式上的隐遁,精神境界却与山林之士的隐遁避世无异,这就是“大隐”。像袁景休读经史,喜作歌诗,曾遍游吴越间山川,归来后“受一廛于吴市,以卖卜终老”[④]。陈昂避倭患,率家人从莆田到了豫章,“织草屦为日,不给,继之以卜”,后来到达南京,依应天府姚知府,姚知府死后,无所依,“卖卜秦淮,或自榜片纸于扉,为人佣作诗文,巷中人有小小庆吊,持百钱斗米与之,随所求以应,无则又卖卜,或杂以织屦”[⑤]。这是隐于市的例子。

往来于缙绅公卿之间的“大隐”之士更多,这一类人也就是通常所说的“山人”。像仲春龙游京师,“客于公卿间”[⑥]。吴扩“以布衣游缙绅间,衣冠白帢,吐音如钟”[⑦]。郑若庸早年有诗名,赵康王礼聘他至藩地,康王父子与他讲宾主之礼,于是海内士争相前往赵藩做客卿。又吕时臣“历齐、梁、燕、赵间十年,客食诸王门下”[⑧],晚年客于沈宣王藩地。钱谦益说:“本朝布衣以诗名者,多封己自好,不轻出游人间,其挟诗卷、携竿牍,遨游缙绅,如晚宋所谓山人者,嘉靖间自子充始,在北方则谢茂秦、郑若庸,此后接迹如市人矣。”[⑨]子充为吴扩的

---

① 《小传》丁集上“方处士登”条。

②③ 《小传》丁集下“周隐士如埙”条、“白云居士石沆”条。

④ 《小传》丁集中“袁卜士景休”条。

⑤ 〔明〕钟惺:《白云先生传》,《明文海》卷三九六,又《小传》丁集中“白云先生陈昂”条。

⑥⑦⑨ 《小传》丁集上“仲山人春龙”条、“吴山人扩”条、“吴山人扩”条。

⑧ 《小传》丁集中“吕山人时臣”条。

字，茂秦是谢榛的字。可见自吴扩等人开始，晚明时期隐士、山人游扬于缙绅公卿间是成风的。嘉靖后期以后，客于内阁大学士，被称为“相门山人”的，有客于严嵩的吴扩、客于徐阶的沈明臣、客于袁炜的王穉登、客于申时行的陆应阳，这些人在晚明均有诗文名。万历年间，游扬于公卿间的山人特多，以至皇帝不得不下诏尽逐在京的山人。[①] 晚明时期最著名的“大隐”莫过于松江陈继儒了。陈继儒年轻时就很有文名，做秀才时与董其昌齐名，受到大学士徐阶、王锡爵的器重，王世贞也很推重他。但他未到 30 岁，即绝意仕进，焚弃了儒生衣冠，隐居于小昆山。父母死后，他又隐居于东佘山。由于他工诗善文，又能绘画，而且学识渊博，名重于海内，向他求取诗文画作的络绎不绝，酒楼茶馆、穷乡小巷，甚至远方土司，都来向他求取。陈继儒性格和易，几乎有求必应，因此他的作品在当时社会上广为流传。当时举荐他的人很多，连皇帝也知道了他的声名，屡次下诏征取。他“交游显贵，接引穷约，茹吐轩轾，具有条理”[②]。他与大学士王锡爵之子王衡的关系较好，曾经做过他的家庭教师，但不久就辞去。当时有人作诗嘲讽他“翩然一只云中鹤，飞来飞去宰相家”，这多少是出于误解或者是恶意攻击。

隐士山人游扬于公卿缙绅间，主要是由他们的经济地位决定的。山人们大都不事生产，不懂得治生，往往没有经济来源，其中许多人生活清苦潦倒，甚至不能自给，只得靠着他们的诗文才名往来于四方，仰仗缙绅的奖借游扬而获利糊口，这样也就不免做出些曲意奉承的举动来，招致时人的不满和嘲笑。像吴扩曾客于严嵩之门，居于南京秦淮河边时，一年元旦赋诗《奉怀分宜相公》，别人与他开玩笑说：“开岁第一日，怀中朝第一官，便吟到腊月三十日，岂能及我辈乎？”被南京人传为笑谈。[③] 王穉登初入京师时，试于内阁，所作《瓶中紫牡

① 《万历野获编》卷二三“恩诏逐山人”。

② 《小传》丁集下“陈征士继儒”条。

③ 《小传》丁集上“吴山人扩”条。

丹》诗中一联云:“色借相公袍上紫,香分天子殿中烟。”受到大学士袁炜的激赏。有同乡人憎恶他的行为,将“袍”改为“脬”,“殿”改为“屁”以嘲笑他。他的又一首诗中云:“窗外杜鹃花作鸟,墓前翁仲石为人。”也有人仿效其句式作诗嘲他:“身上杨梅疮作果,眼中萝卜翳为花。”当时王穉登正患梅毒遍体,目微带障,故诗有云。张凤翼也痛恶王穉登的为人,曾作《山人歌》骂他,极写他的丑态,可谓曲尽其妙。[①]其实像吴扩、王穉登这样的山人,还有真才实学,行为也称不上很卑污。吴扩有诗名,王穉登善书法,又有诗文名。王穉登喜欢奖引寒素之士,而且重交谊,有古人风义。袁炜与徐阶有怨隙,袁炜致仕后,徐阶仍在内阁,对袁炜修怨报复。有人告诫王穉登不要自称是袁炜的门客,以免引起麻烦,王穉登辞谢不听,并且刻了两部集子备书其事。王世贞死后,他的次子因事被牵连入狱,王穉登倾身救援。至于一些既无真才实学,行为也卑污,游走于公卿之间,纯粹是欺世盗名的假隐士、假山人,比起上面诸人来,更不足观。这样的人在当时也是不在少数的。其实,即使身居林泉而心萦富贵,徒有隐遁的形式而没有隐遁的心思,那么也一样只是假隐士。

3. 名士和隐士的怪诞人格

名士和隐士最富于情感色彩,从而也构成他们与一般的士人最大区别的是他们的怪诞人格。重气任侠、简傲、狂诞,甚至带有反社会、反传统的某种倾向以及在一定程度上的心理畸变,构成了名士和隐士群体人格的怪诞性。

一是重气任侠。仗义执言,打抱不平;急人之难,见义勇为;出言必信,勇武豪迈,构成了侠士的风骨。名士和隐士,有许多也具有这种侠士的性格特征。这与传统意义上的中庸平和、温柔敦厚的儒士

---

① 《万历野获编》卷二三“王百谷诗”及“山人歌”。

形象大不相同。儒士也重视义，甚至强调舍生取义，但这种义是指正义、道义，它必须符合儒家的伦理道德规范，带有更多的理性成分。而名士、隐士们崇尚的“义”，是指义气、情义，带有更多的情感色彩，不一定符合传统的伦理道德规范。

晚明的名士、隐士中具有侠士风骨的并不少见，像瞎了一只眼的谢榛“喜通轻侠”①；曹子念为人豪爽，守信用，有河朔侠士的风节②；梁辰鱼身材高大，“虬须虎颧，好轻侠”③；顾养谦慷慨任侠，自负有守边的才能④；张名由学识广博，喜出奇计⑤；宋登春喜爱喝酒，崇尚侠义，能骑马弯弓⑥；顾云鸿对交谊看得极重，为人慷慨，急人所难，有古人之风⑦；沈璜重气任侠，喜欢为人排忧解难⑧；刘黄裳喜欢结交豪杰之士，所到之处走马击剑，对酒悲歌，以古豪杰自负⑨；潘之恒颊须坚硬如戟，喜爱结交，急人所难，以慷慨奇伟自负⑩；张民表任侠好客，老而弥笃⑪；来复为人重气好客，交游很广⑫；皇甫冲喜爱骑马射箭，精通挟丸、击球、音乐、博弈之类文体活动，苏州一带的文士和轻侠少年，都很推重他⑬；何璧长得威武高大，类似河朔一带的壮士，放荡不羁，聚集乡里轻侠少年，有事一呼百应⑭。

急人所难，尽心尽力地解除别人的危难，并不图谋报答，常常是这些具有侠士风骨的名士和隐士的突出表现。王叔承与范应期、顾养谦、陈以忠等人交好，后来三人先后物故，王叔承“经纪其丧，卵翼其子姓，有古人之谊”⑮。康从理好客任侠，当时倭寇屡次侵犯东南沿海一带，他随将军刘子高到了吴地，进行抵抗，四次面临绝境，差

---

① 《小传》丁集上“谢山人榛”条。

②③④⑤⑥ 《小传》丁集中“曹山人子念”条、“梁太学辰鱼”条、“顾戎政养谦”条、“张布衣名由”条、“鹅池生宋登春”条。

⑦⑧⑨⑩⑪⑫ 《小传》丁集下“顾先辈云鸿”条、“沈山人璜”条、“刘武库黄裳”条、“潘太学之恒”条、“张先辈民表”条、“来布政复”条。

⑬ 《小传》丁集上“皇甫举人冲”条。

⑭⑮ 《小传》丁集中“何侠士璧”条、“昆仑山人王叔承”条。

点死去。刘将军要求康从理赶快离去，他不肯。后来刘子高拜大将，幕僚很多，康从理才辞别离去。刘将军病重，想见康从理。康从理赶来与刘将军永别，又经办了他的后事，扶送他的灵柩到了杭州。老朋友朱海峰客死异乡，将要入殓时，不肯闭目，康从理抚慰他说："君勿忧，远道归榇，此吾事也。"朱海峰才闭了眼。康从理跋山涉水，扶丧而归。顾大武也是如此。当时有将军金相，立有战功，得不到叙赏，反而受到仇家的告讦。金相想逃命在外，但家人没法安置好，钱谦益为他去跟顾大武商量。顾大武慨然应允，说："藏亡匿叛，真吾事也。"将金相的家人安顿好，过了一年才返回。后来金相归来，并没有前来酬谢，顾大武也始终不知道金相是何等样人。① 又如王寅自负文武才，曾从少林僧习兵杖，当东南沿海用兵抗击倭寇时，他做了都督胡宗宪的幕僚。许多幕客阿谀胡宗宪，王寅"以谔谔独闻"，并且对胡宗宪用兵的疏失之处，多所匡正。后来王寅回到歙县老家，这时有倭寇从邻省侵扰过来，接近了界关，当地人中有通倭的隐匿此消息不报官，王寅飞书报告了地方官员，组织民兵拦截。王寅替地方官员出谋划策，终于击退了倭寇的进犯。王寅受到当地人们的称赞，笑着说："非吾事也。吾逃儒入老，逃老入禅，乃今无所逃矣。"③

这些具有侠士风骨的名士和隐士注重交谊，讲究义气，不避祸患，立身处世不以世俗的好恶为转移，常常超越传统的伦理道德观念。曾做浙江布政使的莫如忠是夏言的门生，当夏言做首辅，炙手可热之时，他束修自好，恬于荣进，后来夏言因与严嵩互相倾轧，被严嵩谗害，斩首于西市，夏言的门下士纷纷避祸藏匿，唯独莫如忠奋身而出，经纪夏言的丧事。曹学佺在万历年间中进士，座师是张位。因为曹学佺文才好，张位想让他在翰林院任职，曹学佺辞谢不就。张位任

① 《小传》丁集中"康山人从理"条。

③ 〔明〕汪道昆：《王仲房传》，《明文海》卷三九六。

内阁大学士，受科道官的争相攻击，被万历帝夺职。张位去位时，门人故吏不敢前往探视。曹学佺当时为户部主事，“追送舟次，为庀车马粮糗”，不久也被京察而贬官。[①] 沈明臣曾做总督胡宗宪幕僚。胡宗宪豁达好士，但常常酒后失控骂座，沈明臣也不肯对他阿谀奉承，而胡宗宪每次望见沈明臣，就远远地起立迎接。一次胡宗宪在与倭寇作战获胜后，在衢州烂柯山上设宴犒劳将士，酒酣之时，沈明臣作诗高吟，中有两句：“狭巷短兵相接处，杀人如草不闻声。”胡宗宪非常激赏，称“何物沈生，雄快乃尔”，使人刻石置于山上。胡宗宪抗击倭寇，屡立大功，但他结交当时的奸相严嵩，又多次向嘉靖帝献祥瑞。严嵩死后，胡宗宪失去了靠山，受到执政的排挤，科道官们也对他提出弹劾。胡宗宪被逮下狱，后来瘐死。胡宗宪死后，沈明臣走哭墓下，并且手持自己为胡宗宪作的诔词，遍告士大夫，替胡宗宪申冤。[②] 又如朱邦宪“性慷慨，通轻侠，急人之难甚于己”。他的父亲曾做福州知府，对当地百姓有恩，有福州故吏在松江做官，为了报答旧恩，替朱邦宪买了田宅，朱邦宪固辞不受。后来这位官员死去，朱邦宪经纪了他的丧事，并且千里送葬。工部尚书赵文华与朱邦宪的父亲有旧交情，东南沿海一带抗击倭寇时，赵文华督师南直隶、浙江一带，曾经告诫当地官员：“故人子朱生安在？其母太夫人无恙乎？为我好致之。”朱邦宪穿了粗布衣，自驾小船去见赵文华。赵文华非常欢喜，握着朱邦宪的手问候，酒酣之时，又劝说他：“丈夫当乘时射取功名，多顾金钱，庀母夫人甘毳，何用硁硁守匹夫之节乎？”再三劝说，朱邦宪再三辞谢。赵文华叹息说：“福州有子，我所不逮也。”赵文华结交严嵩，行为卑污，为时人所不耻。赵文华身败名裂后，别人不敢自称曾经客于赵文华之门，而朱邦宪每次向人谈及赵文华，“辄拊膺流涕”[③]。

---

① 《小传》丁集下“曹南宫学佺”条。

②③ 《小传》丁集中“沈记室明臣”条、“朱太学邦宪”条。

晚明时期具有侠士风骨的人物中以汪文言最为著名。他以布衣的身份游于京师，正值朝廷中门户党争炽烈之时，他与各方各派的廷臣都有交往，因此深知党争内幕，而他又偏向廷臣中比较正直的东林党人一派。齐、楚、浙三党首领起先交往密切，结成一体，在党争中击败了东林党的势力，占了绝对优势。后来齐党和浙党为了各自的利益再分配而产生仇隙，汪文言替东林党人分析形势、出谋划策："浙人者，主兵也，齐、楚则应兵，成功之后，主欲逐客矣。然柄素在客，未易逐，此可构也。"多方使用离间奇计，终于促成了齐、浙两党的分裂和争斗，使得三党势力遭到削弱，为东林党势力重新崛起创造了条件。[①]自此，三党成员对汪文言很痛恨。天启年间，魏忠贤势力兴起时，阉党集团两次逮捕了汪文言，并企图借此将东林党人罗织在内。第一次，因为黄尊素的解救，汪文言的案情获解。第二次兴起汪文言之狱时，杨涟等六人被牵连在内，造成了"六君子之狱"。当汪文言被强迫诬指杨涟等人通过他的关系接受了熊廷弼等人的贿赂时，汪文言仰天大呼："世岂有贪赃杨大洪哉！"至死不肯诬承。[②]

二是简傲。简慢轻忽，高立崖岸；恃才傲物，不循礼数。名士和隐士们的这种性格是对儒家所倡导的以修身为本、知礼重节、温良恭俭让的谦谦君子形象的背离。晚明的名士和隐士有许多是以简傲无礼、不肯下人而知名的。像金大舆很落魄，到老仍是个秀才，且不事生产，贫困不堪。可南京有许多高贵之人去访问他，他往往避开不答礼。稍稍与他有点交游的人，即使是高贵者，金大舆也要侮慢他[③]。陈仲溱生性拙直，不苟言笑，与人接触，语言稍有不合，立即掩耳离开[④]。程汉生性简傲，对人斜视，颊须张开，看见人往往自诵所作诗[⑤]。沈春泽盛

① 《明史》卷二三六《夏嘉遇传》。
② 《明史》卷二四四《杨涟传》。
③④⑤ 《小传》丁集上"金秀才大舆"条、"陈仲溱"条、"程汉"条。

气凌人，动不动就得罪人[①]。王伯稠从来不与客人互通姓名，也没有寒暄之语，遇上酒肉就放开筷子大吃大喝，喉咙间发出声音，直到离开也不与人说一句话[②]。郑琰受徽州富人延聘，主人招待得很好，但他喝醉酒往往要唾骂主人，呼主人为"钱虏"[③]。何允泓衣服很脏也不清洗，鞋子裂开了也不缝好，遇到客人不合意，眼睛向天，不交一语[④]。倪钜到年老时更加贫困，穿戴破烂，走在路上，遇上坑坑洼洼，也不避开，始终不肯屈己下人[⑤]。王野游历到了南京，不轻易去拜见人。有高贵之人仰慕他的名声，前来拜访他，投了几次名帖，才见上一面。王野骑了跛驴登门回访，名帖上称"布衣王野"，将名帖一投进去就径直离开了[⑥]。康彦登为人慷慨负气，一言不合就拂袖而去[⑦]。

这一方面最著名的大概要算宋登春了。当时谢榛以诗游于公卿间，声名显赫，宋登春得到了他的诗，唾弃道："作诗何为者，而令七尺躯津津谀贵人丐活耶?"他流寓荆州一带，当地有一豪民因为慕宋登春的名声，想与他结成诗社，宋登春当面毁弃了那人的诗。辽王曾经在便殿召见了他，一语不合，他当晚就离去。当时嘉定人徐学谟在荆州做知府，闻名前去拜访宋登春，宋登春隐匿不肯见。第二次前往时，宋登春才出来相见。过了一天，他戴着紫箨冠，穿着皂缯衫回访，踞坐在知府的座位上，徐学谟只好在一旁侍候他。知府的手下人窃窃私语，暗骂宋登春傲慢无礼。后来徐知府将城中的房子赠给宋登春，让他搬来住，并且约定日期看望他。约定这天知府正好有别的事情，先去了别处，看望宋登春迟到了。宋登春很愤恨，认为知府在捉弄他，锁上门睡大觉。知府来了，宋登春怎么也不肯开门。知府只好

---

① 《小传》丁集上"沈秀才春泽"条。

②③ 《小传》丁集中"王秀才伯稠"条、"郑布衣琰"条。

④⑤ 《小传》丁集下"何秀才允泓"条、"倪学究巨"条。

⑥⑦ 《小传》丁集下"王山人野"条、"康秀才彦登"条。

让人在墙上打了洞进去，只见宋登春赤着脚，铺了一张席子，僵卧在墙壁下。知府硬要他起来，他才起身，索要酒喝。几年后，已升礼部尚书的徐学谟因大峪山万历帝的寿宫选址不当而被罢官家居。宋登春从荆州行乞到嘉定，当地人因为他是远道而来的徐学谟的客人，争相慰劳他，每日送河豚酒供他享用，宋登春往往一嚼而尽，也不表示感谢。这样时间一久，也就没人送他吃喝了。当地驻军有个将军因为徐学谟的面子，派人送钱给宋登春，宋登春拒绝接受，说："将军以贫士为金游耶？东海苦笑我矣，幸使者谢将军。"①

生活困顿，但不肯求人，不愿接受别人的馈赠，从来不肯受人怜，这也是名士性格简傲的具体表现。像魏之璜出身孤贫，靠绘画糊口，但他赡养老人，抚育弟妹，都是凭自己的双手，从不求人。有富贵之人来拜访他，他也从不回访，只有邀请他饮酒，他才前去。② 彭年家徒四壁，所结交的大多是豪杰之士，但他不肯有求于他们。有人送给他东西，即使只是升斗之粟，要不是文字之交，也会被他严词拒绝，这导致他最后贫困而死。③ 陆治晚年很贫困，有一个贵官子弟通过陆治的一个知交请他作画，陆治作了几幅送去，那人准备了丰厚的钱财相谢，陆治说："吾为所知，非为贫也。"立即拒绝了。④ 吴拭善于制墨，遇到通人高士，常常倾囊相赠，而富翁想高价购买，他往往大笑说："勿以孔方兄辱吾客卿也。"⑤

这种性格发展到极致，非常古怪，有时候甚至到了丝毫不通人情的地步。崔子忠善画，他的妻子、女儿也能画上几笔，常常一起观摩品评，共同娱乐。他偶尔也将画作送给知己，但如果是一般的人想用钱财来购买或预请，崔子忠宁愿受穷挨饿，也掉头不顾。他年轻时做

---

① 〔明〕过庭训：《本朝分省人物考》卷七。

② 《小传》丁集上"魏画史之璜"条。

③④ 《小传》丁集中"彭布衣年"条、"陆处士治"条。

⑤ 《小传》丁集下"吴布衣拭"条。

秀才,曾经师事宋继登,与宋家子弟同学,与宋玫、宋应亨关系尤好。宋应亨在吏部做官时,曾要求一个参加铨选的人员赠送千两银子给崔子忠,崔子忠笑道:“若念我贫,不出橐中装诒我,而使我居间受选人金,同学少年,尚不识崔子忠何等面目耶?”宋应亨“愧谢而已”。这本不算什么,更绝的是,宋玫做谏官,好几次向他求画,崔子忠不肯。宋玫将他诱到邸舍中,对他说:“几天里不让你回去,那你家里养的鱼、种的花,马上就会死掉,你将怎么办?”崔子忠不得已,只好给他作画,画好后辞去,坐在隔壁的人家里,让仆人回去取画,说:“有树石简略处,须增润数笔。”宋玫很高兴地给了他,崔子忠立即撕碎了画离开。① 又如梁生某,年轻时在学校读书,每次考试都名列前茅,知府看重他的才能,延聘他做子弟的塾师,供给他酒食,送给他财礼,他不受。后来梁生家里贫困到了极点,只好放弃举子业,卖蔬菜为生,有人怜悯他,多给了他钱,他往往怒骂不受。有时候别人因差错多给了他钱,他就说:“你多给了我钱,我不要,还给你。”路上遇到熟人,如果是贫贱之人,梁生就停下来与他谈话,过一会儿才离去;如果是富贵人,梁生则避开不见。他卖书时明码标价,如果别人按这个出价付给他钱,他就接受;有时候别人多给了他,他就要发怒,说:“我是卖书人,不是梁生。你多给了我,就是污辱了梁生,梁生不能接受。”急忙还给人家。时间久了,别人都知道了他的性格,也就没有人多给他钱了。梁生的菜园不修篱笆,别人也不去偷盗。有人怜悯梁生而替他修上了篱笆,梁生往往给人家工钱,如果对方不受,他就要发怒:“你不要再替我修菜园。”②

三是狂诞。纵性任情,放荡骄恣;离奇古怪,荒唐不经。名士和隐士,尤其是名士,以他们这种狂诞的性格和行为构成了对传统价值观念和世俗社会规范的冲击。

---

① 《小传》丁集中“崔秀才子忠”条。

② 〔明〕周思兼:《胶东二高士传》,《明文海》卷四〇七。

晚明的名士和隐士们常常做出一些与众不同的怪异行为。这些行为用一般人的眼光来看简直不可理解。像张名由本是富家子弟，有田数百亩、僮仆数十人，一下子全部丢弃了，成了穷人，别人都笑话他，而他“坐环堵中，读书谈道”[①]。吴孺子家里本来也很富裕，中年时妻子死去，他“尽弃其产，购古法书名画，游江湖间”[②]。世俗的人拥有一大笔家产，即使不使它努力增殖，也得竭力保全它，传给子孙或者自己尽情地享用几年。而这些名士毫不犹豫地将家财全部抛弃了，情愿过贫困生活，却还要读书谈道或者从事于艺术活动，这在一般人是难以理解的。还有朱邦宪“耻为纨袴子弟及儒衣冠”[③]，陈继儒在未到 30 岁时，焚弃儒衣冠，这些都是怪诞的行为。

一般说来，墓志铭这种关于死者生平事迹的文字是死者家属请求有才学有名望的人士撰写的。撰写者对死者也往往尽量进行褒扬、颂美，这样的文字总是会受到死者家属欢迎的。生前自撰墓志铭，在世俗人看来无论如何也是一种怪诞行为。晚明的名士和隐士中自撰墓志铭的并不是个别的。许相卿隐居四十年，79 岁时忽得噎疾，自知将离去，“虑子若孙徇俗饰终，将乞埋文诬我，蒙羞入地，无绝已时。则豫书墓石以付之”[④]。晚明时自撰墓志铭的还有徐渭、陈衎、张岱等。

他们常常越礼任诞，行为举止不合传统价值观念和世俗社会规范。像宋登春并不信佛，却偏偏戴了僧帽，嚼狗肉，读《楞伽经》，带有嘲弄佛法的意味[⑤]。许相卿在隐居的四十年里，谢绝人间庆吊一切往来，这也是不合传统礼法的。邓鹤做得更绝，他跟随赵贞吉学心学，四处奔波，有一次途经家门，不进去，儿女拉着他的衣角啼哭着要他

① 《小传》丁集中“张布衣名由”条。
② 《小传》丁集中“破瓢道人吴孺子”条。
③ 《小传》丁集中“朱太学邦宪”条。
④ 〔明〕冯皋谟：《云村许先生传》，《明文海》卷三九六。
⑤ 《小传》丁集中“鹅池生宋登春”条。

回家，他也不理。当时他70多岁的老父亲在家，还有大龄的女儿未嫁，又有祖父母的丧事未办，他都不顾，后来削发为僧，连父亲死了也不奔丧①。他的做法，不仅违背了儒家伦理纲常，而且也违背了人之常情。又如何心隐，出生在江西永丰一个大家族，“家累万金，族众数千指”，他用自己的心意理解《大学》中治国平天下当先齐家之说，构筑了“萃和堂”，聚族而居，总揽一族的事务，“联族诸子姓督课之，为一家学，凡徭赋缗钱，时敛而输之公，不给者代为输，薄息而缓其偿”，颇有些社会大同的思想。他的怪异行为引起了地方当局的注意和不安，有一年，县里下令督征，何心隐认为征税没有名目，抗拒不交，并且写信诋骂知县，知县将这事汇报上去，上司也早就听说过何心隐的事，下令捕捉，后来因为胡宗宪的解救才脱祸②。而李蓘“持论多訾毁道学，讥评气节”③；王惟俭“评骘艺文，排击道学，机锋侧出，人不能堪，亦坐是为仕路侧目”④。他们的行为带有反社会、反传统的倾向。

越礼任诞富于代表性的有丰坊和张献翼等人，他们的行为举动体现出某程度的心理畸变。丰坊，浙江鄞县人，嘉靖二年进士。他的父亲丰熙是嘉靖年间争大礼议中伏哭左顺门的八个为首者之一，被下诏狱，受廷杖，发配充军，死于戍所。丰坊当时做礼部主事，也参与了伏哭事件，事后被出为南京吏部主事，不久又遭贬谪和免官。家居时又因犯法而逃窜到苏州，改名为道生。仕途的失意、人生的坎坷，使他的性格变得很怪僻，心理也发生了畸变。他“为人狂诞傲僻，纵口徇意，所至人畏而恶之”。他与同邑的沈明臣结成忘年交，两人相处甚欢。有人挑拨离间，说沈明臣曾经讪笑他的诗作。他不知就里，暴怒异常，竟然“设醮上章，诅之上帝。所诅凡三等：一等皆公卿大夫有仇隙者，二等则布衣文士，嘉则为首，三等鼠、蝇、蚊、蚤、虱”。行为狂易可笑，常常类此。他“片语合意，辄出肺肝相啖；睚眦蒙嗔，即援

①② 〔明〕耿定向：《里中三异传》，《明文海》卷三九九。

③④ 《小传》丁集下“李副使蓘”条、“王侍郎惟俭”条。

戈矛相刺。亦或誉嫫母为婵娟，斥兰荃为赉菉，旁若无人，罕所顾忌”[①]，完全像个缺少理智、情感失控、心理失衡的人。

张献翼字幼于，为苏州人，年少时就有文名，深得文徵明等人的器重。曾为南京国子监学生，嘉靖年间与兄凤翼、弟燕翼一同参加南京乡试，主考官因为三人同列，为避嫌疑而对其中一个加以裁落，被黜落的正好是张献翼。张献翼非常愤恨，“好怪诞以消不平”，到了晚年变得更加颓唐。他在厅堂中挂了十数块牌，上面写有“张幼于卖诗”“卖文”以及“卖浆”“卖痴”“卖果”之类，用以取乐。他的穿戴怪里怪气，“身披采绘荷菊之衣，首戴绯巾”，以致“每出，则儿童聚观以为乐”[②]。红帽本是战俘所戴，等到献俘礼举行之后，就要被解赴市曹处斩，因此在古人看来是凶丧之服，张献翼却故意触犯忌讳。有一次当地一位贵官慕名造访，一位仆人将客人延请至中堂，请他稍坐，说主人马上就会出来会见。过了一会，“一老人昂藏飘举，发鬌如银，携短筇，从阶前过，旁若无人”。过了多时，客人不见张献翼出来，感到奇怪，遂问仆人。仆人说，刚才从阶前经过的就是。客人问，主人刚才既然已出，为什么不肯相见。仆人回答说：“主人谓相公第欲识其面，今已令识之矣，不烦见也。”[③]

更为狂诞的是，他与好友张孝资翻检古籍，刺取古人越礼任诞的事迹，排目分类，仿而行之，“或紫衣挟妓，或徒跣行乞，邀游于通邑大都，两人自为俦侣，或歌或哭”。张孝资生日，举行“生祭”仪式。张孝资自己装死尸，张献翼率领子弟穿着丧服环哭，并设食祭奠，张孝资坐起来享用，到了第二天，“行卒哭礼，设妓乐，哭罢痛饮，谓之‘收泪’”[④]。后来这样的仪式经常举行。又有曾经典衣买歌的名士刘会

---

① 《小传》丁集上“丰主事坊”条。

② 《万历野获编》卷二三“士人·张幼于”。

③ 〔明〕郑仲夔：《耳新》卷五。

④ 《小传》丁集上“张太学献翼”条。

卿，生病死后，张献翼“持絮酒就其丧所，哭之以诗，复令会卿所狎胡姬为尸，仍设双俑夹侍，作使伶人奏琵琶，再作长歌酹焉”①。

徐渭和李贽的行为更为怪诞，他们心理畸变的程度更深。这两人将在后文进行专节分析，这里也就不赘及了。

二、士人心态的外现性

一定时期内同一群体成员的处世方式、行为选择与他们的人生态度、价值取向往往具有大体一致的趋向，它们反映了这些人们一定的心理倾向。处世方式、行为选择构成心态的外现性，人生态度、价值取向构成心态的内在性。晚明时期，儒士异化了，名士和狂士、隐士和山人大量涌现，他们或行乐纵欲，或怡情自足，或求禅问道，有些人两者或三者兼而有之。这些方面构成了晚明时期这部分在野士人心态的外现性。当然，这些行为在明代中前期甚至在以前的朝代里也是存在的，晚明时期在朝的士人中也是有的，但是却没有晚明时期的名士和狂士、隐士和山人中那样突出和普遍。

1. 行乐纵欲

晚明在野的士人们行乐纵欲，主要表现在纵情声色、嗜酒如命上。

声色和酒，一者可以代表情欲，一者可以代表物欲。满足情感生活和物质生活两方面的欲望，是人类生存发展的需要，也是人本性的反映，即使圣人也无法避免。传统的儒学对此两者也并不加以排拒。先秦时代就有人提出：“食色，性也。”(《孟子·告子上》)“饮食男女，人之大欲存焉。”(《礼记·礼运》)古代的士人尤其是文

① 〔清〕朱彝尊：《明诗综》卷四五“张献翼”。

士，更是离不开这两者，他们把声色和酒看成是风流弘长的文人雅致。满足声色和酒的嗜好本来也并没有什么不可以，问题在于是不是有所节制，是否符合礼的要求。毫不加以约束和节制，沉溺于此，被称为纵欲。纵欲则是儒家文化所反对的。当然像后世儒家思想发展为程朱理学，提倡“存天理，灭人欲”，有些理学家甚至连人的各种正当的欲望也加以反对和排拒，那也是走了极端的，是悖情的行为，同时也是不可能做到的。实际上，即使在程朱理学控制思想最严密的时代里，纵情于声色和酒的举动照样存在。不过人们不敢明目张胆地如此行事，因为纵欲是违礼的，为社会所不容，会遭到舆论的指责。如果纵欲违礼者是个士人，那么他很可能因此而葬送自己的灿烂前程；仍是布衣的，很可能会被取消通过科举考试已经取得的各种资格，仕进之路也会因此而堵塞；已经是官员的，就会遭到言官的弹劾而在考核时遭受各种处分，甚至被罢免。明朝中期以后，政局腐坏，程朱理学在思想界失去统治地位，士人们转向自我体认，私欲急剧膨胀。社会风尚的变化，使得士人们各种逾礼违禁的行为成为时尚；物质生活的丰富，又使士人们满足物欲成为可能。这时期，留给士人们施展政治才能的空间是很狭小的，而留给他们生活的天地却是很广阔的。而且士人们的思想又有相当大的自由度，在这样的情况下，士人们非常容易产生及时行乐的思想，走向任情纵欲便是自然而然的事了。不仅在野的士人们尽情地纵欲，在朝的官员们也都毫不掩饰他们的纵欲行为。

不少士人纵情声色。像皇甫汸近声色、喜狎游[①]；黄世康长期客居于扬州，冶游无度，有唐代杜牧的风度，最后客死在那里[②]；明宗室齐王后裔朱承彩在一年中秋节开大社于南京，张献翼等海内名士一百二十人、秦淮妓女马湘兰以下四十多人参加，“咸相为缉文墨，理弦

---

① 《明史》卷二八七《文苑传》。

② 《小传》丁集上“黄山人世康”条。

歌，修容拂拭，以须宴集，若举子之望走锁院焉"[①]；唐献可家里蓄养了声妓，经常征歌度曲，"风流好事，甲于江左"[②]；王伯稠很年轻时就弃绝了科举考试而肆力于诗歌创作，稍有闲暇要么栖息在寺院中，要么流连于妓院中，常常个把月不回家[③]；吴兆聪颖过人，喜作传奇词曲，混迹于浮浪少年之中，被推为首领，万历年间，游历到南京，流连妓院[④]。

士人们纵情于声色，有许多是因为人生不得意，意志消沉，带有颓废的色彩。像郑之文考举人落第，薄游于妓院之中[⑤]；梅守箕考不上秀才，潦倒自放，他与一个歌妓相好，当这名歌妓出场时，他一定守候在附近，不分白天黑夜[⑥]，一定尾随在歌妓的后面回去；于嘉文才很好，但科场失利，于是抛弃了举业，他精通声乐，蓄养了一个色艺俱绝的声妓[⑦]；顾大典做福建提学副使，因大计被罢职，他也精通音律，蓄有歌妓，能够度曲[⑧]；李蓘贬官家居，纵情于声色之中，当时有他亲近的女优往来于洛阳开封之间，他改穿了衣服跟随着她，和众优人杂处，当女优上场时，他鼓板按拍，众优人都看着他笑，后来戏院主人知道了，设酒宴请他，欢饮终日，他借了主人家的马，与女优同骑而去。

也有不少士人嗜酒如命。像王叔承在嘉隆时期曾经客于大学士李春芳家，他生性嗜酒，李春芳找他起草文书，他往往醉卧在酒楼之中，伸伸懒腰不肯答应[⑨]；黄居中嗜酒和书，作了许多书酒诗，其中有"安得中山千日酒，载来惠子五车书""杯中有圣方中酒，天上无仙不

① 《小传》丁集上"齐王孙承彩"条。

②⑤ 《小传》丁集上"唐公子献可"条、"郑太守之文"条。

③ 《小传》丁集中"王秀才伯稠"条。

④⑥⑦ 《小传》丁集下"吴处士兆"条、"梅秀才守箕"条、"于太学嘉"条。

⑧ 《小传》丁集中"顾副使大典"条。

⑨ 《明史》卷二八八《文苑传》。

读书”之句[①]；宋登春喜欢喝酒，常常发酒疯[②]；沈野也喜爱喝酒，常常在半夜时大声呼酒[③]；林春秀也喜爱喝酒作诗，但家贫买不起酒，他有一个友人有许多好酒，他便天天跑去喝，醉后发疯不能控制，于是友人先估计他的酒量，给他定做了一把酒壶，林春秀每日去饮酒，竟三十年如一日[④]；阮自华常常整夜喝酒，他做福州府推官时，一次御史巡视到部里来，阮自华喝醉了酒去谒见，在下拜时，呕吐不止，喷污了御史的长袖，大计时被贬官[⑤]；郑胤骥也喜欢长夜之饮，每次喝酒都酩酊大醉，他几次参加乡试，没有考中举人，更加纵酒，因此得了酒病，不能再饮，但他注视着酒杯，发出呜咂之声[⑥]。像郑胤骥这样因人生失意而沉湎于酒，借酒消愁的人并不少见。屠隆因生活放荡，在礼部任职时遭人弹劾而丢官，他虽然不太会饮酒，但归家后纵情于诗酒[⑦]；张元凯因为袭世职而任苏州卫指挥，两次督漕运北上，但有功不得叙，自动去职，回家后郁郁不得志，饮酒度日，在酒席间常常谈论天下事，意气风发，一不合意，就要使酒骂座，与王世贞兄弟友善，“每过弇山园，鲸吸牛饮，推为酒人之雄”[⑧]。

声色和酒关系密切，许多士人既纵情声色，又嗜酒如命。像徐燐因祖上为太湖洞庭商人，富可敌国，他仰慕李陵的为人，放荡不羁，常常与少年人一起狎游，沉溺于声乐，把家产荡尽了，带着简便的行李游历到南京，遍览形胜，召秦淮歌姬，要上许多酒狂饮，喝得尽兴之后，提笔作诗，感叹六朝兴亡，高歌长啸，声音很悲壮[⑨]。李先芳罢官家居后，把亭园建得很大，养了许多歌妓，在林下优游度日，四十多年

---

① 《小传》丁集上“黄监丞居中”条。

② 《小传》丁集中“鹅池生宋登春”条。

③④⑤⑥ 《小传》丁集下“沈布衣野”条、“林隐士春秀”条、“阮邵武自华”条、“郑秀才胤骥”条。

⑦ 《明史》卷二八八《文苑传》。

⑧ 《小传》丁集中“张指挥元凯”条。

⑨ 《小传》丁集上“徐处士燐”条。

生活在诗酒声妓之中[①];金銮精于音律,酒酣之时靠在小桌上,高吟长咏,合于音律,非常中听,常常使在座的人忘记了结束宴会。有一次他与盛时泰约定了到城南高翁家去,因为天寒下雪,耽搁了很久才到。主人问他:"你家里正有婚娶大事,你怎么还到这里来?"金銮大笑,指着酒杯说:"哪有比这事更大的?"谈笑到很晚才回去[②]。梁辰鱼好冶游,善度曲,作有传奇《浣纱记》。同乡王伯稠赠他的诗中说他"彩毫吐艳曲,烨若春葩开。斗酒清夜歌,白头拥吴姬"[③]。李至清薄游于江西,常常醉眠妓馆中[④]。尹嘉宾歌筵酒席,呼卢纵博[⑤]。曹学佺在天启年间被削籍为民,他家有石仓园,风景幽美,宾客聚集在这里,享有诗酒声妓之乐[⑥]。王一鸣恃才傲物,不受为官之道的约束,被贬官后不得志,饮酒纵欲而死[⑦]。潘之恒客居南京,流连于妓馆中,征歌度曲,纵酒乞食,佯狂落魄而死[⑧]。程可中在妓馆中饮酒狂赌,流连累月,人们找不到他[⑨]。

纵情声色、嗜酒如命,对士人来说,不单是出于满足情欲和物欲的需要,而且还代表着一种风度,一种狂放不羁的名士风流。妓鞋行酒这种出于变态心理的行为在当时士人们的眼中正是名士风流的体现。把酒杯放在妓女的鞋口里在酒宴上巡行劝饮叫妓鞋行酒。唐代以后的妇女实行缠足,女子在10岁左右甚至更小的时候用长布条将双脚层层裹起,使之成为畸形,并且不再长大。经过缠足的妇女双脚小巧且呈弓形,她们的鞋子也因此称为弓鞋,小小鞋口正好放入酒杯。由于妇女的缠足布要经过很长一段时间才会换洗,往往会发出臭味,讲究一点的妇女会将香料放入裹脚布里除臭。这样妇女弓鞋里的臭味,混合着香料的气味,连同酒香,形成

---

①② 《小传》丁集上"李同知先芳"条、"金山人銮"条。

③④ 《小传》丁集中"梁太学辰鱼"条、"李生至清"条。

⑤⑥⑦⑧⑨ 《小传》丁集下"尹提学嘉宾"条、"曹南宫学佺"条、"王知县一鸣"条、"潘太学之恒"条、"程布衣可中"条。

一种怪味，也许会刺激男子们的欲望吧。古代文士以妓鞋行酒的并不少见，宋代文士已有这种做法，元末杨维桢用纤小的妓鞋行酒成癖，而有洁癖的倪瓒认为这很污秽，每次遇上这种情况，都要很生气地避席而去。明代尤其是晚明文士喜好吃花酒，妓鞋行酒是经常进行的。这方面最有名的大约是何良俊了。他在自己的笔记中曾经加以记载："余尝至阊门，偶遇王凤洲在河下，是日携盘榼至友人家夜集，强余入坐。余袖中适带王赛玉鞋一只，醉中出以行酒，盖王脚甚小，礼部诸公亦常以金莲戏谈。凤洲乐甚，次日即以扇书长歌来惠，中二句云：'手持此物行客酒，欲客齿颊生莲花。'"[①]沈德符笔记中也记载了这件事："隆庆中云间何元朗觅得南院王赛玉红鞋，每出以觞客，坐中多因之酩酊。王弇州至，作长歌以记之。"[②]

这里值得注意的有几点：何良俊在自己的笔记中特意记下这件事，是因为有大名士王世贞的助兴，且赠以诗作，书在扇面上，是很值得夸耀的。这也说明当时人把妓鞋行酒看成风流之事，而且习以为常，根本不认为这种事违礼或值得羞耻。何良俊去世之时，沈德符尚未出世，事隔数十年，沈德符的笔记中还津津乐道于此，说明这件事影响十分深远，人们一直把它当作美谈。这主要是因为何良俊、王世贞都是晚明的大名士、大文人，自然有名人效应，他们的举动往往特别引人注目。何良俊说礼部官员们常常把这妓鞋当作谈资，沈德符说何良俊"每出以觞客"，说明何良俊以妓鞋行酒，是经常性的，不仅在罢官后居住在苏州时这样做，在南京为官时也经常这样做。而官员们公然参加这种酒会，不怕遭到吏议而受处分，说明纵情声色在当时是极普遍的现象，无论在朝在野，士人们都有这种行为。

---

① 《四友斋丛说》卷二六"诗"三。

② 《万历野获编》卷二三"妓女·妓鞋行酒"。

明代的法律是严禁官妓和官员狎妓的。在明代前期这方面管理得很严格，后来逐渐松弛，到晚明时禁令成了一纸空文。纵情声色并没有什么了不起，当局甚至默许了这种行为。只要不是太引人注目，没有什么不可以。像何良俊以及南京礼部官员们举行这种宴会并没有受到处分，甚至官员公然嫖娼宿妓，并且接受贿赂，也可以不被吏议，不受处分。万历年间有山东聊城人傅光宅做苏州吴县知县，与王稺登厚善，经常出入王稺登家中举行的各种宴会，“王因匿妓于曲室，酒酣出以荐枕，遂以为恒。王因是居间请托，槖为之充牣”。又有山东临淄人邢侗，以御史身份巡按江南，“苏州有富民潘璧成之狱，所娶金陵角妓刘八者，亦在狱中，刘素有艳称，对簿日呼之上，谛视之，果光丽照人。因屏左右密与订，待报满离任，与晤于某所，遂轻其罪，发回教坊。未几邢去，令人从南中潜窜入舟中，至家中许久方别”。两人行为如此不谨，因为当时执政者“一切以宽大为政，故吏议不见及”①。当时的士人不仅不以狎妓为羞耻，而且还公然谈论妓女的体态以及嫖宿时的感受。万历年间京城中有歌妓刘凤台艳称一时，许多文士慕名前往，像冯梦祯、沈懋学等人上京会试时都曾和她有来往。冯梦祯曾向沈德符谈及当时的嫖宿感受：“凤台美不待言，即荐枕时，肌体之柔腻、情致之婉媚，兼飞燕合德而有之，宜士林之惑溺至此也。”②

士人们为了一个名妓而争风吃醋，这样的事在当时也有发生。南京秦淮有一名妓马湘兰，颇有文才，能诗，善画兰，与当时南京的名流学士如屠隆、张献翼等颇多文字往来，王稺登年轻时与她私情甚笃，一直到老，两人尚讲“衾裯之好”。郑之文参加乡试落第后，曾到南京，与吴兆等薄游曲中，马湘兰对他们颇不加礼。郑之文、吴兆等非常恼恨，作了《白练裙》杂剧讥嘲她，并且让优伶排练演出。此剧描

① 《万历野获编》卷二八“果报·守土吏狎妓”。

② 《万历野获编》卷二三“妓女·刘凤台”。

摹屠隆"憨状曲尽",对王穉登"备列丑态",在当时引起轰动,南京为之纸贵。第二年南京礼部侍郎专门追缴了此剧的书肆刻本,销毁书板,此事才慢慢平息下来。①

士人们不仅贪恋女色,而且还宠幸男色。晚明时期宠幸男色的风气非常普遍:"今天下言男色者,动以闽广为口实,然从吴越至燕云,未有不知此好者也。"②当时福建一带流行"契兄弟"之俗,同性恋人中,长者为契兄,少者为契弟,契兄入于契弟家,对方父母抚爱如同女婿,契弟日后的生计及娶妻的费用等,都由契兄承担。契兄弟往往有大家都已年过三十,仍相爱如同夫妻的。京师中则盛行"小唱",就是年少貌美的男子涂脂抹粉,专供士大夫在酒席间取乐。"小唱"实际上就是男妓,因为他们不仅卖唱卖笑,还常常出卖肉体,供士大夫搞同性恋。此外,当时士大夫间养娈童的风气也很盛,"得志士人致娈童为厮役,钟情年少,狎丽竖若友昆,盛于江南而渐染于中原,至今金陵坊曲有时名者,竞以此道博游婿爱宠,女伴中相夸相谑以为佳事"③。

男色的盛行,有其社会经济原因。就社会原因而言,这与明朝法律禁止官妓和官员嫖娼有关。明朝前期士大夫们不敢狎妓,只好转而宠幸男色,这其实是一种变相的狎妓。晚明时期禁令虽已松弛,但男色之风已经很盛了,当然不可能消歇,而且晚明社会中士人生活更加放浪,宠幸男色的风气愈演愈烈:"今京师有小唱,专供缙绅酒席,盖官妓既禁,不得不用之耳。"④"京师自宣德顾佐疏后,严禁官妓,缙绅无以为娱,于是小唱盛行,至今日几如西晋太康矣。"⑤而宠幸男色所需费用少于狎妓也是原因之一:"衣冠格于文网,龙阳之禁宽于狭

---

① 《万历野获编》卷二六"嗤鄙·白练裙",又《小传》丁集上"郑太守之文"条、丁集下"吴处士兆"条。

②④ 《五杂组》卷八"人部"四。

③ 《万历野获编》卷二四"风俗·男色之靡"。

⑤ 《万历野获编》卷二四"风俗·小唱"。

邪;士庶困于阿堵,断袖之费,杀于缠头。”[①]多方面原因导致了男宠的盛行。

当时既贪恋女色又宠幸男色的士人很多,像屠隆、臧懋循就是因为宠幸男色的行为太出格,太引人注目而被罢官。屠隆在礼部主事任上,与年少的宋小侯相处甚欢,宋小侯可能就是他的同性恋对象。臧懋循做南京国子监博士时的同性恋对象是项四郎。项四郎是当时的南监太学生,年少貌美,兵部主事吴仕诠也与他有这方面的关系。臧懋循与项四郎曾经穿着红衣,并马出凤台门,经常到妓院中狎游,遭到仇家弹劾而去职。

晚明时京城中貌美聪慧的小唱,常常受到政府要员的垂青,在发生同性关系后,他们可以得到提拔,在各官署中担任功曹之类职务,或被派去地方上担任县丞、主簿之类官职。《万历野获编》的作者沈德符说,这样的事他亲眼目睹的就有数十例。不仅“小唱”,一些年少貌美的小官员也常常可能成为达官们的同性恋对象。万历年间涿州人冯铨,年少而美,做翰林时,同馆的人与他有关系的不少,而左谕德缪昌期做得最过分,甚至在大庭广众之下也戏弄他。冯铨的父亲本为辽阳兵备,边境发生战事,弃官南逃,主帅熊廷弼要捕捉他处以军法,冯铨奔走于朝臣间,向当时执政的东林党人乞求甚哀,不得不曲事缪昌期。缪昌期很不自重,搞得冯铨不堪忍受,怀恨在心。冯铨又曾入魏广微幕下,受到魏广微的宠幸。后来冯铨又得到魏忠贤的侄子魏良卿、外甥傅应星等的宠幸。魏忠贤在未入宫时,曾有妻冯氏,也是涿州人,魏忠贤以为冯铨很可能与旧妻同宗,故对冯铨特别加以提拔。天启年间魏忠贤当政时,冯铨未到40岁,就被提拔为内阁大学士。冯铨因为对缪昌期怀恨在心,同时也为了洗刷自己曾经被迫发生同性关系的耻辱,对缪昌期等着意报复。缪昌期之入“七君子”

---

① 《五杂组》卷八“人部”四。

之狱以及诸君子之死，也与冯铨的竭力报复有关。

2. 怡情自足

与晚明士人行乐纵欲形成互补的，同是士人心态外显性的重要表现的是他们的怡情自足。怡情自足主要从追求山水之乐和寄情书画艺术等方面反映出来。

如果说行乐纵欲追求的是物质享受和感官刺激，偏重于欲望的满足，带有更多的世俗生活和世俗观念的色彩的话，那么怡情自足则更注重于内在的精神的修养，是对情感需要的满足，是对审美的体验，比起行乐纵欲来自然高雅脱俗得多。它标志着士人生活的雅化。

游历名山大川、追求山水之乐和从事书法绘画、寄情艺术创作，这两者都需要有充裕的时间，需要有从容的心境，还得有起码的物质条件。世务缠身则没有时间，利欲熏心则没有闲情，生计窘迫则不得不为衣食奔波，都不能专心地从事于这两项活动。清初的潘耒在序《徐霞客游记》时所说的一段话正好适用于这两者："文人达士，多喜言游。游，未易言也。无出尘之胸襟，不能赏会山水；无济胜之支体，不能搜剔幽秘；无闲旷之岁月，不能称性逍遥。近游不广，浅游不奇，便游不畅，群游不久。自非置身物外，弃绝百事，而孤行其意，虽游犹弗游也。"

晚明时期留给士人们施展政治才能的空间极狭窄，而留给他们的生活天地却很广阔。一些士人走向了任情纵欲，另一些则走向了怡情自足。当然也有些士人既追求物质的享受、欲望的满足，又很注重精神需要、审美体验。当然这并不是说在明朝前中期没有怡情山水或寄情艺术的士人，也不是说在朝的士人不从事这两项活动。只是相对来说，到了晚明，怡情自足才成为士人们较为普遍的一种风气。

晚明时期，怡情山水、追求游赏之乐，成了士人生活不可缺少的一个组成部分。在野的士人，尤其是名士和隐士，大多有着游赏山水的情致。有些人山居泽处，整日和山水打交道，而更多的人则喜欢游历，他们的游踪相当广。李时蘅罢官后，遍游吴越齐鲁诸名山，寄情诗酒[①]；屠隆罢官后，遨游吴越间，寻山访道，啸傲赋诗，晚年出盱江，登武夷，穷八闽之胜[②]；胡潜游踪甚广，北抵燕，南游闽，西入秦、蜀[③]；岳岱中年出游恒、岱诸岳，泛大江，览留都名胜，渡涛江，访丰南禺于四明，历览天姥、天台、雁宕、武夷、匡庐而返[④]。梁辰鱼傥荡好游，足迹遍吴楚间，欲北走边塞，南极滇云，尽览天下名胜，没有完全实现便去世了[⑤]；黄克晦出游匡庐、嵩岳，纵观江河、泰岱之胜，徘徊二京[⑥]；王寅辞家远游，南历海隅，北走沙漠，周游吴、楚、闽、越名山[⑦]；袁景休芒鞋竹笠，遍游吴越山川[⑧]；何白西游酒泉，南穷湘沅，归隐于梅屿山中[⑨]；程可中带了干粮和行李，遍游南北名山水。[⑩]他们游历山水，往往还作有纪游诗文。像王叔承纵游于吴越名山水，作《吴越游》，后来赴闽，作《荔子编》，访楚，作《楚游编》，至塞上，作有《岳游编》[⑪]；潘一桂卜居京口，览江山之胜，作有《东征》《昌言》诸赋，东游泰山，谒孔林，作有东游诗，后至南阳，归来时取道襄阳，礼玄岳，经黄鹤楼，浩然东归[⑫]；李夔由辽西过三关，越晋，历甘、凉，登华岳，入于楚，抵黔、桂，复历闽海、吴越间，都作有诗文记游[⑬]。

当时不仅名士、隐士喜欢游历山水，就是为官的士人也往往有山水之思。像张慎言做诸生时，遍游吴越名胜，后来出仕，还是寄情于

---

①②③ 《小传》丁集上“李车驾时蘅”条、“屠仪部隆”条、“胡潜”条。

④⑤⑥⑦⑧⑪ 《小传》丁集中“岳山人岱”条、“梁太学辰鱼”条、“黄山人克晦”条、“十岳山人王寅”条、“袁卜士景休”条、“昆仑山人王叔承”条。

⑨⑩⑫ 《小传》丁集下“何山人白”条、“程布衣可中”条、“潘秀才一桂”条。

⑬ 〔明〕王猷定：《李一足传》，《明文海》卷四〇四。

山水之间[①]。阮自华晚年为知府，不视吏事，喜欢遨游山水，称为风流太守。王士性，万历五年进士，授河南确山知县，考选为礼科给事中，迁吏科给事中，后又典试四川，因为触犯时忌，外转广东参议、云南副宪，内召历太仆少卿，后改为南京鸿胪寺卿。他在许多地方做过官，又喜欢游历，足迹几遍中国。他游遍了五岳，又到过峨眉、太和、白岳、点苍、鸡足诸名山，所到之处，必绘图作诗，写有游记，著有《五岳游草》十卷、《广游志》二卷，晚年又追绎旧闻，著《广志绎》五卷。冯梦祯称他“诸名山，自五岳外，探陟最广，赋咏亦多。无论名山，即一岩洞之异，无勿搜也；一草木物产之奇，无勿晰也”[②]。

当时许多士人游历既广，旅途往往非常艰辛，遇险阻、临绝境、冒严寒、缺粮断炊是经常的事。有时候还会犯虎豹、遇盗贼，冒生命危险。像陈昂原为福建莆田人，因当地屡遭倭寇侵扰，他带领家人逃奔湖北、江西一带，生活穷困，织草鞋度日，有时还要卖卜为生。尽管生活如此穷困，他还要游历山川，“泛彭蠡，憩匡庐山”。在由江陵入四川途中，他搭乘僧船，在船上帮着做饭，到达四川后，靠给僧人做帮工，“遍历三峡、剑门之胜，登峨眉焉”[③]，由于蜀道艰险，雇佣他的僧人往往死于途中。宋登春在30岁时，妻子儿女五人在一年中死去，他遂弃家室，囊书远游，先去博陵，又到京城，其后游于齐鲁一带，又跨过淮河，渡过长江，到达吴地，再经徐州、青州，出居庸关，沿着太行山西行，到达关、陕、泽、潞诸边塞，他“敝衣苴履，瓶无储粟，所至，逆旅人厌贱之”，之后又由栈道进入四川，“游峨眉，溯巫、巴，下荆、鄂，迂云梦而北走大梁”，最后到达江陵，买田于天鹅池，居住在那里[④]。又如吴孺子家里本来很富裕，中年时妻子死去，他尽弃家产，游江湖间，

---

① 《小传》丁集下“张尚书慎言”条。

② 《广志绎序》，《广志绎》卷首。

③ 〔明〕钟惺：《白云先生传》，《明文海》卷三九六。

④ 《小传》丁集中“鹅池生宋登春”条。

至雁荡山时绝粮，“取啖芦菔，四十日不返。逾天台石梁，采万岁藤，屡犯虎豹”，过荆溪时，遭遇盗贼，盗贼打开了他的行箧，因为没有找到值钱的东西，将他搜集到的赏玩品尽数毁坏。他每到一处，往往居于僧寺中，自己作饭，“饭不足，则哺糜，日买两钱菜，又异干叶为齑羹”[①]。

晚明时期出游时间最久、范围最广、经历最为奇险的要数被钱谦益称为“千古奇人”的徐霞客了。他的游记也被钱谦益称为“千古奇书”。徐霞客名弘祖，霞客是其别号，南直隶江阴（今属江苏）人。他的父亲徐有勉“性喜萧散，而益厌冠盖征逐之交”[②]，绝意仕宦，自隐于园，一生不见贵人。徐霞客可能受其家庭影响，不喜读经书、作八股，而是“特好奇书，侈博览古今史籍及舆地志、山海图经以及一切冲举高蹈之迹，每私覆经书下潜玩，神栩栩动”。在 15 岁之时曾经应过一回童子试，没有考取，以后也就不再应考。父亲死后，他对世事“视之如白云苍狗，逾复厌弃尘俗，欲问奇于名山大川”，只是因为有母在堂，不敢请求出游。母亲知道他的心事后，鼓励他说：“志在四方，男子事也。”为他制作了远游冠，“以壮其行色”[③]。从 22 岁时起到 56 岁逝世的三十四年时间里，他在相当于现在十九个省、直辖市、自治区的无数山川都留下了游踪。在 51 岁前，他每年常常有三个季节出游在外，秋冬时节则回家省母探亲，东南江浙一带的山水美景，有的他到过两三次，有的到过好多次。每次出游，他“从一奴或一僧，一杖，一襆被。不治装，不裹粮，能忍饥数日，能遇食即饱，能徒步走数百里。凌绝壁，冒丛菁，攀援下上，悬度绠汲，捷如青猿，健如黄犊。以崟岩为床席，以溪涧为饮沐，以山魅、木客、王孙、玃父为伴侣，儚儚粥粥，口不能道。时与之论山经，辨水脉，搜讨形

---

① 《小传》丁集中“破瓢道人吴孺子”条。

② 〔明〕董其昌：《明故徐豫庵隐君暨配王孺人合葬墓志铭》，《徐霞客游记》卷十下附编，上海古籍出版社，1982 年。

③ 〔明〕陈函辉：《徐霞客墓志铭》，《徐霞客游记》卷十下附编。

胜，则划然心开”[1]。旅途是艰辛的，但心情是极其愉悦的。在这段时间里，他游过台州，到过雁荡山，后来又到安徽、江西一带，游过黄山、白岳、九华、庐山等，到过福建，登过武夷山，泛舟于九鲤湖，又到过湖广一带。北游则到达山东、直隶、山西、陕西，登过泰山、五台山、恒山、嵩山和华山等名山。51岁时，他又开始了长达四年的西南之行，这次行经浙江、江西、湖南、广西、贵州，到达云南。潘耒评论徐霞客的这次西南之行：“霞客之游，在中州者，无大过人。其奇绝者，闽、粤、楚、蜀、滇、黔，百蛮荒徼之区，皆往返再四。其行不从官道，但有名胜，辄迂回屈曲以寻之。先审视山脉如何去来、水脉如何分合，既得大势，然后一丘一壑，支搜节讨。登不必有径，荒榛密箐，无不穷也；涉不必有津，冲湍恶泷，无不绝也。峰极危者，必跃而踞其巅；洞极邃者，必猿挂蛇行，穷其旁出之窦。途穷不忧，行误不悔。瞑则寝树石之间，饥则啖草木之实。不避风雨，不惮虎狼。不计行程，不求伴侣。以性灵游，以躯命游。亘古以来，一人而已。”[2]他游历途中，对山川地貌的观察非常仔细，并且每次都记有日记，对我国古代的地理科学做出了重大贡献。

晚明士人怡情自足的另一大表现是寄情于书画创作。从事书画创作等艺术活动，是为了满足情感的需要，是审美层面的体验和感悟，这只有在身心两闲、很少受世务干扰的情况下才能进行。而要在书画等艺术的创作上有所成就，往往需要有一个长时期的积累过程，要取得较大成就，更需要全身心投入，不为利欲所诱，超尘绝俗，独乐自足。从清人徐沁所辑的《明画录》中可知，明代从事于绘画艺术的，各个时期都有，尤以晚明时期为最多，其中艺术成就较大的，往往是那些不愿出仕或出仕时间不长的士人，有许多是隐士和布衣，这也可以证明上述观点。

---

① 〔清〕钱谦益：《徐霞客传》，同上。

② 《徐霞客游记》卷一〇下附编《潘序》。

晚明士人中杜大成、胡宗仁、魏之璜、陈淳、岳岱、邹迪光、王延陵、钱谷、陆治、黄克晦、程嘉燧、陈继儒等，都以善画著称，而彭年、俞允文、张凤翼、周天球、邢侗、王衡、徐熥、张民表、娄坚等都工书，方登、张昉、沈仕、何白、郭天中、宋珏、董其昌、李日华、李流芳等书画俱佳。这些士人之中，邢侗、王衡、李日华等做过时间不长的官。邢侗30多岁，即罢官家居，他家资巨万，可以一心一意从事书法艺术，到晚年书名很重。李日华和易安雅，恬于仕进，辞官家居二十多年。王衡为大学士王锡爵之子，举进士廷试第二名，授翰林院编修，即省亲乞归，因为有病不再出来做官。只有书画妙天下的董其昌，官至礼部尚书，仕途较顺，但他在仕宦生涯中数度辞官，家居的时间很长，而且他先后在翰林院、太常寺、国子监这些清闲的官署供职，可以有许多时间从事书画创作。

上面提及的书画家，往往是布衣或隐士，有的是名士。他们从事书画创作，大多是自娱性的，并不想借此射利求名。如张昉擅长于真、草书，临摹山水，皆得晋、元风骨，但他生性不喜欢结交王公大人以求取名声，到了70来岁还是不出名。屠隆做青浦知县时，想见张昉一面，并想购买他的书画作品，被张昉谢绝①。俞允文未到40岁，就放弃了举人考试，专力于诗文书法②。一生不见贵人的方登，作书绘画，有时作点小诗以自适③。胡宗仁本是富家子弟，老年却很贫困。他不拜访贵人，咏唐寅诗“闲来自写青山卖，不使人间造孽钱”，很是自得④。他们从事书画艺术，怡情自足。像郭天中购藏古法书名画，不事生产，专精篆书和隶书，“穷崖断碑，搜访摹拓，闭户冥搜，寝食都废”。晚年隶书更精进，师法秦汉，逼似古人之作。母亲去世后，他借居于东郊，居住条件极差，却始终不肯离去。有人建议

---

① 《云间据目抄》卷一。

② 《明史》卷二八八《文苑传》。

③④ 《小传》丁集上“方处士登”条、“胡布衣宗仁”条。

他迁居到条件稍好的地方去，他也以此处山水好为理由拒绝[①]。程嘉燧善画山水，兼工写生，常常酒酣歌罢，乘兴作画，笔墨飞动。他喜爱古书画器物，遇上合意的就是脱下衣服作抵押也要购求，完全沉醉于艺术世界之中[②]。

明代绘画艺术方面，以山水画最为发达。从《明画录》八卷看，山水画家所占篇幅最大，整整有四卷。上文所举的晚明善画的士人中，杜大成喜画禽虫花木，陈淳工写生，其余的都是山水画家或以创作山水画为主。明代两个著名画派"浙派"和"吴派"，都是以山水画或主要以山水画闻名于世的。吴派中的"松江派"，盛行于晚明，是"苏松""云间""华亭"三派的总称，董其昌为其首，更是清一色的山水画派。明代尤其是晚明，山水画特别发达，正与晚明士人喜欢遨游山水、怡情于山水、追求山水之乐有关。这些善画山水的士人，不是山居泽处，整日徜徉于山水之中，就是有一番遨游山水的经历。他们往往具有强烈的山水审美体验，对山水之美具有敏锐的感受力。这里再以一开封画家张路为例。他年轻时忙于应对科举考试，但在课读之余也学画山水、人物，后来屡举不第，弃绝科举，专研画理。他"观古人之旧迹，遂能神解其六法，其气运生动，乃自得天成也"，后来他为了使画技更进一步，想到要"览胜探幽，舒豁襟抱"，"于是东游海岳，登日观，谒阙里，访先圣之遗风；南涉江湖，蹑金、焦，探禹穴，慨时物之变态。至于岩壑之嵚岑、源泉之涛涌、树石之交错、禽鱼之翔泳，凝睇久之，乃展缣素，默坐构思，神会意到，扬袂而起，落笔如造化之生物而无穷也"[③]。

---

① 《小传》丁集中"郭布衣天中"条。

② 《小传》丁集下"松圆诗老程嘉燧"条。

③ 朱安淝：《张平山先生传》，《明文海》卷四一九。

3. 求禅问道

晚明士人心态外现性的又一重要表现是求禅问道。信奉佛、道两教，精研两家教理，企求成佛升仙，甚至弃家当和尚或道士，是晚明士人中很常见的一种现象。

总的来说，佛、道两教到明代比不上唐宋时兴盛。明朝建立后，统治者对佛、道两教的控制较为严格，建立僧道衙门进行管理，又对两教进行了清理，发给僧人、道士度牒，规定了各个地方僧道的人数，并且规定不到一定年龄的民人不得出家。这对佛、道两教的发展是很大的限制。而且，明代将程朱理学奉为统治思想，程朱理学尽管吸收了佛、道两家的学说，但在根本上是竭力排斥佛、道两教的。故而在明代前中期，佛、道两家的势力不大。明代中叶以后，由于明王朝统治的腐坏，特别是程朱理学的衰微，对思想领域控制的松弛，再加上明代中期以后几个皇帝的信奉和提倡，如明武宗正德帝、明神宗万历帝皆信奉佛教，明世宗嘉靖帝尊崇道教更是出名，佛、道两教的势力兴盛起来。到了晚明时，佛、道两教更是出现了繁荣的局面。尤其是佛教，明代永乐以后的很长一段时期里，没有出现过高僧，但到了晚明，却出现了几位著名的高僧，如袾宏（别号莲池）、真可（字达观，晚号紫柏）、德清（字澄印，别号憨山）、智旭（晚称藕益老人）、洪恩（雪浪）等，其中前四位被后人称为明代四大高僧。

明朝前中期，接受儒家正统思想教育、以维护“道统”和“政统”为己任的士人，虽然也可能受到佛、道思想的影响，但是笃信佛道、求禅问仙的现象还是比较少见的。明代中期以后，王守仁的心学兴起，影响超过了程朱理学。王守仁的心学带有很浓重的佛道思想特别是禅宗思想色彩，在逐渐传播、发展和异化的过程中，禅宗化的倾向越来越明显，特别是浙中学派中的王畿一派和王艮创立的泰州学派，禅宗化的色彩更加浓厚。泰州学派的后学,如颜钧、罗汝芳、何心隐一派,都是通禅的人物。随着王学特别是泰州学派影响的扩大,晚明的士人阶层中逐渐掀起了一股"狂禅"的风潮。

晚明士人的社会生活是很丰富的。他们不仅享受着富足的物质生活,情感生活也可以得到极大的满足。他们纵情于声色和酒,遨游于山水之间,享受山水之乐,许多人又非常富有艺术气息,从事于书画等艺术活动。他们在现实世界里尽情地享受着,但是,他们同时又是一群极不幸的人,他们的内心深处是极痛苦的,政治的黑暗、人生的失意、内心的苦闷、精神的空虚,常常萦绕心头,冲淡了他们从物质的和情感的生活中得到的快乐。快乐是短暂的,而痛苦是永恒的。程朱理学的衰微,使他们从儒家正统思想的束缚中解脱了出来,也使他们失去了精神支柱,使他们陷入空虚之中。他们需要寻找慰藉,需要精神上的寄托,于是他们便转向了宗教。比起物质享受和审美体验来,宗教体验无疑是个更高的境界,求禅问道成了这时期士人生活的一个重要方面。晚明时期随着王学的异化而掀起的狂禅风潮无疑对士人们走向宗教体验起着推波助澜的作用。

晚明士人中有的信奉道家思想或道教法术。道家本是先秦时诸子百家之一,它的哲学思想原与宗教无关,汉代以后由神仙方术发展而成的道教,吸收了道家思想的成分,不仅将《老子》《庄子》等道家典籍列入道教经典,而且奉老子为这一教派的创始人,庄子等也被封为真人,成了道教中的人物,从此道家和道教便难解难分地纠结在一起了。晚明士人中,布衣姜玄带有浓厚的道家思想,这从他的《秋夜读书诗》中可以看出来:"含庄洞理化,涉老达虚无。玄珠握中照,道心益恬愉。"[①]老庄思想使得他心境虚无寂静。处士唐时升研习道家典籍,着重于养生修性,晚年时闭门止酒,体味《庄》《列》之

① 《小传》丁集上"姜布衣玄"条。

微言以养生尽年[①]。像王格壮年时罢官，他曾游峨眉山，遇道人韩飞霞，还山时遇雪蓑翁，授吐纳服食之术，晚年须髯如戟，腰带倍人，楚地人认为他是神仙，能度世[②]。隐士孙友篪喜好神仙术，山居独行，佩有洞箫，不顾世俗的讥嘲，怡然自得[③]。李元昭弃去千户世职，喜欢炼丹服食，自称能度世[④]。潘士藻也信奉道教，就学于耿定向和李贽，是泰州学派的传人，曾官至尚宝寺少卿，"公好仙，有乩仙降于公家，与问答皆中理解惑，时下天篆作龙飞凤翥之势，其言曰：'五陵八百地仙之期已近，公其一数。'又指海内名士某某，皆已登仙籍，公殊信之。其言甚多，皆天中事"[⑤]。更多的士人出入于佛老之间，他们或由老入禅，或由禅入道；既信奉道教，同时又信奉佛教；既精研佛典禅理，同进又讲究服气导引。皇甫濂辞官家居后，皈依佛教，曾栖息在寺院中，跟随名僧修持佛法，翻阅《大乘》《法华》诸经，持诵《维摩诘经》，作《妙伽陀赞》，又修习吐纳延化之术，得到房中秘术，认为自己可以修真度世，终因采阴补阳，性交过度而病死[⑥]。王寅曾经感叹人生短暂，信奉神仙道教，寻求异人，希望能获得不死之药，没有成功，而家道更贫困，后游历名山大川，出入于佛教寺院，深受佛教影响，中年时喜谈禅，修习内典，曾经拜古峰禅师为师，因向慕禅师"遍游海内五岳者三，乃今将历海外五岳而后出世"，自号十岳山人[⑦]。朱长春与虞淳熙、屠隆等都有文名，而且都好仙学佛，朱长春罢官家居，修真炼形，以为自己可以升天度世了，堆积了几案几十重，用梯子登到了顶端，像鸟飞翔那样想冲举上天，摔在地上造成重伤，差一点死去[⑧]。虞淳

---

① 《小传》丁集下"唐处士时升"条。

② 《小传》丁集上"王少卿格"条。

③④ 《小传》丁集中"孙友篪"条、"李千户元昭"条。

⑤ 〔明〕袁中道：《潘去华尚宝传》，《明文海》卷四〇〇。

⑥ 《小传》丁集上"皇甫同知濂"条。

⑦ 〔明〕汪道昆：《王仲房传》，《明文海》卷三九六。

⑧ 《小传》丁集下"朱主事长春"条。

熙年轻时家贫无书，与弟弟淳贞一起搜集奇异书籍，闭门抄写，因此通晓方术和阴符。他 17 岁时丧母，弟兄俩相依修习天台宗止观之学，到晚上则谈论鬼神变化诸事，常常彻夜不眠。虞淳熙信奉神仙道教，他弟弟也信奉神仙道教；后来虞淳熙信奉佛教，他弟弟也信奉佛教。虞淳熙曾任兵部主事，万历党争中被削籍，兄弟俩隐居在山中修习佛道之学，终老于山中①。屠隆壮年罢官，百无聊赖，纵游归来，谈论佛道之学，自称能出世，到了晚年还是什么也没遇上，只好说大话以自慰。当时有吴人孙荣祖善请乩仙，屠隆对他深信不疑。病重将死，还要扶床凝望，希望神仙能够来迎接他，终于失望地死去②。吴文潜弃家学道，寄食在武夷山中，几年后削发为僧③。汤儒精通道教，又信奉禅学④。王志坚"读佛书，研相而穷性，阐教而阒宗，手写《华严》至再"，著有《太上感应篇续传》，用来辅翼因果之书⑤。廖孔说喜欢游历山水，与山僧道流无不相识，晚年戒酒持律，临终时持佛号不辍，死后，有人在茅山柏枝之间见到过他，认为他尸解而去⑥。徐颖做诸生，因作弊而逃罪做僧人，从楚地回来后，又到茅山做了道士⑦。纪青做诸生时，喜作诗文，考不上举人，入天台国清寺做了僧人，翻阅所藏佛典，精通佛学⑧。泰州学派的传人中，方与时、罗汝芳等都是出入佛道的人物。方与时很年轻时做诸生，后来弃去，到太和山修习摄心术，静久生明，后在道士那里学得黄白之术⑨。罗汝芳"十有五而定志于张洵水，二十六而正学于山农，三十四而悟《易》于胡生，四十六而证道于泰山丈人，七十而问心于武夷先生"，有人称他"早岁于释典玄宗，无不探讨，缁流羽客，延纳弗拒，人所共知"，更有人说他"师事颜钧，谈理学；师事胡清虚，谈烧炼，采取飞升；师僧玄觉，谈因果，

① 《小传》丁集下"虞稽勋淳熙"条。

②③④ 《小传》丁集上"屠仪部隆"条、"吴文潜"条、"汤儒"条。

⑤⑥⑦⑧ 《小传》丁集下"王提学志坚"条、"廖秀才孔说"条、"徐道士颖"条、"纪居士青"条。

⑨ 《明儒学案》卷三二《泰州学案》一。

单传直指。其守宁国，集诸生会文讲学，令讼者跏趺公庭，敛目归心，用库藏充馈遗，归者如市。……每见士大夫，辄言三十三天，凭指箕仙，称吕纯阳自终南寄书。其子从丹师，死于广，乃言日在左右”[①]。最后这则传闻可能有失实之处，但罗汝芳信奉佛道，则是众所周知的。

士人们不仅信奉佛、道两教，而且还有人认为儒教与佛、道两教相通，将三教调和杂糅，主张三教合一。泰州学派的传人管志道就是这样。管志道在张居正当政时，因议论时事被罢官。他受业于耿定向，著书数十万言，主张鸠合三教。他说：“乾元无首之旨，与《华严》性海浑无差别。《易》道与天地准，故不期与佛老之祖合而自合；孔教与二教峙，故不期佛老之徒争而自争。教理不得不圆，教体不得不方。以仲尼之圆，圆宋儒之方，而使儒不碍释，释不得儒；以仲尼之方，方近儒之圆，而使儒不滥释，释不滥儒。唐宋以来，儒者不主孔奴释，则崇释卑孔，皆于乾元、性海中自起藩篱。故以乾元统天，一案而两破之也。”他又作《孔子阐幽十事》，其中说道：“孔子知天命，不专以理，兼通气运，五也；一贯尚属悟门，实之必以行门，六也；敦化通于性海，川流通于行海，七也；孔子曾师老聃，八也；孔子从先进，是黄帝以上，九也。”而且他“平生尤喜谈鬼神梦寐”[②]，这也与信仰神仙道教有关。

当时还有士人创立了三教合一的宗教，称“三一教”，创立者为福建莆田人林兆恩。林兆恩做诸生时，就接触佛、道两教，对两教的教理教义有了较深的了解，他作文章分析儒、释、道三教各有利弊。他三次应举未第，于是放弃举业，与僧、道多有交往，在35岁时，开始设帐讲学，倡导“三教合一”之说。他创立的“三一教”是“儒为立本，道为入门，释为极则，然观其所得，结丹、出神，则于道家之旁门为庶几焉”。由于他修炼了内丹功夫，能以“艮背法”为人治病，又有奇术，能救人之危急，信奉此教的人很多，“自士人及于僧道，籍为弟子者不下

① 《明儒学案》卷三四《泰州学案》三。

② 《明儒学案》卷三二《泰州学案》一。

数千人，皆分地倡教，所过往观投拜者，倾城单里"。当时的名流如袁宗道、萧云举、王图等，都奉他为师，邹元标也竭力为他的学术做辩护。袁黄称："早岁读书多有未解处，每以三教集中阅之，豁然甚矣。"①后来士人程云章在江浙、江西一带倡教，朱方旦好言祸福，都与林兆恩的"三一教"有渊源关系。

晚明时期，佛、道两教中，佛教的势力尤盛，士人也以信奉佛教的为多。佛教诸宗传至明代，只有禅宗和净土宗还比较有生气，其他宗派近乎湮灭。王学吸收了禅宗的诸多成分，王门后学更是通向了禅学，在晚明掀起了"狂禅"风潮，受王学的影响，士人中也以信奉禅宗的为多。山人王叔承，母子两人都信佛教，但他却不能戒酒，受到母亲的责备。他骗他的母亲说，酒就是佛所说的"米汁"②。山人王逢年也信佛，80 岁时，"无疾端居，欠伸取所书《金刚经》，捧持而逝，翛然若坐脱者"③。娄坚晚年学佛，长斋持戒④。吴鼎芳世居西洞庭，作诗萧闲简远，有出世之致，曾与钱谦益等过从甚密，后来削发为僧，做高僧而终⑤。王醇的父母要为他娶妻，他以体弱有病推辞，遍游吴越之间山水，参拜二楞雨法师，受优婆塞戒，回到扬州慈云庵中，称自己修持之室为"宝蕊栖"，死期临近时结跏盘坐，僧人们环绕着他诵佛号，他坐化而逝⑥。张民表早年为佛门弟子，中年与嵩山无言、心月各佛堂之首领研讨佛学。虽然他也结婚，但"燕处超然"⑦。陆树声在嘉靖年间会试第一，授编修，告假归乡，在家时屡次蒙授官职，都不赴任，后在家中拜授礼部尚书之职，抗疏辞去。他清虚恬退，"外现儒风，中修梵行"，90 岁时，以衲衣一套交付寺院，又在衣服外表手写一诗，又自题上画像，留寺作供⑧。邓鹤曾从赵贞吉学心学，是泰州学派传人，后来弃家出游，削发为僧，曾入青城山坐禅十年，又入鸡足山

① 〔明〕黄宗羲：《林三教传》，《南雷文案》卷九。

②③⑧ 《小传》丁集中"昆仑山人王叔承"条、"玄阳山人王逢年"条、"陆宫保树声"条。

④⑤⑥⑦ 《小传》丁集下"娄贡士坚"条、"吴居士鼎芳"条、"王居士醇"条、"张先辈民表"条。

悟道，后又到天池师事月泉，到庐山师事性空，并闻无师、智闻说法。后来他到黄安，居住在耿定理所建茅屋中，“始达父母未生前的、先天地生的、水穷山尽的、百尺竿头外的所谓不属有无，不属真妄，不属生灭，不属言语，常住真心，与后天事不相联属”。后来自称“日渐幽深玄远”，“如今，也没有我，也没有道，终日在人情事变中，若不自与，泛泛然如虚舟飘瓦而无着落，脱胎换骨实在于此”①。

当时山人隐士以及退职的士人中礼佛奉佛的很多，许多在官的士大夫也纷纷信奉佛教，主要是信奉禅宗。这与晚明时心学在士大夫中的传播有关，也与晚明禅宗高僧紫柏、憨山、雪浪等极力弘教和结交士大夫和影响有关。紫柏“能于机锋笼罩群豪”，“名振东南，缙绅趋之如骛”②。雪浪也“多游缙绅间”，“曾至吴越间，士女如狂，受戒礼拜者，摩肩接踵，城郭为之罢市”③。憨山、紫柏先后入京，讲经说法，交结缙绅。当时两宫太后和万历帝都信奉佛教，两位高僧都曾受到慈圣太后的礼遇。朝士中，南京国子监祭酒冯梦祯是紫柏的世俗弟子，“蒲团接席，漉囊倚户，四方学者日进。身执经卷，朱黄甲乙，禅灯丈室，清歌洞房，海内望之以为仙真洞府”④。憨山大师也竭力推举冯梦祯，认为他是宋濂以后第一人。宋濂是明初佛学造诣极高的著名文士，故有此称。当时与紫柏等高僧多所交往的黄辉、袁宗道、陶望龄、焦竑等人都曾在翰林院任职，他们经常聚在一起精研佛典，探讨禅理。像黄辉本来“以品望当大拜，忌者使言官抨之，谓词臣结社谈禅，与方袍圆顶为侣，不当复玷廊庙，遂不复起而卒”⑤。陶望龄和焦竑都是泰州学派的传人。陶望龄师事于周汝登，而“泛滥于方外”，“以为明道、阳明之于佛氏，阳抑而阴扶，盖得其弥近理者，而不究夫

---

① 《明儒学案》卷三二《泰州学案》一。

② 《万历野获编》卷二七“释道”，“紫柏祸本”“憨山之谴”。

③ 《万历野获编》卷二七“释道”，“雪流被逐”。

④ 《小传》丁集下“冯祭酒梦祯”条。

⑤ 《小传》丁集下“黄少詹辉”条。

毫厘之辨也，其时湛然、澄密、云悟皆先生引而进之，张皇其教，遂使宗风盛于东浙”[1]。焦竑师事耿定向、罗汝芳，又笃信李贽的学说，“以为未必是圣人，可肩一狂字，坐圣门第二席，故以佛学即为圣学，而明道辟佛之语，皆一一绌之”[2]。由于他竭力批驳程颢辟佛的言论，推崇佛学，在当时也被认为是鼓吹“狂禅”的代表人物。

三、士人心态的内在性

行乐纵欲、怡情自足和求禅问道是士人心态外现性的主要方面，隐藏在这些表面现象背后的，是晚明士人对自我价值的体认、对情感价值的领悟和对生命价值的力求超越，这些方面的内容构成了晚明士人，尤其是在野的名士和狂士、隐士和山人的心态内在性的主要方面。

1. 对自我价值的体认

任情放诞是晚明士人一种非常普遍的现象，他们及时行乐，放纵于声色和酒，求得物欲和情欲的极大满足。他们的生活方式自然是不太健康的，甚至可以说带有非常浓重的颓废色彩。这种近乎病态的生活方式却是伴随着晚明社会政治的巨大变革，伴随着晚明士人自我意识的觉醒、个人主体性的确立和个性的张扬而出现的。这种因为注重于个性而带来士人生活的放荡的现象，在历史上例如魏晋时期也曾经出现过，这是中国社会文明解体时期非常奇特的一种文化心理现象。

从总体上说，以儒家思想为正统、孔孟之道为核心的中国传统文化强调共性对个性的规范和制约，它强调群体作用，忽视个体存

---

① 《明儒学案》卷三六《泰州学案》五。

② 《明儒学案》卷三五《泰州学案》四。

在，以社会规范、伦理道德来排斥、剥夺自我，使个体失去主体性，使人成为抽象的人、道德化的人，使人不成其为人。在这种价值观下，个人不过是庞大的群体之网上的一个小结，是完整的社会机器上的一个零件，离开了社会，离开了群体，个人也就失去了价值，因此个人也就没有独立的人格、个体的价值。当然，中国传统思想中也有强调个人尊严的一面，它也提倡豪杰精神、大丈夫气概，如儒家经典中有“三军可夺帅也，匹夫不可夺志也”（《论语·子罕》）、“从道不从君”（《荀子·臣道》）、“大人当否，则以道自处，岂肯枉己屈道、承顺于上”（程颐《伊川易传》卷一）这样的言论，但是强调个人尊严并不就是强调个人价值和人格独立。这里道德是至高无上的，它是人们生活的最高层次，也是衡量一切事物的唯一尺度，即使君主也不能违离这一点。君主的行为和意志有时候不符合道德的要求，与传统道德规范发生冲突，这时候要加以劝谏，加以纠正，而不是服从。这里似乎个人有独立性的一面，其实不然。从道还是从君，个人只有选择、服从何者的自由，而没有离开这两者进行独立思考的自由。何况，不从君是指不顺从君主的违礼行为，而不是不服从君主，不是反对君主，更不是反对君主政体。

一个社会倘若没有共同遵守的道德规范，这个社会势必是混乱不堪的，甚至会发生解体，因此维系正常社会生活的道德当然是必要的，问题在于它并不是社会生活中的唯一价值，更不能当作衡量社会文明和社会生活的唯一尺度。儒家思想认为，人与动物的根本区别就在于人有伦理道德，人如果不讲伦理道德就是禽兽一样的东西，这就把人的本质等同于伦理道德，认定人的价值大小由道德的高低决定。

儒家所认为的伦理道德是以“礼”为核心的“仁”“义”“礼”“智”“信”的总和。“礼”是处理一切日常事务、维系全部社会关系的根本。人们的一切言行都要以“礼”为准，要时时以礼来约束自己，做到“非礼勿视，非礼勿听，非礼勿言，非礼勿动”（《论语·颜渊》）。要做到这几点就需要“克己”，也就是修身、自省、慎言慎行，时时改造自己。现实中的人毕竟是活生生的，有血有肉，有情感，有欲望，儒家也看到、承认这一点，并且在一定程度上也允许情感和欲望的存在。但在更多时候和更多场合下，他们把个人欲望看作邪恶的东西，认为它是和道德礼义即天理相对立的，强调用道德礼义来加以遏制和改造，只有努力进行自我净化、自我改造，人们才能达到道德的标准，符合礼义的要求。宋明时期的程朱理学强调“存天理，灭人欲”，更是把这种思想推向了极端。因此一个人的道德越完善，人格越崇高，自我意识也就失去得越多，个性泯灭得越彻底。中国传统社会越到后期，礼义道德对个人的禁锢也就越严厉，个人价值被贬斥的现象也就体现得越突出，这一点只要看看宋代以后烈士、孝子、节妇的人数越来越多，就可以知道了。

个人欲望是一种原始本能，受快乐原则的支配，而自我意识则受现实原则的支配。用外在的力量来强行消灭人的欲望和自我意识，其实并不真正有效，因为它们是不可能被真正消灭的。只是由于习俗观念、道德伦理规范的作用，人们的欲望和自我意识被压抑到无意识中去，暂时感受不到了而已。一旦强大的外力被解除，失去了作用，人们的欲望和自我意识就会很快得到回复，并且会急剧膨胀起来。晚明时期，旧的价值体系已经被打破，而新的价值体系不可能很快建立起来，在社会得到重新规范和整合之前，正好留下了一段道德观念的空隙。旧有的道德礼教对士人的束缚松弛乃至解除了，士人们的自我价值和个人意识得到了体认，个性得到了充分展开，他们真正体会到了人生的快乐。这时候受快乐原则支配的个人欲望和受现实原则支配的自我意识也就急剧膨胀起来了。

当士人们体认到自我价值的可贵和人生的快乐时，很快又会发现，他们仍然是不自由的，现实是黑暗的，社会是混乱的，人生是短促的，他们会为此感到悲哀。由于失去了信仰，失去了追求，失去了精神上的支柱，他们又常常感到空虚。这样，士人们也就很容易出现心理偏差，做出一些极端的举动。既然人生如朝露，良辰易过，生命无常，那么为什么不好好把握有限的此生，尽情地享受今生今世的快乐呢？于是一种游戏人生、及时行乐的思想便产生了。晚明士人们普遍地走向任情纵欲，在声色和酒里消磨人生，正与他们出现了心理上的偏差，走向极端有关。晚明时期名士和隐士大量涌现，他们的尚气、简傲、狂诞更是与此有关。

尚气、任性、简傲、狂诞，正是在毫不掩饰地展现个性，表现自我。这时候的士人们，尤其是名士和狂士，恃才傲物、简慢轻忽地对待别人，以抬高自己的身价。他们把自我价值看得很重，而且常常会产生一种自我崇高感。像汪道昆认为自己的才力胜过西汉的司马相如，对宋代的苏轼更是不屑一顾，常常大言不惭，为当世人所笑。他作的《谒白岳》诗落句说："圣主若论封禅事，老臣才力胜相如。"①胡应麟带着自己的诗稿拜访当世大名士王世贞，受到了王世贞的激赏，他的名字也得以排在"末五子"之列。他回乡后更加自负，对人说："弇州许我狎主齐盟，自今海内文士，当奉盘盂而从我矣。"众人笑话他，他也神态自若。②

士人本来就是比较自负的，他们对于自己的作品往往看得很重。敝帚自珍，这也是人之常情，但是这时期的士人，由于自我意识非常强烈，往往把自己的文学才能估计得太高，到了荒唐可笑的地步。陈仲溱"每出其诗示人，以手按纸，手颤口吟，人或诵其诗，口喃喃与相应和，其自喜如此"③。王逢年辑有《海岱集》，王世贞为他作序表示推重。王逢年却时时指摘王世贞和李攀龙的诗作，加以嗤笑，称为"俗调"。王世贞知道后，非常气愤，排挤了他。这一下王逢年更加自负，作了《五敌诗》，称自己"慢世敌嵇康，缀文敌马迁，赋诗敌阮籍，述骚

①② 《小传》丁集上"汪侍郎道昆"条、"胡举人应麟"条。

③ 《小传》丁集中"陈仲溱"条。

敌屈宋，书法敌二王”。他写了一部《天禄阁外史》，有学识浅薄的人编辑东汉文，将此书误收了进去，王逢年“益自喜，以为当吾世得追配古人也”[①]。茅维写了一个杂剧，让钱谦益作序，钱谦益在序中褒奖了他一番，把他比作关汉卿和马致远，而没有提到汤显祖，茅维很不满意，认为钱谦益轻视了他。[②] 当时松江有一个不太知名的山人叫陆应阳，对名倾东南的同乡陈继儒既羡又妒，骂陈继儒为“咿哑小儿”，听到的人没有不发笑的。他还抄写了自己的一卷诗作送给沈德符，说：“公其珍之，持出门即有徽人手十金购去矣。”沈德符说，的确是这样，但自己并不缺少钱用。沈德符看到旁边站着一个小孩，就对他说：“汝衣敝，可挈往市中博金制新袍，便可拜谢陆先生。”陆应阳受到了揶揄，大怒离去。[③]

这些士人们将自我价值估计得太高，有时候到了热昏的程度，也就看不到自己的真实水平，这样在现实生活中往往遭遇失败，也很容易因失败而自暴自弃。由自负转为自弃，由自我伟大感转为自我渺小感，往往是很容易的事。唐时升酒酣耳热之时，往往捋须大言：“当世有用我者，决胜千里之外，吾其为李文饶乎？”到了晚年，却只得闭门止酒，读道家之书以养生尽年。[④] 顾大武在酒席间，奋袂叉手，大谈王霸大略，常常大言道：“世有用我，其为姚玄之乎？”后来自放于酒，觉得生可厌而死可乐。[⑤] 魏冲因为长得漂亮，曾经揽镜自笑：“有美如陈平而长贫贱者乎？”到了30多岁，才考上举人，他“藐视里中儿，以为粪土狗马，惟不得践而踏之。蚤夜呼愤，思射策甲科，以发舒志意”，但几次参加会试，都被刷下来，于是又引镜自叹：“如此人戴老广文纱帽，他时何面目复对此镜乎？”伤心至极，发病死去。[⑥]

---

① 《小传》丁集中“玄阳山人王逢年”条。

②④⑤⑥ 《小传》丁集下“茅太学维”条、“唐处士时升”条、“顾仲子大武”条、“魏叔子冲”条。

③ 《万历野获编》卷二三“山人·山人愚妄”。

伴随着传统的道德价值体系的解体,晚明士人们的个性觉醒了,自我价值得到体认,但他们并没能就此而走向一个更为健全的合乎人性的新的精神境界,而是走向了行乐纵欲、任性狂诞,最后也走向了心灵畸变。这是晚明士人的大不幸。

2. 对情感价值的体悟

中国古典审美理想强调情与理、美与善的和谐统一,认为审美和艺术的价值在于促进这两者在精神上的实现,把具有深刻哲理性的和谐和道德精神的美提到首要位置。由于中国传统文化重视社会、群体而轻视个体和个性,中国古典审美理想也往往向理和善倾斜,文学艺术创作要“言志”“载道”,情感的流露和宣泄要“止乎礼义”,个性的表现要符合社会伦理的要求。在事实上,常常会发生以伦理道德化了的理和善来排斥甚至代替更具个性化的情感和美感。当然在中国古代社会里,与这种审美理想不一致甚至相对立的美学思想也常常提出和发展,并且在实践中产生影响和作用,但是它们最终并不能打破强调情理统一、美善统一的审美理想的格局。宋代以后,程朱理学在思想界占有统治地位,程朱理学家们更是把具有伦理道德性质的“理”提到了至高无上的位置,用道德、名教排斥个人的欲望和情感,对审美和艺术也采取轻视、贬低的态度。在这样的情况下,个人情感和审美意识都受到了压抑。

晚明士人从中国传统伦理道德中解脱出来,随着他们个性的展开和自我价值的体认,他们的情感价值和审美意识也得到了体认和发展。这时期的士人们既有狂放不羁、行乐纵欲的一面,又有怡情自足、崇尚情感生活的一面,他们的物欲得到了很大的满足,同时他们的情感生活也是很丰富的。晚明士人往往具有很高的文化素养,不少人还具有很高的艺术气质和审美意识,他们创造出了一个高雅脱俗的人生境界。

晚明士人们放弃了对道德完善的理性追求,他们回归到了个性生活和感情世界中来，他们注重生活，崇尚自然，追求审美意趣，在自然之美和个人生活的意趣中体认自己的情感价值。晚明士人中多名士和隐士，不少人过着隐居或半隐居的生活，他们或山居泽处，或游历山水。像汤儒“洞庭玄墓之山，清斋独宿；尧峰四飞之顶，累月弥旬”[①]。顾元庆“隐居草莽，无局促之忧，好历名山，尽逍遥之乐”[②]。他们徜徉于山水之间，审美意识在山水游历中得到了充分的发展，情感在追求山水之乐中得到了体悟，他们的心境也和自然融为一体，在他们的眼里，一山一水、一草一木、一景一物都是具有情思、具有意趣的。他们创作了大量的描写山水、描写景物的诗文，在他们的笔下，这些山水景物都具有强烈的美感和情感色彩。例如盛时泰的《山居》诗：“花发临危岸，莺啼过远林。”《宵征》诗：“水暝萤光乱，风秋雁语清。”“衙晚催蜂去，巢危促燕飞。”《赠张羽王》：“潮声绕屋初消雪，梅蕊知春竞放晴。”《游三台洞》：“石扉藤蔓迷樵路，流水桃花引客来。”《送大安和尚归庐山》：“送客溪头防虎啸，逃禅树底借枝封。”[③]方登的诗句：“鸟冲帆外雨，船响夜分潮。”“法堂双树古，禅榻半林秋。”“晚风吹别酒，晓雾湿征车。”“水落痕犹绿，云开山更明。”“鸟衔残照去，树惹片云来。”[④]顾斗英的诗句：“树翻先客醉，山欲借烟奇。”“苔青山作黛，沙白水为衣。”“窗暗刑花雨，池酣织柳烟。”“山从断处教云补，桥向欹来仗石扶。”“欲延月意窗从破，恐碍荷香麝罢焚。”[⑤]山水本是没有生命的，景物本来也是没有情感的，由于审美主体的参与、主观感受的注入，山水、景物显示出了美感，山水有了生命，景物有了情感，呈现出了不一样的美。

当时士人们创作了大量的山水游记，这些游记的篇幅都不太长，多则上千字，少则几百字，甚至一两百字，但由于作者情感的注入，往往极富情致。这里就引李流芳《檀园集》中的两篇山水小品做例子：

①②④⑤　《小传》丁集中“阳山汤儒”条、“大石山人顾元庆”条、“方处士登”条、“顾公子斗英”条。

③　《小传》丁集上“盛贡士时泰”条。

《游虎丘小记》：

虎丘，中秋游者尤盛，士女倾城而往，笙歌笑语，填山沸林，终夜不绝，遂使丘壑化为酒场，秽杂可恨。予初十日到郡，连夜游虎丘，月色甚美，游人尚稀，风亭月榭间，以红粉笙歌一两队点缀，亦复不恶。然终不若山空人静，独往会心。尝秋夜与弱生坐钓月矶，昏黑无往来，时闻风铎及佛灯隐现林杪而已。又今年春中，与无际舍侄偕访仲和于此，夜半月出无人，相与趺坐在台，不复饮酒，亦不复谈，以静意对之，觉悠然欲与清景俱佳也。生平过虎丘才两度，见虎丘本色耳。友人徐声远诗云："独有岁寒好，偏宜夜半游。"真知言哉。

《游两山小记》：

出西直门，过高梁桥，可十余里，至元君祠，折而北，有平堤十里，夹道皆古柳，参差掩映，澄湖百顷，一望渺然。西山匌匒与波光上下。远见功德古刹及玉泉亭榭，朱门碧瓦、青林翠嶂，互相缀发。湖中菰蒲零乱，鸥鹭翩翻，如在江南画图中。予信宿金山及碧云香山，是日跨蹇而归，由青龙桥纵辔堤上，晓风正清，湖烟乍起，岚润如滴，柳娇欲狂，顾而乐之，殆不能去。先是，约孟旋、子将同游，皆不至，予慨然独行。子将挟西湖为己有，眼界则高矣，顾稳踞七香城中，傲予此行，何也？书寄孟阳诸兄之在西湖者一笑。

这两篇小品一写山，一写水；一写江南山色，一写北国湖光；一写月夜之行，一写白日出游。都只有二百字左右，极其精致，但容量却很大，写了游踪，写了景物，写了自己的感受，融进了个人的情思，充满了韵致。恬淡、宁静、闲适、悠远，使人忘掉尘世，忘掉俗务。

晚明士人从事书画等艺术活动的很多。艺术活动本身就是审美体验和情感体悟的过程。从事任何一门艺术，要想有所成就，不仅需要投入大量的时间和精力，更需要有敏锐的艺术感受力和丰富的情感，要用心去体悟。中国的书画艺术尤其重视这一点，无论是书画理论还是实践，无不讲究意存笔先、画尽意在，讲究笔断意连、气韵生动，要求做到以形写神、形神兼备，要求书画作品有意境和神韵，做到心与物、情与景的统一。

这里可以举山水画为例。山水画与山水怡情、山水审美意识的关系尤为密切，追求山水之乐促进了中国士人山水审美意识的发展，山水诗文和山水画作也逐步走向成熟。元明清时期山水画尤为发达，士人们在山水画论中对于山水审美的经验总结记述得十分细致，表明了他们的情感体悟极其丰富细腻。如宋代郭熙的《林泉高致·山水训》中对山水的各种状态及云气、烟岚等景物都做了极细致的分析，在他的笔下，同一座山千变万化，具有数十座、数百座山的意态美："山，近看如此，远数里看又如此，远十数里看又如此，每远每异，所谓山形步步移也。山，正面如此，侧面又如此，背面又如此，每看每异，所谓山形面面看也。如此，是一山而兼数十百山之形状。……山，朝看如此，暮看又如此，阴晴看又如此，所谓朝暮之变态不同也。如此，是一山而兼数十百山之意态。可得不究乎？"他又说："春山烟云连绵，人欣欣；夏山佳木繁荫，人坦坦；秋山明净摇落，人肃肃；冬山昏霾翳塞，人寂寂。""春山淡冶而如笑，夏山苍翠而如滴，秋山明净而如妆，冬山惨淡而如睡。"这是将山的四时景色变化与人的情感变化联系起来。又"见青烟白道而思行，见平川落照而思望，见幽人山客而思居，见岩扃泉石而思游"，这是将人的情感状态与不同的景物联系在一起，所谓触景而生情。郭熙的这些议论，不仅是山水自然审美的经验之谈，也是山水画的理论总结，对后世山水画创作的影响很大。晚明时期的士人对山水的情感体悟也往往如此，如刘炎在《迩言》中总结了他面对钱塘江潮、仙观天柱和西湖之水时所产生的不同感受："夫观钱塘江潮，如猛士之肝胆决裂、义士之怒发冲冠。观仙都天柱，犹直臣之气，不挠不折；社稷之佐，拓地擎天。为是而来游，来游而慨慕者几何人。至于西湖之上，有所谓水乐园，中阉作之也。有朋命驾偕之，泉激溜如涔蹄，石累拳如饭砂，游者并肩接迹，观者啧啧咏叹，至有游而忘归，归而复游者。何也？务小智者忘大巧，乐人伪者昧天成也。”

和创作书画进行自娱一样，赏玩古书古画，藏列古代器物，琴书分列，香茗郁然，体现的也是士人的闲情雅趣，也是体悟情感价值的方法。顾元庆以图书自娱。袁褧专意汲古，家有石磬斋，珍藏宋版书，装潢校勘，并称善本，摹刻行世。赵崡家有傲山楼，藏书万卷。由于他家居西安附近，那里周、秦、汉、唐时期的古金石名书很多，而西安泮宫碑林最有名，他时常跨一蹇驴，拿上拓摹古碑的用具，遇上片石只字，坐卧其下，细心地拭洗、椎拓、装潢，再写上疏记，后又仿欧阳修、赵明诚等的金石考证著述，作了《石墨镌华》一书。书中所收录的金石文字，博学如都穆、杨慎这样的人也有没见过的。当时又有一位郭宗昌，汲古多藏，与赵崡不相上下。王惟俭罢官家居二十年，读书汲古，淡泊于世。他喜爱古书画器物，不惜典衣当物进行购求。家里藏有商周时期的鼎彝器物，堪称名宝，客人来了，他焚香瀹茗，与客人商略经史，赏玩古物，竟日献酬。孙克弘回乡修筑精舍，庭园中摆放奇石，环列鼎彝、金石、法书、名画，日夜摩挲。朱洛之家有图史千卷，名画、法书、鼎彝玩好之物罗列室中，良辰令节，必邀来故人采撷名花，徘徊美树之下，谈笑倾倒，至晚方休。晚明时期以收藏古书、古器物名家的士人是非常多的。就藏书家而言，当时最有名的有天一阁范氏、千顷堂黄氏、汲古阁毛氏、绛云楼钱氏等。其中天一阁为嘉靖时范钦所建，范钦官至兵部侍郎，喜好读书购书，最早的一批藏书中，有一部分是原来丰坊万卷楼的旧物。丰坊晚年得心疾疯狂，潦倒贫困，家业荡尽，所藏古书有许多是宋代刊本或写本，非常珍贵，大半被门生故旧所窃，后来又遭大火，所余不多，全部为范钦收购。范钦死前，留下遗令，不准子孙随意取书，制定了许多严格的管理措施。因此范氏天一阁藏书保存了三百多年，仍很完好，只是到了近代，才略有散亡。

当时许多士人追求的闲适生活是这样的："竹楼数间，负山临水。疏松修竹，诘屈委蛇。怪石落落，不拘位置。藏书万卷其中，长几软榻，一香一茗。同心良友，间日过从，坐卧笑谈，随意所适。不营衣食，不问米盐，不叙寒暄，不言朝市。丘壑涯分，于斯极矣。"[①]"篱数亩园，筑壤室三五堵，裒书其间以漱涤。且园中种花木成阴，而犹有鹿有鹤，情倦出户相狎弄。遇胜日辄迎韵人佳士，讲书论道，或饮酒赋诗。闲时又可来释子仙氏，谈空议玄，探传真秘。"[②]这样的生活超尘脱俗，是一种理想境界，一般的士人很难达到。不过，当时确实有不少士人努力追求。像王圻去职后，筑室吴淞江之滨，种梅万树，取名"梅花源"[③]。陈员胤"庭中种扁豆，豆花盛开，坐起其中，烹茗焚香，孤吟不辍，即以豆花名其斋"[④]。顾祖辰"老屋三间，破榻竹几，庭中古树一株、杂花数本"[⑤]。顾云鸿在常熟城北的山麓间筑室，"双松表门，老槐架屋，疏泉理石"[⑥]。

梅树、豆花、老屋、古树之类，原是平常不过之物，在人们的视野中随处皆是，并不具有多少美感，但一旦为人们所发现，加以巧妙的利用，便可以创造出美妙的意境，欣赏者倾注了个人的情感，便可以从中发现美，得到美感享受，体悟情感价值。海樵山人陈鹤笔下的百花主人便是这样的人。百花主人姓滕，是浙江山阴（今绍兴）的一个隐士，"性好植百花，百花亦以人为主"，"主人始辟圃聚

---

① 《五杂组》卷一三"事部"一。

② 〔明〕敬虚子：《小隐书》序。

③ 《明史稿》卷二六八《文苑传》。

④ 《小传》丁集上"陈布衣员胤"条。

⑤ 《小传》丁集中"顾隐士祖辰"条。

⑥ 《小传》丁集下"顾先辈云鸿"条。

花,得名花数百种,遂陈列次第,为王为魁者罗之中庭,妖而奴者环列焉。因蔓以为屏,聚卉以为砌,高而实者为林,短而群者为篱。品繁而色异,蝶欣而鸟疑,四时一春,香艳不断。主人暇则带书坐花下,琅然高诵,四顾落落,惟百花与主人倾心相笑,若默解主人意者”。在这样的情境中,赏玩百花自然有无穷意趣,也就引来高士韵人的访问:“时或雨霁,或月出,天上客必携酒相扣主人门,问百花孰为先开否,主人亦指点一一。客一一皆滴酒称赏,相乐抵醉,不复知主宾为谁也。”①

他们善于利用自然之物创造出一种高雅脱俗的境界来,在居室布置也同样很讲究,力求营造一种清雅的氛围。如文震亨所说:“位置之法,烦简不同,寒暑各异。高堂广榭、曲房奥室,各有所宜。即如图书鼎彝之属,亦须安设得所,方如图画。云林清秘,高梧古石中仅一几一榻,令人想见其风致,真令神骨具冷。故韵士所居,入门便有一种高雅绝俗之趣,若使前堂养鸡牧豕,而后庭侈言浇花洗石,政不如凝尘满案、环堵四壁,犹有一种萧寂气味耳。”②他所作的这一卷书中,对坐几、坐具、椅榻屏架、悬画、置炉、置瓶、小室、卧室、亭榭、敞室、佛室等如何布置,都有详细的论述,如天然几的摆放:“天然几一设于室中,左边东向,不可迫近窗槛以逼风日。几上置旧砚一、笔筒一、笔规一、水中丞一、砚山一,古人置砚俱在左,以墨光不闪眼,且于灯下更宜,书册、镇纸各一。时时拂拭,使其光可鉴乃佳。”

在晚明士人努力创造出的超尘脱俗的境界中,一切事物都具有了情感,士人们的情感价值得到了充分体悟:“香令人幽,酒令人远,石令人隽,琴令人寂,茶令人爽,竹令人冷,月令人孤,棋令人闲,杖令人轻,水令人空,雪令人旷,剑令人悲,蒲团令人枯,美人令人怜,僧令

---

① 〔明〕陈鹤:《百花主人传》,《明文海》卷四〇七。

② 〔明〕文震亨:《长物志》卷八《位置》。

人淡，花令人韵，金石鼎彝令人古。”①

3. 力求生命价值的超越

有一种阴影始终笼罩在人类的心头，永远无法解脱、无法排除的焦虑困扰着人类的心灵，那就是死亡。对生命的终止的忧虑、对死亡的降临的恐惧，是一个永远无法回避、无法超越的问题。对死亡的焦虑是人类共同的、最大的焦虑，人类永远也不会停止对死亡的思考和探求。人类总是千方百计地淡化、排遣和消解死亡的焦虑，于是出现了各种各样的宗教。

就总体而言，晚明士人在此岸世界的生活享乐是极其丰富的，但是，人生的无常、生命的短暂、死亡的逼近，同样是他们需要面对的问题，他们有着强烈的生命意识和对死亡的焦虑、恐惧，乐生恶死的意识使他们走向了宗教。他们求禅问道，试图延续生命，排拒死亡，力求在宗教体验中实现生命价值的超越。

晚明士人中许多人是信仰道家和道教的，其中有些人既信仰佛教也信仰道教。道教是东汉以来发展起来的一种传统宗教，它的源头是远古时期就已经产生的宣扬鬼神崇拜的民间巫术、周秦以来盛行的神仙之说和方士法术，而先秦道家中的关于道的学说以及其中的一些神秘思想则成了它的思想基础。道教信仰的宗旨是追求长生不死、得道成仙，看重个体生命的价值，相信世间人经过一定的修炼，可以脱胎换骨，直接超凡入仙，不必等到死后灵魂超度。

道教乐生、重生，认为生活在人世间是一件乐事，死亡才是最痛苦的。它以生为乐，以长寿为大乐，以长生登仙为至乐，鼓励人们至少要争取尽其天年，并尽可能地延长生命，最高理想是长生不死。早期道教中就已经有了明显的重生思想，如《老子想尔注》中把《老子》第十

---

① 〔明〕陈继儒：《岩栖幽事》。

六章中的“公乃王，王乃大”改为“公乃生，生乃大”，把第二十五章中“故道大，天大，地大，王亦大，域中有四大，而王居其一焉”中的“王”字均改为“生”字。注中说：“生，道之别体也。”这是说生命、生存之类都是道的体现，和天地同样重大。道教又认为，人的生命不取决于天命，而取决于自身。如晋代葛洪在《抱朴子·内篇·黄白篇》中说：“我命在我不在天，还丹成金亿万年。”人只要善于修道养生，安神固形，做到形神相须、生道合一，求得性命双修，便可以长生不死。道教基于生道合一、长生久视的基本教义，形成了一系列的道功、道术，即具体的修道养生方法，如外丹、内丹、服饵、服气、导引、守一、胎息、辟谷、房中、行跻等等。

晚明士人信仰道家和道教的动机，往往与修真养生、祈求长生、向往羽化登仙有关。像本章第二节中所说的唐时升研习道家经典，着重于修性养生，而道家宣扬清净、无为，静观、玄览，合德、抱一，坐忘、虚心，追求内心的安宁，皆与修性养生有关。王格、孙友篪、李元昭、皇甫濂、朱长春等爱好的则是神仙方术，向往的是度世成仙。

朱长春修真炼形，可能是走火入魔了，弄得神志不清，整日价想要羽化成仙，竟然累叠了几十层几案，登上去飞升上天，一跤跌下来，差一点摔死。

王格受吐纳服食之术，吐纳服食即服气之法，也叫食气，它和行气、胎息、导引诸术都是呼吸修炼的方法。道教认为元气为生气之源，气在则神随在，人得元气则生，失元气则死。服气就是吸纳天地间的生气，是呼吸修炼中最基本、最重要的方法。它与现代气功中所讲的调息、吐纳、内视气功法、守丹田气功法等有颇多相似之处。吐故纳新，本是维持生命所必需的，道教则认为通过服气之法，吸入天地之气以及日月星辰的精气，可以健体长寿，服气的方法很多，要视季节、天气、时辰而行。

李元昭喜好炼丹服食。道教的炼丹术分为外丹和内丹两种。外丹是指用炉鼎烧炼丹砂、铅、汞等矿石，辅以草木药物而炼成丹药，使人服食的方术。最初炼成的称“丹头”，只能作点化之用，道教书中认为它有剧毒，不能服食。再进一步烧炼，便可成道教认为可以服食的丹药，称为仙丹或金丹。金丹分为三种，一是神丹，二是金液，三是黄白（一种形似黄金的东西，炼丹家认为是黄金，称它为丹金，其实它是一种金属化合物）。这三种丹药可以互相转化。金液与汞合炼而成丹，丹与汞合炼而成一种形似白银的东西，再进一步烧炼即成丹金。金液与黄土合炼而成"黄金"，再进一步烧炼又可成为小豆一样的丹丸。道家认为服食这些丹药，可以长生不死。《抱朴子·内篇·金丹篇》认为："夫金丹之为物，烧之愈久，变化愈妙。黄金入火，百炼不消，埋之，毕天不朽。服此二物，炼人身体，故能令人不老不死。"内丹是一种自我修炼术，此法是将人自己的身体当作鼎炉，以自身的精气为药物，以神为运用，循行一定的经络，经过一定的炼养步骤，使精、气、神在体内凝聚不散而成为"仙丹"，这实际上是一种气功修炼术。李元昭炼丹供服食之用，当是一种外丹修炼术。

皇甫濂不仅修习吐纳服气之术，而且还修治房中术，终于因为性交过度，体力衰竭而死。房中术又称御女术、黄赤术，源于古代的巫术，在早期道教的信徒中流行。提倡房中术的道教徒认为男女禀受的天地之气不同，一为阳气，一为阴气，可以互相补益。男子通过一定的方法与不同女子多多性交，称为"男女合气"，可以采阴补阳、还精补脑，不仅能够补救伤损、疗治众病，而且能够收延年益寿之效，甚至助人飞升成仙。因此早期道家将房中术当成一种养生之道加以提倡，但这种方法不易于掌握分寸，容易引人纵欲，北魏时道士寇谦之竭力排斥，后来道教也就逐步摒弃了此术。汉魏时期托名黄帝等的讲房中术的书籍非常之多，到唐宋时期已经不多见了，宋以后濒于绝灭。明代中期以后特别是晚明，由于社会生活的变化，房中术又一度盛行起来，许多士人辑佚先代讲房中术的书籍，奉为秘笈。晚明盛行房中术，主要是因为纵欲的风气，而皇甫濂搜采先代的房中佚籍，主要的还是为了修炼长生，但也不免走上了邪路。

晚明士人更多的是信奉佛教，有的佛道兼信。信奉佛教又以信奉禅宗为主。佛教注重于来世，注重于彼岸世界，宣扬因果业报、生死轮回，超越人的个体生命价值。佛教认为现实人生是无常、无我、痛苦的。苦的根源在于人自身的称为“惑”的贪、嗔、痴等种种烦恼和称为“业”的身、口、意等种种活动，“惑”和“业”为因，造成生死不息之果，根据人的善恶行为轮回报应。要摆脱痛苦之路，只有进行长期的繁复的艰苦修持，彻底转变自己的世俗欲望和认识，超出生死轮回范围，达到“涅槃”的解脱境界。涅槃也就是成佛，具有常、乐、我、净四德，是永生常乐的，它是佛教修持所要达到的最高理想，是熄灭生死轮回之后达到的一种精神境界。

佛教的修持方法非常繁复，须依照经、律、论“三藏”修持戒、定、慧“三学”。戒就是戒律，防止身、口、意三不净业；定就是禅定，修持者思虑集中，观悟佛理，灭除情欲和烦恼；慧即智慧，能使修持者断除烦恼，达到解脱。其中禅定又分四个层次，从初禅到四禅，形成四种不同的心理境界，称为“四禅定”，分三类十八支。佛教中把世俗世界分为处于生死轮回过程中的欲界、色界、无色界三界，为有情众生所居之地。欲界为具有食欲、淫欲等五欲的众生所居，色界为已离食欲、淫欲的众生所居，无色界为无形色众生所居。修持四禅定者死后可以生在色界，而不修持或修持程度不够的，死后生在欲界，修四无色定的，死后生在无色界。修四禅定，进入初禅，虽已离开欲界生活的喜和乐，但仍有寻和伺，应加以对治；进入二禅，寻、伺已断灭，形成内心信仰，称“内等净”，由此而感受到的喜、乐是对禅定自身的感受，称为“定生喜乐”；三禅舍去二禅的喜、乐，进入非苦非乐的“行舍”境地，继续进行精进修习，称“正念”“正慧”，由此产生“离喜妙乐”；四禅舍去三禅的妙乐，称“舍清净”，唯念修养功德，称“念清净”，由此得到“不苦不乐”的感受。大乘佛教中，定学与慧学常常结合起来修持，以智慧指导禅定。禅定又称“止”，智慧又称为“观”，合称“止观”，两者合起来修持,称“止观双修”。

禅定是佛教徒修习的基本功,不仅能制伏烦恼,而且能引发智慧。它是求佛道的门径、达到彼岸世界的桥梁。佛教传入中国后,以修为主的禅学获得了广泛发展,并逐步形成了中国化了的佛学——禅宗。传说禅宗为南北朝时从印度来的达摩禅师所创,他被尊为禅宗初祖。禅宗至唐朝时,分成南北两宗,南宗慧能对传统禅学进行了改革。中唐时,南宗受到朝廷重视,被尊为禅学正宗,慧能也被尊为禅宗六祖。

禅宗的基本思想包含在由慧能弟子整理而成的《六祖坛经》中:一是心性本净,人人具有真常心性。二是佛性本有,一切众生皆有佛性,人人都可成佛。三是见性成佛,觉悟不假外求,而应该“自悟”。四是即身成佛,众生可不必经历累世累生的修炼,只要能够开悟,当下即可成佛。众生与佛的区别只在于迷悟之间,迷即是众生,悟即是佛,这就是“顿悟”。五是无念、无相、无住。无念就是在与外物接触时,心不受外界任何影响。无相是心中不存有任何关于事物的印象。无住是说在诸法上无所留滞。能做到这些,虽处纷乱的尘世,亦能无染无杂,来去自由,毫无滞碍,当即成佛。

佛教的修持方法本来艰巨繁复,不要说普通的信徒,就是长年修行的僧尼也很难达到其所要求的境界。经过慧能改革后的禅宗彻底地中国化了,成佛的法门简易、直捷,可以不读经、不礼佛、不立文字。修习禅定,既能享受现实世俗生活的快乐,同时又可以见性成佛,即身成佛,使自己的精神达到理想的境界,使生命价值实现超越。因此,禅宗无论在普通民众还是在士人阶层中都有很大的吸引力。唐宋两代,士人对禅宗靡然向风,晚明时期,士人阶层中又流行起了“禅悦”之风,并且掀起了“狂禅”的风潮。

第四章　士人心态的文学个案

晚明士人就其整体而言，存在着一个基本的大致的心理趋向，这就是力求道统与政统合一的理想人格的解体，自我的觉醒和个性的张扬。就个体而言，则各个士人的心态又是很不相同的，他们的个性更是迥然有异：有的激越，有的平和，也有的冷漠；有的壮怀激烈，有的与世沉浮，也有的终身沉沦；有的功成名就，有的身败名裂，也有的声名无闻……这里分析晚明士人中的几个著名人物，他们或在文艺上，或在思想上是富有建树的，他们对晚明士人的心态，或晚明的文艺思潮有着或多或少的影响。

一、徐渭：自我的挣扎

万历二十一年，按农历是癸巳年，按公历是 1593 年，长期处于贫病煎熬中的徐渭在他的老家绍兴无声无息地走完了自己的生命之旅。徐渭生前声名不彰，他是布衣之士，但他并没有像某些山人、布衣一样挟自己的诗稿交游于公卿巨士之间。除了在他的家乡具有文名、他的一些同乡以及有过交往的少数文士知道他的文才外，了解他的人并不多，他的去世也就没有引起人们的注意。徐渭在晚明文坛享有盛誉是在他的身后。这与当时文坛巨子袁宏道的盛相推崇有关。在徐渭去世后大约四年，袁宏道来到绍兴，在朋友陶望龄的家中,无意间读到了徐渭的诗集,读了几首,惊跃而起。他和陶望龄读复叫,叫复读,一致称赏诗作奇绝。袁宏道称道徐渭的诗作为明诗第一。由于袁宏道的推崇和较为完备的徐渭遗著的编集出版,徐渭才为当时的人们所熟知。从晚明直到现代,不断有人推崇他,师法他,研究他。

徐渭的才能和成就是多方面的,无论是在作为正统文学的诗文、作为通俗文学的戏曲方面,还是在书法、绘画等艺术领域方面,他都有高深而独到的造诣。他自称书第一,诗第二,文第三,画第四,而对戏曲创作则只字未提,这不过是英雄欺世之言,自然是不能作数的。要对徐渭的文艺成就分出何者最高、何者次之的次序来不仅难以做到,而且也是无谓的。袁宏道在给徐渭作的传中称他"无之而不奇",这指的是徐渭的生平经历和文艺成就两个方面,也许只有这一个"奇"字,才能恰如其分地概括徐渭的全部。就文学艺术领域的广泛才能和高度成就而言,历史上大约只有唐代的王维、宋代的苏轼这样寥寥的两三个人才可以和徐渭相提并论,但是就人生的不幸和苦难而言,历史上却再也找不出一个文艺名家可以和徐渭相匹敌。用时乖命蹇、坎坷艰难这些字眼都不足以表达徐渭的多灾多难的一生。由于负载了太多的苦难,徐渭的心灵是畸变的,他的精神最后也崩溃了。如果说王维的人生是艺术的,苏轼的人生是诗化的,那么徐渭的人生则是无尽的自我挣扎。

1

1565 年,也即嘉靖四十四年乙丑,徐渭的悲观厌世思想发展到了极点,他自作了一篇墓志铭,企图自杀。这一年,他 45 岁,精神开始失常。病初起时,他心情烦躁,狂走不休。后来狂病大作,用大铁钉刺入耳中数寸深,又用椎子击碎阴囊,前后自杀达九次之多,但都没有死去。第二年,又因怀疑自己的继妻不贞而将她杀死,由此入狱达七年之久。

徐渭患的是妄想型精神分裂症。这种疾病的原发症状为迫害妄想,并常伴有幻觉,患病者偏执地坚信自己受到了威胁,遭受到迫害、欺骗和污辱,并有一些幻觉来坚持其不真实的论据,因此妄想型精神分裂症又称为偏执型精神分裂症。这是精神分裂症中最常见的一种疾病类型。它的病情发作可以表现为急性的或慢性的两种。但这类疾病的起病一般较缓慢,病程也较长,而且发病年龄也较晚,多在中年。这类疾病患者的智力一般较高,有许多是有学问有知识的人,患者的行为、情感及交往能力大部分保持完好,即使在病情最严重的时期,有许多人也给人留下精神正常的印象,他们的理解能力和判断能力似乎是很强的,只不过是固执地坚持基于妄想系统的歪曲信念。

徐渭患病的直接诱因是总督胡宗宪因结交权相严嵩而被逮。徐渭做胡宗宪的幕僚多年,与胡宗宪关系密切,担心受到胡案牵连,因害怕遭受祸害而发狂。担心受到牵连而遭祸并不是完全没有理由的,有这种恐惧感原本也属正常,但夸大这种恐惧感,把假想中可能遭受的危险当成现实的正在遭受的危险,焦虑过度,从而生出各种各样虚妄的想法来,则是严重的精神病变了。徐渭因惧祸以致于精神失常,完全是妄想造成的,这是典型的迫害妄想。这种迫害妄想似乎还有这样一件事情作为支持:胡宗宪被逮后,徐渭经人介绍去北京做了当时担任礼部尚书、不久又任内阁大学士的李春芳的幕僚。李春芳对幕客的要求很严格,徐渭感到难以适应,又因为胡宗宪遭逮捕,与徐阶和李春芳等人有关,徐渭因此不愿意为李春芳代撰献媚嘉靖帝的青词,入幕不久即辞别南归。后来李春芳要求他再次入幕,徐渭将六十两聘金全部退还,要求解除聘约,介绍人不肯接收,徐渭只得随介绍人赴京去见李春芳,经过在京友人的帮助解除了聘约。徐渭在自作的《畸谱》里说李春芳曾对他进行过“声怖”,这既有可能是徐渭和李春芳之间确实发生过不愉快,但也有可能仅仅是介绍人放出风声对徐渭进行过威胁，而处于妄想状态中的徐渭把它当成李春芳的用意了，还有一种可能是介绍人仅仅不愿接收被退还的聘金，口气比较强硬，所谓“声怖”，纯粹是出于徐渭的妄想。在聘约解除后，李春芳并没有为难过徐渭，但在解除聘约的过程中出现的若干麻烦，使徐渭错误地理解为这是对他采取的迫害措施，再加上胡宗宪被逮获释后第二次下狱，这两件事在徐渭的妄想系统中形成了牵连观念，加强了徐渭的迫害妄想，加剧了他的精神分裂症。

安想型精神分裂症病人的幻觉中以幻听最为常见，其次是幻视。病人常常听到一种不真实的声音，对他进行威胁、咒骂，或者对他发出命令，强迫他做某事或不做某事。徐渭后来在叙说自杀及医疗经过的《海上生华氏序》中说：“予有激于时事，病瘈甚，若有鬼神凭之者，走拔壁柱钉可三寸许，贯左耳窍中，颠于地，撞钉没耳窍而不知痛。”徐渭说他的拔壁柱中铁钉刺入左耳好像是受鬼神指使的，这表明他出现了鬼神幻觉，可能是幻听或者是幻视到鬼神对他发出指令。徐渭先后九次自杀，采取的自杀措施也往往很奇怪，如用椎子击碎阴囊之类，多半也是在幻觉支配下行动的。

徐渭因怀疑妻子不贞而杀妻的惨剧，也当是由他的妄想信念和由此出现的幻觉引发的。精神分裂症的病人常常会把别人的某些举动看成是针对自己或者损害自己的。怀疑丈夫或妻子不忠诚，怀疑家人要残害自己，这在妄想型精神分裂症的病人中是很常见的。徐渭杀妻后被革去生员资格而下狱，司法审理认为徐渭是因疑而妄杀，将他判处死刑，徐渭也担心自己会被处死，不断为自己辩护，并且到处托人说情以求免于一死。他在《上郁心斋》中坚持认为其妻有私情，并且明言妻子在家里接待了外遇：“抑不知河间奇节，卒成掩鼻之羞；贾宅重严，乃有窃香之狡。”并且埋怨当时的司法审理对他作出的判决是“里闬之论，又任取以为依据”，因为当时的社会舆论和司法审理都不利于徐渭，或认为他疯狂而多疑，或认为他矫情而残忍，“顷罹内变,纷受浮言,出于忍则入于狂,出于疑则入于矫”,徐渭对此进行否认,他为自己辩护说:“但如以为狂,何不概施于行道之人?如以为忍,何不漫加于先弃之妇?如以为多疑而妄动,则杀人伏法,岂是轻犯之科?如以为过矫而好奇,则喋血同衾,又岂流芳之事?凡此大凡,虽至愚亦知所避,求诸众恶,惟明公或在所原。”

徐渭的辩护是很容易使人相信他精神正常、辩护理由充足的,但只要知道了妄想型精神分裂症患者的行为、情感等能力基本没有受到损坏,他们的理解能力和判断能力似乎很强这些特点,也就不会感到奇怪了。而且,如果我们稍稍仔细地分析一下徐渭的这段辩护词,就不难发现他的推理是混乱的,思维是存在着障碍的。徐渭杀妻不外乎两种情况:要么精神不正常而杀人,要么精神正常而杀人,两者必居其一。精神不正常而杀人,则是出于多疑而疯狂;精神正常而杀人,则是出于矫情而残忍。否认了自己精神不正常,不是出于疯狂而多疑妄杀,则必然是在精神正常的情况下,出于残忍和矫情而故意杀人。反之亦然。而徐渭在辩护中既否认自己疯狂和多疑妄杀,又否认自己残忍和矫情,这等于既不认为自己精神不正常,同时又不认为自己精神正常,这样的推理显然是混乱的。徐渭的辩护词旨在说明杀妻是别有隐情的,但人们从他的辩护词里得到的信息却是他根本就没有杀过人,旨在说明一回事,而表达出来却成了另一回事,这就是思维障碍。

尽管徐渭坚持认为自己的妻子不贞,并且埋怨当时的司法审理对他作出的判决是不公正的,但我们可以认为这是妄想型精神分裂症患者的偏执的妄想信念造成的。作为精神病患者的徐渭的供词或辩护词在司法审理上是不能当作判决的依据的,自然也不能成为我们判断的依据。其实,并没有确切的材料可以证明徐渭的继妻对他不贞,无论从上文所提到的徐渭辩护词中,还是从徐渭的其他传记资料中,都可以看出,当时人们都认为徐渭杀妻是出于疯狂多疑而妄杀,他的妻子是冤死的。陶望龄是徐渭的同乡后辈,对徐渭的事迹颇为熟悉，他在《徐文长传》中说徐渭“为人猜而妒，妻死后有所娶，辄以嫌弃，至是又击杀其后妇”，就是说徐渭的性格是有缺陷的，夫妻关系处理不好完全是徐渭自己造成的，说他击杀继妻，是由于“猜而妒”的性格，而不是他的继妻真有什么不贞行为。袁宏道的《徐文长传》中说他“以疑杀其继室，下狱论死”，也认为他杀妻是猜疑造成的。猜而妒本是人格缺陷，发展到极致则属精神变态，而在精神分裂症患者那里则发展成为妄想信念。

徐渭杀妻一事，在晚明和清代形成了种种离奇的传闻，这些传闻尽管不足凭信，但有一点是一致的，即都认为徐渭的妻子是冤死的，而徐渭是因疯狂而杀妻。而且我们对这些离奇的传闻进行分析和还原，大致可以得到这些传闻的原型，还可以知道徐渭杀妻确实是由他的偏执的妄想信念和由此引发的幻觉造成的。

徐渭做胡宗宪幕僚前后有五年之久，这期间胡宗宪为他续娶妻室。妻子张氏年轻貌美，而我们从许多资料中可以看出，徐渭的性格猜忌而多疑，这种性格的人对长期不在一起的娇妻美妾自然是不放心的，对妻子的言动自然是加倍留意的。徐渭在《抄小集自序》中说：“余夙学为古文词，晚被少保胡公檄作《鹿表》，已乃百辞而百縻，往来幕中者五年，卒以此无聊，变起闺阁，遂下狱。”他多次辞职回家，一个很重要的原因就是对妻子不放心。胡宗宪被捕入狱，诱发了徐渭的精神分裂症，本来就对妻子不放心的徐渭这时候变本加厉地发展出了妻子对他不贞的偏执妄想。这样，妻子与他人之间的必要应酬往来，如客人来了进行招待，出于同情心对贫寒之人进行周济等，都可能被徐渭妄想成妻子不贞的行为。清人顾景星《白茅堂集》卷四三《书徐文长遗事》中说：“文长之椎杀继妻也，雪天有僮踞灶下，妇怜之，假以亵服，文长大詈，妇亦詈，时操櫂取冰，怒掷妇，误中。”这个传说自然掺杂了许多想象的成分，如后面说到县尉验尸锻炼和御史如何使徐渭出狱就很不可信，而上所引文字中徐渭操櫂杀妻的细节也不一定可靠，说徐渭的妻子拿出“亵服”即内衣给人保暖，可能也是出于转述者的想象，因为在大雪天，一件内衣对御寒恐怕没有多大帮助。不过，这个传说倒是道出了徐渭具有偏执的妄想信念的特征。经过剥析，我们大致可以知道这个传说的原型是这样的：下雪天有年轻仆人蹲在灶下取暖，徐妻看到他寒冷，出于同情心，拿出多余的衣服让他御寒，徐渭见了，辱骂妻子，妻子不堪忍受，回骂了他，由此发生激烈冲突。本来妻子拿出衣服来让人御寒是完全正常的行为，没有什么可指责的，但在精神分裂症患者徐渭的眼里，这自然具有特殊的意义，在他的妄想信念中，成了妻子对他不贞的表现。

冯梦龙的《情史类略》卷一三《徐文长》中也记载了徐渭杀妻的传说：“一日，渭方自外归，忽户内欢笑作声，隔窗斜视，见一俊僧年可二十余，拥其妇于膝，相抱而坐。渭怒，往取刀杖趋至，欲击之，已不见矣。问妇，妇不知也。后旬日，复自外归，见前少年僧与妇并枕昼卧于床。渭不胜忿怒，声如吼虎，便取铁灯檠刺之，中妇顶门而死，遂坐法系狱。”另外，钱希言《獪园》、顾公燮《丹午笔记》等书中也有详略不同的类似记载，可见这些传闻是有所本，而且是出自同一来源的，而流传既广，也就逐渐变形了，经过不断加工，离事实越来越远了，以致我们往往把它们当作小说家言而不屑一顾。不过，剥离这个传闻的传奇色彩之后，我们可以知道，它实际上揭示了徐渭具有因妄想信念而产生幻觉这一病症。精神分裂的徐渭因妻子不贞的妄想信念，产生了妻子不贞的幻觉。他幻听到妻子与别的男人的欢笑声，幻视到妻子与别人发生恋情，是非常可能的。徐渭幻视到的男子不一定是年轻僧人，将其坐实为一个年轻僧人，以及徐渭杀妻的其他细节，显然有很多是出于后人的想象。

胡宗宪的被捕对徐渭的精神是个很大的刺激，诱发了他的妄想型精神分裂症，使他产生了迫害妄想，加剧了他的多疑和猜忌，使他形成妻子不贞的偏执信念，并引发了一系列幻觉，导致了杀妻惨剧的发生，这是我们对徐渭杀妻一事的解释。古人缺乏精神病学和心理学的知识，不能解释徐渭因妄想和幻觉而杀妻这一现象，把它和因果报应联系了起来。如以上这些传闻把徐渭幻视中与妻子发生恋情的男子说成年轻僧人的鬼魂所化，而这个年轻僧人是因徐文长的缘故而被胡宗宪冤杀的。如《情史类略》中是这样记载的："渭尝出游杭州某寺，僧徒不礼焉，衔之。夜宿妓家，窃其睡鞋一只，袖之入幕，诡言于少保，得之某寺僧房。少保怒，不复详，执其寺僧二三辈，斩之辕门。"并说徐渭杀妻入狱被释放后，"一日闲居，忽悟僧报，伤其妇死非罪，赋《述梦》诗二章"。睡鞋之类虽然也是传说，不一定可靠，却是由一定的本事敷演而成的。袁宏道《徐文长传》中说："有沙门负赀而秽，（徐渭）酒间偶言于公（指胡宗宪），公后以他事杖杀之。"这样，和徐渭杀妻本来没有多大联系的一些事情，与徐渭因患精神病产生幻觉而杀妻的事情联系在一起，经过敷演和变形，糅合进了冤报的思想，使得后人不能看出事情的原委。我们为了说明徐渭因患精神分裂症而出现妄想和幻觉的病症，也就不得不花费较多的笔墨来对这些类似小说家言的传闻进行剥析和还原。

2

并不是所有遭受重大挫折的人都会发生精神病变的，发生精神病变是有其心理基础的。在出现突发性事件或重大打击的情况下，有些人能够很快地从恐惧、痛苦中解脱出来，心理创伤得以平复；有些人则经受不住刺激，心理严重失衡，甚至出现精神病变。一般来说，心理健全的人发生精神病变的可能性较小，而心理存在障碍的人容易发生精神病变。

胡宗宪的被捕，只不过是徐渭精神分裂症发作的直接诱因，而不是其根本的原因。我们通过对徐渭生活道路和心灵历程的探寻，可以发现，徐渭的精神分裂症是他的自我挣扎的结果。一方面，他的自我意识异常强烈;另一方面,不幸与痛苦始终伴随着他,压迫着他,阻碍了他的自我实现。为了实现自我价值,他苦苦地挣扎着,而自我价值始终得不到实现。各种痛苦长期地折磨着他,使他的心灵发生畸变,当他再也负担不起这双重苦难时,他的精神彻底崩溃了,悲剧诞生了。

那么,徐渭现实的和心灵的痛苦是什么呢?是基本需要得不到满足。作为人,首先得要有起码的维持生存的衣、食、住、行等条件,同时他还需要受到保护,有安全感,需要得到爱和被爱,需要自尊和被人尊重,需要自我实现。生存的需要、安全的需要、爱的需要、尊重的需要和自我实现的需要被称为人类的五大基本需要。在满足基本需要的前提下,人还有发展的需要。这些需要不仅是生理的,也是心理的。当这些需要特别是基本需要得不到满足时,人是会产生焦虑、不安和痛苦。而徐渭不要说发展的需要得不到满足,就连五大基本需要中最基本的需要都得不到满足。

首先,他的家庭生活极其不幸。物质生活的困顿、失去依托和保护、爱与归属的权利被剥夺,这些痛苦是交织在一起的。徐渭生后百日,他的父亲就老病而死,他的生母原是他父亲的续娶妻子的侍女被纳为侍妾的。父亲的去世,不仅使徐渭失去了最有力的保护人,而且使他全家的生活陷入困顿。他的嫡母苗夫人虽颇有持家的才能,但还是很难把生活维持下去。苗夫人是云南人氏,对内地生活不适应。徐渭的两个比自己大二十岁以上的异母兄长是父亲的原配所生,与继母关系不融洽,家庭纠纷不断发生。而且长兄经商亏本,使家道更为困难。徐渭 10 岁时,家庭生活实在维持不下去了,苗夫人被迫遣散了一批仆人,徐渭的生母也在被遣之列。直到徐渭 29 岁时,他才把生母接回家中奉养。生母被夺这件事给徐渭幼小的心灵留下了永久的创伤,后来他在《畸谱》中回忆道:“苗宜人,渭嫡也,教爱渭,世所未有也,渭百其身莫报也,然是年似夺生我者。”他对嫡母的抚育之恩非常感激,但对她活活拆散他与生母这件事始终耿耿于怀。可是悲剧还在继续。嫡母苗夫人因自己没有生育,对徐渭非常宠爱,是他的保护者和教育者。徐渭 14 岁时,这位与自己相依为命的嫡母也去世了。嫡母的去世,使徐渭失去了唯一的保护人。他生活无着,只得依赖于长兄。而长兄待这位幼小的异母弟显然是很不好的。徐渭在《上提学副使张公书》中自述处境说:"骨肉煎逼,萁豆相燃。日夜旋顾,惟身与影。"充满了愁苦和哀怨之情。

徐渭生活极其困顿,连维持生计都发生困难,更不要说拿出钱财来作娶妻的聘礼,不得已,在 20 岁时只好入赘潘家,并随同在外省做地方小官的岳父去完婚。岳父待他很好,但由于是赘婿,徐渭总有寄人篱下的隐痛。何况妻子有哥哥,而岳母是妻子的继母,处于这样的家庭中,徐渭夫妇还得事事小心,处处留意,生怕惹出是非。徐渭的妻子貌美而且贤惠,这对徐渭枯竭的心灵无疑是个极大的慰藉。但是好景不长,结婚仅五年,年仅 19 岁的妻子因产后虚弱,病情加重而去世,这一年徐渭也只有 26 岁。妻子去世后,徐渭自感不能再寄居于岳父家了,从岳父家搬了出去。在妻子去世前,徐渭的两个异母兄长也已先后去世,都没有后嗣,徐渭本来可以继承他们的遗产,但由于入赘出居而丧失了继承权,在诉讼中失利,老屋被外姓人占据,年轻失偶的徐渭失去了家园,又一次无家可归了。不得已,他只好出外谋生,后来又在绍兴城东租了几间屋,以教授学童为生。原配潘氏死后,在续娶张氏前,徐渭还结过两次婚,其中一次仍是做赘婿,但这两次婚姻都不顺利,都是维持不到一年就离散了。

其次是科场上的挫折。通过科举考试求得出身,走上仕途,在那个时代里被视为正途,只有取得功名,获得社会地位,才能受到世人的尊重,光宗耀祖,因此科举入仕是自我实现的最好途径。像别的士人一样,徐渭很早就走上了科举的道路。他的文才在幼年时就显露了出来,9 岁就能作文,曾得到地方官员的赞赏,10 多岁时仿扬雄《解嘲》作《释毁》,轰动了绍兴城。有这样的文才,徐渭自然是非常自负的，再加上家庭困境，他出人头地的愿望自然比常人强烈得多。可是他偏偏科场不顺。在 20 岁时第二次应童生试，仍然没能取得生员资格。他上书当时的浙江提学副使，请求复试，经复试方被录取为县学诸生即秀才。从 20 岁到 41 岁胡宗宪被逮之际，他一连八次参加乡试，都没有考取举人。

幼年失怙、青年失偶、家园失落、科场失利，从幼年到壮年，各种不幸和灾难接踵而至，带给徐渭的痛苦既是现实的，又是精神上的。现实的痛苦也许可以随着时间的流逝而淡忘，留在心灵上的创伤则是永久的。特别是科场上的一次次失利，使得他的自我价值始终得不到实现。而徐渭的自我意识又是异常强烈的。他不肯俯仰随人，时时显示出自己的个性来。嘉靖、万历年间，李攀龙、王世贞等主持诗坛，排挤比他们年长的布衣诗人谢榛，本来这件事与徐渭毫无关系，但徐渭因自己也是个布衣而对李、王非常痛恨，作诗痛斥他们欺压布衣的行为："乃知朱毂华裾子，鱼肉布衣无顾忌。"(《廿八日雪》)他始终不肯像别的布衣诗人那样奔走或依傍于王世贞的门户，以期受到他的奖掖而显名。即使在做胡宗宪幕僚时，他也不肯屈己从人。当时胡宗宪权倾东南，威势正盛，文官武将们在公堂上参见胡宗宪，跪着说话，不敢仰视，生怕遭到胡宗宪的责骂甚至诛杀，而徐渭身为一介诸生，穿着布衣，戴了破头巾，直闯而入，对胡宗宪作一长揖，就坐下来高谈阔论，旁若无人，胡宗宪反而时时屈从于他。有时幕中正有急事，召不到徐渭，有人报告说："徐秀才正在酒楼中喝得大醉，不肯回来。"胡宗宪只得敞开军门等他到深夜。

有着如此强烈的自我意识，而他的自我实现的需要又得不到满足，这给他精神上造成的痛苦自然比常人更大。徐渭所遭遇的不幸和灾难中的任何一项，都可能使人的心理发生严重的畸变，何况是一次又一次地遭受打击，何况徐渭的自我意识是那样的强烈。这一切埋下了徐渭精神病变的祸根。还有，我们不得不注意到，徐渭生理上的病痛长期地折磨着他，他患有心疾和脑风，不时发作，在他入胡宗宪幕后，曾经因心疾加剧而不得不告假休养。精神上和生理上的痛苦，使他内外交困、身心交瘁。

胡宗宪的被捕诱发了徐渭的精神分裂症，这一事件对徐渭精神上的刺激自然是非同小可的。我们了解到胡宗宪与徐渭之间的特殊关系，才会理解这一事件对徐渭心灵的打击之大。徐渭在妻子去世、家园失落之后，或在绍兴城东租屋授徒，或流寓外地，过着十多年百无聊赖、落魄无依的生活，其间又经历了两次短暂而不幸的婚姻，又数度乡试失利，心灵早已枯竭。这时候在浙江沿海一带负责抗倭的胡宗宪召他入幕，在数召数辞之后，终于入幕。进入胡宗宪的幕府，对徐渭来说就像枯鱼得升斗之水而活。起先徐渭可能并没有享受到特别的待遇。因嘉靖帝喜好祥瑞，胡宗宪进献了在海岛上捕获的白鹿，徐渭代作了进献表。因表作得好，嘉靖帝非常高兴，赏赐了胡宗宪。胡宗宪也因此格外倚重徐渭，后来凡表、疏、启、书之类事务性、应酬性的文字大多依靠徐渭代笔。而且徐渭的作用并不限于起草文书，他还好出奇计，颇具军事才能。胡宗宪抗倭战役的重大胜利中多次有徐渭的参与和谋划。胡宗宪对他宠礼有加，徐渭的失礼和冒犯行为，胡宗宪也从不予计较，还替他买屋娶妻，嘱咐主持浙江乡试的考官照顾徐渭，后因故未果。

当然，胡宗宪对徐渭也不是一味优容的，徐渭告假养病在家，胡宗宪多次派人前往，一则表示慰问，二则疑心徐渭装病不赴任，因而特意探听虚实。而且，徐渭在幕府中不得不违心地替胡宗宪起草大量称颂皇帝和朝廷权贵的文书，他对祸国殃民、残害忠良的当朝奸相严嵩是深恶痛疾的，但他不得不压抑自己的意志多次写作为严嵩歌功颂德的文书，这使他的内心充满了痛苦，他在别的文章中多次表白心态为自己辩护。尽管胡宗宪对徐渭不无疑心，徐渭对代胡宗宪起草应酬性文书感到内心压抑和痛苦，他们之间却已形成了一种特殊而密切的关系,相互依存,谁也离不开谁。胡宗宪需要徐渭的生花妙笔来取媚于皇帝和权贵,取得更高的职位和更多的实利,徐渭也需要借助于胡宗宪的力量来施展自己的才干,实现自我价值,至少可以使自己和家人免于饥寒。尽管违心地起草应酬性的文字使徐渭的内心感到压抑和痛苦,但胡宗宪对他的知遇之恩足以使他充满感激之情。徐渭终于有了施展自己才能的机会,自我价值初步得到了实现,他的命运开始出现转机。

胡宗宪的被捕,使徐渭彻底失去了依托。而且,由于徐渭盛气凌人,得罪了不少人,这又使他树敌甚多。他通过胡宗宪实现自我价值的希望成了梦幻泡影。这正像一个跌入深渊的人经过千辛万苦爬上了悬崖,抓住了悬崖边的一块石头,而这块石头却是松动的,石头滚动了,他又随着石头重新跌落到了深渊中去一样,这对徐渭的打击实在太大了,本来已经衰竭的心灵再也经受不了这样的打击,他的精神彻底地崩溃以至分裂了。

徐渭杀妻入狱七年,经朋友们的多方援救而出狱。他的生员资格因杀妻而被革除,再想参加乡试是不可能了。使徐渭感到人生失意的还有他的两个儿子:大儿子行为不良,不时在外面惹是生非,使他感到忧愤,父子失和而分居另处;小儿子由于贫困,只得入赘于他家。徐渭的精神分裂症时发时止,加上其他各种身体疾病,晚年基本上是在贫病交加中度过的。

3

徐渭的自我意识异常强烈,而现实的不幸与心灵的痛苦始终伴随着他;他努力追求自我的实现,而他的自我却始终得不到实现。理想与现实之间的对立造成了他内心不可调和的冲突,他的胸中是充满了磊落不平之气的。他的不平之气渲染于笔端,通过文艺创作宣泄了出来。袁宏道用一个“奇”字来概括徐渭的文艺创作,这个“奇”

字不仅是指徐渭的创作眼空千古、独立一时、富于个性精神，更主要的是指他的创作怪诞、变形，是一种异乎常人、不可捉摸的心灵感受的外化。

徐渭的诗作中，除了怀人、唱和之类应酬之作外，写景状物的亦复不少。他游历既广，所见所闻也多，袁宏道说他："其所见山奔海立、沙起云行、风鸣树偃、幽谷大都、人物鱼鸟，一切可惊可愕之状，一一皆达之于诗。其胸中又有一段不可磨灭之气，英雄失路、托足无门之悲，故其为诗，如嗔如笑，如水鸣峡，如种出土，如寡妇之夜哭、羁人之寒起。当其放意，平畴千里；偶尔幽峭，鬼语秋坟。"这些景象险怪诡奇，而他诗作的意境也是阴冷、凄艳、可怖、怪异的，他用这些不寻常的意象来表现自己孤独、抑郁、焦虑、恐惧的内心世界，表现他的自我的挣扎。

他的画作也是如此。他擅长泼墨写生，花卉草木在他的画作中非常多见，如墨荷、墨菊、墨梅、墨竹、墨芍药、墨牡丹、墨古藤等等，这与传统的画技、画法是不合的。如牡丹被视为富贵花主，光彩夺目，前人多用钩染、烘托的技法以见其长，徐渭却用泼墨法来作，这显然不是为了表现牡丹的富贵艳丽，而是表现了他抑郁、苦闷的心境。他的很多画作表现了花卉草木在凄风、苦雨、冷雪中的姿态，如风竹、雨竹、雨中芭蕉、雪中牡丹、雪中水仙、雪中芭蕉、雪梅、雪竹之类，而且他常用瘦笔、破笔、燥笔、断笔的技法来表现这些植物遭受风雪严寒侵袭和压迫之态。无疑，这是他的自我在现实重压下痛苦挣扎的折射。如他的多幅以大雪压竹为题材的作品就很明显地透露出了这一点。他有题画诗《雪竹》三首，其三说："画成雪竹太萧骚，掩节埋青折好梢。独有一般差似我，积高千丈恨难消。"以竹子在大雪的重压下掩节埋青、竹梢折断来喻自己在现实中的挫折和痛苦，他和竹子一样胸中充满了不平之气，苦苦地挣扎着，努力从重压下挺立起来。其一说："雪压烟迷月又蹉，前村昏黑水增波。梅花也自难张主，数尺寒梢奈尔何。"诗意和画境阴冷、凄迷、昏暗，给人一种压抑、紧张而又无奈的感受，这正是他痛苦挣扎的写照。其二说："万丈云间老桧萋，下藏鹰犬在塘西。快心猎尽梅林雀，野竹空空雪一枝。"另一首《题雪压梅竹图》与此相似："云间老桧与天齐，滕六寒威一手提。折竹折梅因底事，不留一叶与山溪。"研究者们都认为在画境和诗意上都相似的这两首作品创作于胡宗宪被捕之后，以云间老桧指当时的首辅、松江人徐阶（"云间"是松江的别称），梅林是指胡宗宪（胡宗宪号"梅林"），而孤立无依、折枝去叶的野竹显然是作者自喻。这两首诗中都使用了隐语，喜用隐语固然是中国诗歌的一个传统，不过，存在着思维障碍的精神分裂症患者也同样喜欢使用这样一类象征性的词语，他们常常用一些很普通的语词和句子甚至动作来表达某些特殊的、旁人难以理解的意义。徐渭在这两首诗里使用象征性词语，与其说是受诗歌传统的影响，倒不如说是他的精神病变所致。这两幅画和两首题画诗表明了徐渭由自我的挣扎走向了自我的分裂。

无论是诗文还是书画，徐渭的许多作品，把一篇或一幅作为整体来看，则不失奔放飞动，但具体到某个局部或某个细节，则可能流于粗鄙和生涩，使人感觉怪诞和突兀，又感觉到一种另类的和谐与贴切。人们常常惊叹于徐渭能将两种完全不同的风格，如诗文中将雅与俗，书画中将苍劲和柔媚完美地结合在一起，构作出使人意想不到的、用思维和理论没法表达清楚的意象和画面。这自然可以归因于徐渭的独创能力，而这种独创能力正来自于他心理上的变态所引发的感受上的特异性。

徐渭的作品中最引人注目的是他的《四声猿》杂剧，这是四个题材不同的短剧的总称。猿鸣声凄绝哀惋，容易使人联想到人生悲哀，《水经注·江水注》中引古民谣"巴东三峡巫峡长，猿鸣三声泪沾裳"，《四声猿》即取名于此。猿鸣三声已经催人泪下，猿鸣四声更使人愁肠欲断。徐渭因有人讥讽他作《四声猿》杂剧，作诗《倪某别有三绝见遗》作答，末一绝说："要知猿叫肠堪断，除是侬身自做猿。"可见徐渭的《四声猿》杂剧确实是人生的悲鸣，是他内心抑郁情绪的宣泄，是他自我挣扎的表露。

然而，这四个短剧是很难解读的，人们阅读其具体内容，很难把它们跟“四声猿”之名的寓意与徐渭的生平经历、痛苦情绪结合起来。作者所要表现的与读者所理解的之间是存在着障碍的，这种障碍是由徐渭的精神变异造成思维障碍，使得作品怪诞、特异、严重变形引起的。

《四声猿》中的《玉禅师》二出，前一出写一个修持多年、功法深厚的高僧玉通经不住妓女的引诱，犯了淫戒，随即忧愤坐化，为了报复，他转世于指使妓女引诱他破戒的某官员家为女儿，后做妓女，败坏这名官员的门风；后一出写玉通的师兄月明和尚让已转世为女子的玉通明白自己的前世经历，点化他修成正果。这一杂剧使人难以确知它的主旨是讥刺佛性在凡情面前的无能为力，还是宣扬佛法无边，使人终成正果，更使人不解这一故事与“四声猿”之名的寓意有什么联系。

《雌木兰》和《女状元》分写两个杰出的女性，她们都是女扮男装，或驰骋于疆场、建立奇勋；或扬名于科场、高中状元，充分展示了她们的文才武略。不过，她们尽管才华出众，最后的结局都是不得不恢复女性的身份，出嫁从夫，重回从属的地位。这两种杂剧实际上正是作者具有文才武略，渴望自我实现而自我最终得不到实现的心理的曲折反映。既然自己的理想和价值在现实中得不到实现，那么就把它交给梦幻和想象，让它们在自己的创作中实现吧。徐渭的这两种杂剧中，两位改扮男装的女性得以充分展示自己的杰出才能，正是徐渭渴望自我实现的心理的无意识外化，是怀才不遇者的一种类似白日梦的自我安慰。而两位女性为了施展自己的才能不得不女扮男装，自己的女性身份一旦公开，得以施展才能的机遇也就随之终结了，这是作者对现实社会不平等、个人意志和才能要受到各种限制和束缚、自己遭受各种不幸，感到悲愤和哀怨的曲折反映。不过，同样是由于徐渭的精神病变造成的思维障碍，这两种杂剧也是大大地变形了，本来应该是悲剧，却以喜剧的面貌出现，作者的悲愤忧郁情绪也被轻松的喜剧情调所稀释了。

《狂鼓史》是《四声猿》中最具影响力、最能体现徐渭戏剧才能的作品。有许多研究者把它同现实事件联系起来，以祢衡击鼓骂曹操比附沈炼怒斥严嵩，这样的解释自然是不乏根据的。不过，我在这里却宁愿把这一杂剧看作徐渭悲愤不平情绪的尽情宣泄。孤介狂傲的祢衡形象实际上是作者自喻，而剧中的曹操并不一定有实指，因为自宋元以来，在文学形式中曹操已经成了一个奸邪与罪恶的化身，这是一个形象、一个符号。这一杂剧在剧情安排上同样有常人意想不到之处，祢衡击鼓骂曹操不是在现实中，而是在地府应判官之邀，重演了一遍。以鬼戏写人情，显得荒诞，又不失真实。剧中祢衡痛骂曹操的唱词简直是狂野地喷泻出来的。这一杂剧给人一种奇异的美感，这同样与徐渭的精神变异所造成的心灵感受上的特异性有关。

二、李贽：激情与谵妄

李贽是晚明时期非常怪诞、非常奇特的人物。他在本质上是个儒家学者，却又时时不满意于儒家的传统学说，在许多问题的看法上与道统相悖离，甚至对孔孟的学说也敢于非议。他不是佛家的信徒，却偏偏削发为僧；虽然出家，却毫不遵守佛教的戒律，并且还在佛堂中悬挂孔子之像。他不是伊斯兰教徒，却在遗嘱中要求按穆斯林的仪式下葬。他长期沉沦下僚，好不容易升任知府，在知府任上颇有政绩，得到提升的希望很大，但正在这苦尽甘来之际，他又不愿为官了。在任期将满、接受上级考核之时，他提出了卸任的请求，得不到允许，就自动离职。尽管自动脱离了官场，甚至遁入空门，他对社会政治却始终保持着热切关注。他毫不留情地对士人阶层的虚伪道德进行批判，却又始终去除不了士大夫的习气，而且在退休后，依靠官僚朋友的接济度日，他也丝毫不觉得有什么不妥之处。李贽的怪诞行为还可举出种种，如在知府任上，与和尚同坐公堂上，一有空闲，就与和尚讨论佛法，甚至把办公地点设在寺院中，在寺院里处理公事。后来他削发为僧，寓居于麻城芝佛院，与当地上层社会的妇女通信往来，毫不理会社会舆论。凡此种种，不一而足。

这使李贽在晚明成为一个最有争议的人物，无论在生前还是在死后，他都拥有众多的崇拜者和追随者，也有着众多的反对者和诋毁者。有的人把他看作圣人，奉为教主；有的人则把他看作妖人，诋为异端。有的人称赞他品行高洁，有的人攻击他行为卑污。有的人认为他的著作得孔孟之心传，大有补于世道人心；有的人却认为他的著作毁圣叛道，惑世诬民。对同一个人、同一的品行和同一的著作，可以得出二律背反式的评价，这本身也是颇为奇特的。李贽的著作在他生前和死后两次遭到禁毁，但这些著作几乎都被刊刻了出来，在社会上流行不绝，并且还出现了许多伪托他的名字的著作。许多士人弃儒家的传统经典不读，对李贽的《焚书》《藏书》等著作却是人手一册，这也是颇为奇特的一种现象。

对这样一位奇特的人物，我们探讨他的心态，也许不是一件毫无意义的事。

1

李贽追求的是自由自在、无拘无束的人生境界，为了这种人生境界，他努力从世俗的纷扰、俗务的羁绊、礼法的约束中脱离出来。

虽然李贽像别的士人一样很早就走上了读书应举的道路，但是他却把读书应举、出仕升官看成人生的苦役。当时的科举考试以“四书”“五经”为试题范围，以朱熹等理学家的传注为标准答案，但是李贽对经书的理解，往往不能与朱熹的心意相切合，这使他感到难以应付，曾经想放弃举业，只是闲着没事才继续了下去。他在26岁时考中举人，按照常理，在考中举人后得向考进士的目标努力了，何况李贽正青春年少，但是李贽却放弃了进士考试。他不再应试的重要原因之一，是从福建上京赶考路途遥远，他不愿忍受这旅途的艰辛。此外，他还得承担起家庭的责任。他的初衷只是凭举人资格在近便而且富庶的江浙地区做上一名低级官吏，对被分派往二千里以外的共城(今河南辉县)做儒学教谕大失所望，但也只得上任。其后，他又在南京和北京的国子监中分别做了几个月的教官，又任礼部司务五年，又调任南京刑部员外郎近五年，最后在他51岁时被任命为云南姚安府知府。他并不觉得官职升迁是件人生乐事，反觉辗转调任苦不堪言。他在收入《焚书》卷三的《卓吾论略》中感慨道："嗟嗟，人生岂不苦，谁谓仕宦乐！仕宦若居士，不乃更苦耶！"

李贽毫不例外地像其他人一样得承担起对家庭的责任，并且还负有照顾整个家族的义务。他在考中举人之后，接受了儒学教谕这样低微的官职，为的是能够得到俸禄赡养老父、帮扶弟妹。在他因父亲去世而回家守制之时，正值倭寇来犯，他带领家族成员参加守城之役，并且还得解决三十多口家族成员的粮食问题。为了躲避倭寇侵扰带来的灾祸，他在三年服丧期满、进京复职之时，又不得不带领全体家族成员一起前往。在回家奔祖父之丧期间，他不仅安葬了祖父，而且将因贫困无力安葬而一直停放着的祖宗三代的灵柩一起入土为安了，这些灵柩停放时间最久的已经超过五十年了。尽管李贽不得不这样做，但在他的内心深处，却把承担家庭责任和照顾家族成员当成人生的苦役。他安葬了祖宗三代的灵柩，仅仅是为了免受不孝之讥，并没有更多的奢望。当他回家奔祖父之丧时，为了免除拖家带口的牵累，把自己的妻女暂时安置在河南共城，为她们购买了数亩田产，让她们耕作自食。结果等他丧满返回时，自己的两个女儿已因饥荒而饿死了。当他去姚安任知府之时，也是把自己的女儿、女婿留在黄安(今湖北红安),托付给朋友照管的。

李贽在姚安知府任上颇有政绩,任期将满,他的上司准备将他的政绩呈报上去,使他能够升迁,但李贽却提出了辞职请求。上司又要求他暂缓两个月离任,那么即使退休也可以得到荣名,但李贽执意不肯,自动离去。正当年富力强、官运亨通之时却选择了离职退休,这在一般人看来简直是不可思议的事。而且,李贽在退休后,不是像一般人那样衣锦还乡,而是把自己的家迁到了湖广黄安,寄居在朋友耿氏兄弟那里。李贽不是不能回归故乡,而是不愿意回去,这也是使人感到怪诞的事。但这正是李贽的个性独立发展,追求自由自在、无拘无束的精神境界的结果。

在李贽的眼中,人生是不自由的,因为人一出生就要受到别人的管束和礼法的牵制,而他最大的愿望是不受管束。他在晚年所作的《豫约·感慨平生》中说道:"缘我平生不爱属人管,夫人生出世,此身便属人管了。幼时不必言,从训蒙师时又不必言,既长而入学,即属师父与提学宗师矣。入官,即为官管矣。弃官回家,即属本府本县公祖父母管矣。来而迎,去而送;出分金,摆酒席;出轴金,贺寿旦。一毫不谨,失其欢心,则祸患立至。其为管束至入木埋下土未已也,管束得更苦矣。我是以宁飘流四外,不归家也。其访友朋、求知己之心虽切,然已亮天下无有知我者,只以不愿属人管一节,既弃官,又不肯回家,乃其本心实意。"追求个性独立,不愿受人管束,使得李贽为官时,不断与上司发生冲突。做儒学教谕,与县令、提学相冲突;做国子监教官,与祭酒、司业相冲突;做礼部司务,与尚书、侍郎相冲突;做刑部员外郎,与尚书、大理寺卿相冲突;最后做知府,又与巡抚、守道相冲突。不断与上司相冲突,也使李贽受尽磨难,二十来年沉沦下僚,也当与此有关。这也是他不愿为官的一个原因。

其实,他的不愿为官,并不是知府任期将满时才产生的念头,在此之前早已萌生此意。当他从北京往云南赴任,道经湖广,在黄安见到了耿氏兄弟，即有弃官留住之意，只是由于耿氏兄弟反复劝告，他才将女儿、女婿留在那里，自己前往任所。并且与耿氏兄弟约定，等三年任满后，得到正四品官职的俸禄可为养老之用时，再回到黄安来与他们一同商讨心学。由此可见，李贽之所以能够忍受二十多年的官场生涯，完全是为生计所迫，并不是贪求富贵。因此，当他的基本生存条件能够得到保证时，他也就弃官职如敝屣了。他在《感慨平生》中也谈到了这种心态。他说世上有三种人决宜出离家乡：第一种是像庄子、梅福这样的以身世为赘疣的人。第二种是像严光、阮籍、陈抟、邵雍这样一定要遇上知己之主，否则宁隐不出的人。第三种是像陶渊明这样的人，“亦贪富贵，亦苦贫穷。苦贫穷故以乞食为耻，而曰‘扣门拙言词’；爱富贵故求为彭泽令，因遣一力与儿，而曰‘助汝薪水之劳’。然无奈其不肯折腰何，是以八十日便赋《归去》也”。他说自己最欣赏陶渊明这样的人，“夫陶公清风千古，余又何人，敢称庶几，然其一念真实，受不得世间管束，则偶与同耳”。

但是弃官后，即使离开家乡，所游之地还是有地方官员可以管束自己的，还是不能实现真正的自由。李贽寄居在黄安，即有初上任的县令写礼帖来拜访，按礼节，李贽也得写帖子回拜，但礼帖上怎么自称却是件颇为棘手的事。如果在回帖上自称“侍生”，则显得太抬高自己；如果称“治生”，则自己束缚了自己。最后终于想出了四个字，称“流寓客子”。李贽在《感慨平生》中说到了这样写的理由：“盖流而寓矣，非筑室而居其地，则种地而食其毛，欲不受其管束又不可得也。故兼称客子，则知其为旅寓而非真寓，如司马公、邵康节之流也，去住时日久近，皆未可知，县公虽欲以父母临我，亦未可得。既未得以父母临我，则父母虽尊，其能管束得我乎？”从李贽自称“流寓客子”，也可以看出他追求身心的完全自由。

但是李贽追求身心完全自由还是不可能实现的，即使没有了地方官员的管束，仍然有家庭的羁绊，还有其他俗务缠身。在李贽寓居黄安期间，他的家族成员常常不远千里前来纠缠于他，要求他回去，要求他承担照顾整个家族的义务，而李贽是把承担家庭责任和家族义务当作人生苦役的。在打发自己的妻子和女儿、女婿回归泉州老家后，他削发为僧，寓居于黄安邻县麻城龙潭湖上的芝佛院中。后来他在给友人曾继泉的信中谈到，他之所以出家，正是为了摆脱家族的纠缠："其所以落发者，则因家中闲杂人等时时望我归去，又时时不远千里来迫我，以俗事强我，故我剃发以示不归，俗事亦决然不肯与理也。"他在《感慨平生》中也说到了削发为僧是"不肯受人管束之故"。他有《薙发》诗数首，也谈到了不愿受家庭和家族事务的牵累，其二说："有家真是累，混俗亦招尤。去去山中卧，晨与粥一瓯。"其三说："为儒已半世，食禄亦多年。欲证无生忍，尽抛妻子缘。"

他寓寄在龙潭湖上的芝佛院中，大部分时间闭门读书，很少与世人接触，即使与极少数友人保持往来，也是对坐终日，很少交谈。他对自己的这种清净悠闲生活颇为满意。他的心境是宁静的，他的《石潭即事四绝》中有二首写出了这种心态，其二说："十卷楞严万古心，春风是处有知音。即看湖上花开日，人自纵横水自深。"其四说："苦为追欢悦世人，空劳皮骨损精神。年来寂寞从人谩，只有疏狂一老身。"

他有官弃官，有家弃家，有发弃发，努力从尘世和俗务中脱离出来，追求一种不受任何拘束、忘情于物外的人生境界。但这种自由自在、无拘无束、完全脱离尘世和俗缘的人生境界其实是永远也不可能达到的。他身入空门，对社会政治依然保持着热切的关心，他的情缘也没有完全断绝。当他得知在家乡泉州的妻子去世之后，写有六首《哭黄宜人》的诗表达自己的伤感心情。他在给女婿庄纯夫的信中说自己"自闻讣后，无一夜不入梦，但俱不知是死。岂真到此乎？抑吾念之，魂自相招也"。文字非常凄怆，在给友人曾继泉的信中劝这位有妻妾田宅，但还没有子女的友人千万不要轻易削发出家。

有好几种传记资料都提到李贽是有洁癖的。如袁中道的《李温陵传》中说他:“性爱扫地,数人缚帚不给。衿裾浣洗,极其鲜洁;拭面拂身,有同水淫。不喜俗客,客不获辞而至,但一交手,即令之远坐,嫌其臭秽。”刘侗等《帝京景物略》卷八《畿辅名迹·李卓吾墓》中也有类似的记载。每天反复不停地洒扫、拭洗,弄得好几个人扎扫帚都供应不上,这已经不是一般意义上的喜爱卫生的习惯,而是一种变态行为了。这种行为叫强迫性洁癖,是强迫性神经官能症的一种,而神经官能症是由焦虑过度引起的。患者实际焦虑的对象与表现出来的神经症状之间的联系不一定是直接的,而往往仅仅具有象征性或暗示性的联系。李贽无休止地洒扫、拭洗,把自己的身边搞得一尘不染,实际是他容不得人世间的龌龊和污垢,渴望着从俗务和世情中解脱出来,追求自由自在的人生境界的焦虑心态的外化。透过李贽的强迫性洁癖,我们可以看出李贽在削发为僧之后,悠闲自得、无拘无束仅仅是在意识层次上的,而在他的无意识之中,仍然充满着因没法达到无拘无束、忘情物外的人生境界而产生的深深焦虑。

2

追求自由自在、无拘无束的人生境界,追求个性精神的独立和自由,使得李贽不仅在行为上有违于儒家传统,而且在思想的许多方面与儒家传统不符。比如义利之辨是儒家学者经常论述的问题,重义轻利是儒家的一个传统,李贽却强调功利作用,认为自私是人的本性,私心是人人具有的,人们从事生产劳动和各种社会活动都是由功利驱使的。又比如儒家思想在传统社会里是居于独尊地位的统治思想,无论是道教还是佛教都处于补充的地位,无论是援道入儒还是援释入儒都不能影响儒家思想的主导地位,李贽却认为儒、道、释三家的学说在本质上是相通的。

他最激烈的观点,莫过于认为是非标准是随着时代和社会的改变而改变的，不存在固定不移的绝对是非，反对以孔子的是非作为判断一切事理的依据。《藏书》开卷的《世纪列传总目前论》中说："人之是非，初无定质；人之是非人也，亦无定论。无定质，则此是彼非，并育而不相害；无定论，则是此非彼，亦并行而不相悖矣。""咸以孔子之是非为是非，故未尝有是非耳。然则予之是非人也，又安能已！夫是非之争也，如岁时然，昼夜更迭，不相一也，昨日是而今日非矣，今日非而后日又是矣。虽使孔夫子复生于今，又不知作如何非是也，而可遽以定本行罚赏哉！"《答耿中丞》中也说："夫天生一人，自有一人之用，不待取给于孔子而后足也。若必待取足于孔子，则千古以前无孔子，终不得为人乎？"基于这样的认识，他编纂历史人物传记成《藏书》和《续藏书》两书，按照自己的观点对历史人物和历史事件进行了评价，这些评价有许多是与儒家的传统观点相违背的。如对历代君主的评论，着重于他们适应时代的识见和气魄；他期望于大臣的，也是他们的执政功绩而不是道德的言辞。这样，对许多为儒家的传统是非标准所否定的人物，他进行了肯定和赞扬，如对秦始皇的历史功绩进行了肯定，把战国的吕不韦、李园称为智谋名臣，把李斯称为才力名臣，把唐代的娄师德称为忍辱大臣，把战国的李悝、汉代的桑弘羊称为富国名臣。他甚至把被传统观点视为"无耻之尤"、五代时历事五朝的冯道称为吏隐，对他极为赞赏："冯道自谓长乐老子，盖真长乐老子者也。《孟子》曰：'社稷为重，君为轻。'信斯言也，道知之矣。夫社者，所以安民也；稷者，所以养民也。民得安养，而后君臣之责始塞；君不能安养斯民，而后臣独为之安养斯民，而后冯道之责始尽。今观五季相禅，潜移默夺，纵有兵革，不闻争城，五十年间，虽经历四姓，事一十二君并耶律契丹等，而百姓卒免锋镝之苦者，道务安养之之力也。"在《外臣总论》中，他将列为心隐的阮籍与列为吏隐的冯道进行比较，认为："彼阮公虽大，犹有逃名之累，尚未离乎隐之迹也。吾谓阮公虽欲为冯道之事而不能。若冯公则真无所不可者也。"可谓推崇备至。西汉时卓文君私奔司马相如，受到传统观念的非难，被视为“淫奔”，而李贽却在司马相如的传论中称他与卓文君的结合为“良缘”，赞扬卓文君是“忍小耻而就大计”，“归凤求凰，安可诬也”。

与此同时，他在《德业儒臣前论》中对由唐代韩愈创立，经过宋明理学家发展的儒家道统说进行了批驳，否认宋代的濂、洛、关、闽之学是直接孔孟之传的，对儒家的一些著名代表人物也做了批评，如对孟子尽排众说、以孔子的是非为是非的做法进行批评，说这是“欲以死语活人”，这样做“是执一也，执一便是害道”。他对孟子抬高和神化孔子，对董仲舒的“正义明道”之说也进行了批驳。他对宋代的理学代表人物程颐和朱熹有意进行贬抑，不是把他们放在“德业儒臣”中，而是列入“行业儒臣”中，并且在“行业儒臣”中也只是标了个目，在“文学门”的“经学儒臣”中才给他们立传。他多次指斥程颐的言行为“村杀”“真不成话”“益不成话”“胡说甚”，朱熹的言论也被指斥为“胡说”“多了”“更多了”。

李贽的激烈反传统言论，在当时和后世被一些思想正统的士人视为异端，斥为“欺圣叛道”，而现代的研究者们也往往把李贽当作反孔批儒的思想家的典型。其实这里是存在着很大的误解的。就李贽的思想基础而言，他仍然是一个儒家的学者。儒家的仁义、忠孝那一套基本的伦理道德观念，李贽是维护并且在他言行中得到充分体现的。李贽反对以孔子的是非为是非，只是反对后世的儒学者们盲目地尊孔、学孔，把孔子的言论当作僵化的教条，他对孟子的不满和批评正在这里。在他看来，盲目地尊孔、学孔，把孔子的言论视为教条，是扼杀人的主体性的，也是违背孔子的真精神的。在《答耿中丞》中，李贽认为：“孔子未尝教人之学孔子也。使孔子而教人以学孔子，何以颜渊问仁，而曰‘为仁由己而不由人’也欤哉？何以曰‘古之学者为己’，又曰‘君子求诸己’也欤哉？惟其由己，故诸子自不必问仁于孔子；惟其为己，故孔子自无学术以授门人。是无人无己之学也。无己，故学莫先于克己；无人，故教惟在于因人。”盲目地尊孔、学孔，不仅违背了孔子的真精神，而且往往造成了后世儒学者的普遍的道德虚伪。他在《与焦弱侯》中说后世学者学孔：“乃学其讲道学、聚徒众、收门生，以博名高，图富贵，不知孔子何尝为求富贵而聚徒众乎？”在《三教归儒》中他说：“其流弊至于今日，阳为道学，阴为富贵，被服儒雅，行若狗彘然也。”在《又与焦弱侯》中说道学家们“口谈道德而志在穿窬”。因此他在《童心说》里说《论语》《孟子》之类儒家经典“乃道学之口实、假人之渊薮”。但是李贽并不反对孔子，相反，他对孔子是充满敬意的，他的文章中经常称引孔子的言论作为依据，而且常常发挥孔子的学说。他在遁入空门之后，还在佛堂中悬挂孔子的画像。当他游历山东时，曾去曲阜拜谒孔庙。他在《圣教小引》中说自己“幼读圣教不知圣教，尊孔子不知孔夫子何自可尊，所谓矮子观场，随人说研，和声而已”。随着学识的增加，在 50 岁以后，通过研读《大学》《中庸》的要义，又研读了三年《易经》，他又发出“余今日知吾夫子矣”之叹。

李贽虽然强调用自己的是非标准而不是用孔子的是非标准来衡量和评价历史人物，但是在《藏书》和《续藏书》中，他对历史人物的评价绝大多数还是符合儒家传统评价标准的，他的历史观并没有脱离或超越传统，如主张忠义，宣扬圣君、贤臣、忠臣，指斥奸臣、逆臣、反臣，把许多农民起义领袖指斥为盗贼、妖贼等。他对孟子虽有较多的批评，但主要是不满于孟子把孔子的言论当成教条，开了神化孔子的先例，但李贽还是认为孟子“足继孔圣之传无疑”，并肯定其性善之说。他有意贬低程颐、朱熹等人的地位，主要是认为他们言行不一、人格不完善，而对同是宋代理学代表人物的邵雍、周敦颐、程颢以及胡瑗、谢良佐、杨时等人则表示了相当的敬重，把他们列入《儒臣传》的第一类“德业儒臣”中。他一方面赞扬了卓文君与司马相如的自主婚姻，另一方面又对寡妇的守节和列女的事迹进行了更多的褒扬。

李贽激烈的反传统言论，在许多方面已经突破了传统儒学的藩篱，但并没有从根本上叛离儒家的基本思想。对儒家的基本伦理道德观点，李贽并没有加以反对，相反是竭力维护的。他是个传统的反传统者。他批评后儒死守孔孟的教条，不合时宜，无补于世，对社会政治怀有理智上的关心，真心希望自己的著作能够有助于改变当时因循和守旧的士风，有助于社会政治的改善与革新。因此，当他被捕之后接受审讯，他倔强地为自己辩护："罪人著书甚多，具在，于圣教有益无损。"而马经纶为营救李贽而写的《与当道书》里也称他"乐圣人之道，诠圣人之经，若世所梓行《易因》及《道古录》诸书，真上足以阐羲、文、孔、孟之心传，下足以绍周、邵、陈、王之嫡统者也"。袁中道在《李温陵传》中也评论李贽的书："其意大抵在于黜虚文、求实用，舍皮毛、见神骨，去浮理、揣人情，即矫枉之过，不无偏有重轻，而舍其批驳谑笑之语，细心读之，其破的中窍之处，大有补于世道人心。"

李贽的反传统思想虽然激烈，但并不是一无依傍，纯粹出于个人创见的，而是与他的思想有深厚的心学渊源有关。他开始接触王守仁的学说是 40 岁在北京做礼部司务期间，在朋友的影响下，在京的五年中，他精心研读了王守仁和王畿的著作。在南京期间，他还两次拜访了王畿，又拜访过罗汝芳。他对他们推崇备至，在《罗近溪先生告文》中称："自后无岁不读二先生之书，无口不谈二先生之腹。"他还主持刻印了王畿的《文抄录》，并且作序。在南京期间，他还拜王襞为师，成了泰州学派的传人。李贽的朋友大多是心学家，有许多是泰州学派的传人。王守仁心学的核心是"心即理"说、"致良知"说和"知行合一"说。根据"心即理"和"致良知"的观点，世上万物之理都存在于各人的心中，不必向外求得，只要体认自己的内心就可以了。是非标准、道德意识也存在于每个人的心中，人们只要凭着自己心中本来就有的道德意识行事，就自然有判断是非的能力，而不必按照前人的成说。李贽宣称要用自己的历史观而不是传统的历史观评价历史人物，其道德自信正是从这里来的。他多次表明不欲以孔子的是非为是非，其实也并没有特别惊世骇俗之处，因为这也是王守仁早就说过的。王守仁的心学虽然与程朱理学相对立，但它仍是一种儒学，不过是一种有别于传统儒学的新儒学，因此，接受王守仁心学的李贽也就不可能从根本上脱离传统，彻底地反传统。

3

追求个性独立，追求无拘无束的人生境界，李贽在行动上率真而任性。他的反传统思想从根本上来说并没有脱离传统，但他在行为上却是超越了礼教的，常常不顾社会规范。

李贽在行为上是不拘形迹的，他痛恶道学家的虚伪，每入书院讲堂，遇上有穿戴整齐的诸生拿着经书向他请教，他往往挥挥手说："此时正不如携歌姬舞女，浅斟低唱。"诸生携带了妓女来见他，他会破颜微笑："也强似与道学先生作伴。"他也不忌讳自己出入于花街柳市。在麻城削发为僧之后，曾经带领僧众去一位寡妇的卧室中化缘。他和当地上层社会的一些妇女保持往来，有一个在当地很有权势的人物的孀居女儿拜李贽为师，李贽和她们往来通信，探讨佛学，并把这些讨论文稿结集为《观音问》，刊刻了出来，他把这些女士比作观世音，竭力称赞她们的聪慧。

李贽的种种不合礼法的行为自然引起了当地绅士阶层的不安和侧目，他们把这些举动视为伤风败俗，但李贽却把自己的这些怪诞行为看成探讨良知、寻求顿悟的方法。李贽认为良知是无善无恶的，因为他的心中并没有存在什么恶念，所以他的这些行为也就不是恶的，不足以成为他人指责的对象。他认为自己和几位女士的交往也是完全合于礼仪的，毫无男女混杂之嫌，并不值得大惊小怪。

事实上，李贽确实是清白无邪的。好几种传记资料中都说李贽体弱多病，淡于情欲，弃绝声色。置婢、纳妾、狎妓、娈童，是当时普遍的社会风习，而李贽一件也没沾染上。在自己的几个儿子相继夭折之后，他也不买婢置妾以求传宗接代，甚至连自己的妻子也常常不带在身边，后来更是把妻子打发到了泉州老家而自己出了家。袁中道说他“本屏绝声色，视情欲如粪土人也，而爱怜光景，于花月儿女之情状亦极其赏玩，若借以文其寂寞”。说常人不能学他的有五点，不愿学他的有三点，其中第二点即“不入季女之室，不登冶童之床”。沈德符也说“此老狷性如铁”，认为外界对李贽与麻城几位女士交往的种种猜疑，并不足以玷污李贽的清白。麻城的几位好友也深知李贽品行端正，说他学已入禅，只是担心他的怪诞行为将招致祸害。事实上，李贽在削发为僧前，早已断绝了情欲。

李贽尽管是清白的，但他的种种越礼任诞行为终究是不合当时的社会规范的。如果他本人不事声张，那么即使行为更狂诞些，在晚明社会中也是可以被容忍的，但是李贽为了显示自己的高尚、真诚，以对比出整个社会士人阶层在道德和行为上的虚伪，把自己的这些行为形诸文字，刊布流传，这就带有了向整个士人阶层公开挑战的意味，这种公开挑战的行为自然具有社会轰动效应。当地的士绅群体不容他，负有社会教化责任的地方官员们也不可能听之任之，他们想把李贽驱逐出麻城，还想拆毁芝佛院，只是因为李贽的一些朋友在当地很有势力，才不敢贸然动真格。李贽清楚自己的处境，也就接受了外地朋友的邀请，离开麻城，去外地游历。四年之后，李贽又回到了麻城芝佛院，当地的士绅和地方官员们没有办法赶走他，只好指使地痞流氓放火烧毁了芝佛院。李贽在麻城失去了栖身之所，幸好他的一位退职多年的朋友马经纶将他接到了在北京附近的通州的家中。李蕒安静地寄居在马家，潜心研究《易经》。

李贽的种种怪诞行为越传越远，在辗转流传的过程中自然又大大变形，与事情的真相越来越不符。北京的朝官们也风闻了李贽的事情，并且了解到他已住在了邻近北京的通州。当时任礼科给事中的正统官员张问达根据传闻，加上自己的想象，给万历帝上了一道奏疏，耸人听闻地说李贽邪说惑众，在列举了李贽《藏书》中对众多历史人物不合传统的评价之后，说道："尤可恨者，寄居麻城，肆行不简，与无良辈游庵院，挟妓女白昼同浴，勾引士人妻女入庵讲法，至有携衾枕而宿庵观者，一境如狂。又作《观音问》一书，所谓观音者，皆士人妻女也。"说李贽的行为具有极大的煽动性和影响力，严重败坏了社会风气，影响了社会治安："后生小子喜其猖狂放肆，相率煽惑，至于明劫人财，强搂人妇，同于禽兽而不之恤。"而且给士大夫的思想造成混乱："迩来缙绅士大夫亦捧咒念佛，奉僧膜拜，手持数珠，以为律戒，室悬妙像，以为皈依，不知遵孔子家法，而溺意于禅教沙门者，往往出矣。"简直把李贽当成惑乱人心、魔法无边的妖人了。末后说李贽已经到了通州，提醒最高当局："通州离都下仅四十里，倘一入都门，招致蛊惑，又为麻城之续。"最后建议将李贽押解回原籍治罪，禁毁他的所有著作。这一奏疏得到了万历帝的批示，李贽终于被捕入狱。

李贽虽然被捕入狱，但他所受到的处理，即使用现代社会的眼光来看，也应该说是比较宽容和合乎人道的。审讯官并没有对他判罪，只不过建议将他递解回籍交由地方官监督，而万历帝显然也不重视这一案件，对审讯报告没有及时批复。李贽在狱中等待期间也没有受到折磨，照常可以自由地读书写作。可有一天侍者为他理发，乘着侍者离开的片刻，李贽用剃刀割喉自杀。侍者问他为何自杀，他以书答曰："七十老翁何所求。"在痛苦地挣扎了两天之后，终于死去。

李贽的自杀是因为幻想的毁灭，这是一种利己型的自杀。李贽无疑是富于激情的，他追求自由自在、无拘无束的人生境界，追求个性精神的独立不羁。但他的人生理想始终是虚妄的。他激烈地反传统，但始终脱离不了传统，他的内心充满着矛盾和冲突。他对自己的著作看得很高，如为自己的著作取名"藏书"，就含有藏之名山，以待后人之意。他在《与耿子健》中说自己的这一书“纵不梓，千万世亦自有梓之者，盖我此书乃万世治平之书，经筵当以进读，科场当以选士，非漫然也”，这就近乎谵妄者的呓语了。他的著作能否流传到千万世是个未知数，但他的著作不见容于当世，在他的生前就已遭禁毁，在他死后更是一毁再毁倒是个事实。当李贽用激情建构起来的种种幻想破灭以后，他也就无路可走了。

三、汤显祖：情与理的冲突

汤显祖的人生历程，以万历二十六年(1598)弃官归隐为界，可以明显地分为前后两期。前四十九年，他像大多数士人一样热心于政治和社会，把主要精力放在仕途经济上，在官场中跌爬摸滚了十五六年，终究仍是一个低级官吏；后十八年，他弃官归隐，过着读书、创作的生活，著名的戏剧作品“临川四梦”中的后三“梦”就创作于这一时期，这成就了他在中国文学史乃至世界文学史上的地位。如果说汤显祖的前半生是为政治的，那么他的后半生则是为艺术的。他在政治上是个失败者，而在文艺上则是个成功者，政治上的失败造就了他在文艺上的成功。

汤显祖的内心是充满着矛盾的，出仕与退隐、政治与艺术、情感与理智，用汤显祖自己的语言来说即情与法、情与理，是相冲突的。他的前期，是法胜于情、理胜于情，这使他在仕途经济上耗费了人生的三分之二以上的光阴，而他的退隐，是情胜于法、情胜于理的结果。在他的笔下，梦是情的延伸和展开，在“临川四梦”的前二“梦”中，我们看到情与理的激烈冲突和交战，而他的带有浓厚宗教色彩的后二“梦”，写出了人的处于本真状态下的存在其实是荒谬的和虚无的，这是汤显祖内心的情彻底战了理的结果。

1

汤显祖不是一个合格的政治家，更不是一个优秀的政治家，他甚至连政治家也称不上。尽管他富有才名，尽管他曾经有过极大的从政热情和远大的政治抱负，尽管他在政治活动中花费了前半生的大部分时间，但他却缺少一个政治家应有的素质。理性和隐忍，机警和通变，深沉和权谋，勇猛和坚毅，还有忍辱负重、屈己下人，乃至为了达到自己目的不择手段，这些素质在汤显祖身上都不太具备。“历落在世事，慷慨趋王术。神州虽大局，数着亦可毕。”他的这首诗《三十七》中把治国看得像下棋一样容易，这是措大夸下的海口，显示了他的浪漫气质，他太情感化和意绪化了。他曾经有过许多次向上爬的机会，但都被他错过了，因为他过于顾惜自己的人格和名誉。

汤显祖走上科举道路是颇早的，14 岁就成了秀才，21 岁时乡试中举。不过他通向进士的道路却一再受阻，接连四次进士考试都没有成功。这倒不是因为他才学的不足，他的前两次考试可能是因为制艺文不合考官的口味而落选。这时期他的文名已经很盛，他的第一部诗集《红泉逸草》由临川知县出资刊印，他的第三部诗文集《问棘邮草》刊印后，连远在浙江绍兴，与当时文坛很少交往，根本看不起文坛巨子李攀龙、王世贞的前辈作家徐渭也注意到了，徐渭主动写信并附上自己的诗作向汤显祖致意。首辅张居正为了延揽人才，并使自己的儿子在进士考试中名列前茅，也需要天下英才做招牌，两次派人招致汤显祖，许以状元及第的美事，却都被汤显祖拒绝了，汤显祖后两次的会试落第也就在预料之中了。汤显祖拒绝张居正的延揽，不愿意通过不正当手段求取功名，这一点确实难能可贵，不是一个品格特别正直高尚的人，是很难做到不为这样大的名利所诱惑的。不过，这对于一个想在日后有大作为的政治家来说显然不是一个明智之举，因为在中国历来的政治关系中，一个人能不能在政治上出人头地,除了他的才干外,往往在于是否得到上司的青睐和提拔,这种私人关系往往比实际才干更重要。能够被政府首脑看中,接受其延揽,无疑是青云直上的绝好机会,这是许多士人求之不得的。汤显祖拒绝张居正的延揽,倒不是因为他能预料到日后张居正死后遭清算,而自己也会受牵连,他还没有这样的远见,他只是把自己的名誉看得太重,故而把张居正的延揽看成对自己人格的污辱,他把自己视为一个贞洁的处女,不能因为受到引诱而失去贞操。

汤显祖第五次参加会试时张居正已去世,这一次他以第三甲中的低名次录取。按例进士二甲中的名次前列者可以入选翰林院庶吉士,第三甲进士是没有入选资格的,但当时的辅臣申时行、张四维因为汤显祖的才名,为了招致人才,有意让他入选翰林院,他们让自己的儿子去结纳汤显祖,这照样被汤显祖所拒绝。成为翰林院庶吉士,虽然没有状元及第后可以直接授予翰林院修撰那样大的荣耀,但好处仍是很大的。因为明代除了初期外,内阁大学士很少不是翰林院出身的,明代中后期从翰林院出身的官员中选取内阁学士更成了不成文的定例。这其实又为汤显祖日后飞黄腾达创造了一个很好的条件。可汤显祖仍拒绝辅臣的结纳,又一次失去了向上爬的机会。这注定了汤显祖不可能成为一个职业政治家。

汤显祖结束了在礼部观政,即做官前的培训后,被任命为南京太常寺博士,这是一个正七品的掌管祭祀礼乐的闲官。此后的几年中,汤显祖一直在南京任闲职,升到正六品的南京礼部祠祭司主事。这期间一位曾任临川知县,这时在吏部任职的官员来信劝汤显祖与执政大臣通好,这样可以调回北京任吏部主事,也被汤显祖回信拒绝了。

汤显祖不愿受朝廷重臣的结纳延揽,却和他们的反对派声气相通,关系密切。张居正死后的万历朝廷,存在着以阁部大臣为代表的当权派和以科道官为主体的中下级朝官之间的激烈政治纷争。那些中下级朝官都是新进官员，他们对万历朝政中的种种举措进行了毫不容情的批评，有些批评是很意气用事的。汤显祖从一出仕就卷入了当时的政治纷争中，他毫不犹豫地站在激进官员一边。他同情和支持御史李植、江东之、羊可立、丁此吕等人的倒张反申运动，对御史万国钦、饶伸、高桂等因上疏言事遭贬给予道义上的支持。当时在留都南京居职的官员有不少是在朝廷受冷遇、遭排挤而安排过来的，他们对朝政往往是很不满的，这样在南京自然而然形成了一个反对派的中心。像后来成为东林党中坚人物的顾宪成、邹元标、李化龙、李三才等都曾在南京任职，汤显祖与他们关系良好。汤显祖在南京任职，常常与这些朝政的反对派们一起毫无顾忌地抨击朝政、讥评时事，被朝廷中某些官员视作不可近的“狂奴”。汤显祖的同乡、刑部尚书舒化也特意来信劝他注意影响，不要和讥弹时政的“恶少”们来往，以免断了自己的前程，汤显祖则毫不客气地复信反驳，并戏称朝中的大老重臣为“善老”。汤显祖的所作所为，表现出了一个关心时政、希望革新政治的新进官员的锐气和责任心，但反过来说，他锋芒毕露，引人注目，也表现出了他在政治上的不成熟。

还有更激烈的。汤显祖最引起轰动的一件事是他的上《论辅臣科臣疏》。这是一篇不无情绪化的奏疏，在疏中，他对趁着办理荒政之机大肆受贿的吏科都给事中杨文举、昏聩无能的礼科“蛤蟆”给事胡汝宁等进行了尽情揭露，对从张居正到当时辅臣申时行、许国、王锡爵等进行了讥评。疏中有这样一段动人心弦的言论，对万历朝政来了个总清算：“陛下经营天下二十年于兹矣。前十年之政，张居正刚而有欲，以群私人嚣然坏之；后十年之政，时行柔而有欲，又以群私人靡然坏之。”这篇快然于心的奏疏自然使汤显祖吃足了苦头，他被贬官到当时被视为百有一死的瘴疠之地的岭南，在地处雷州半岛南端的徐闻县做典史，这实际上近于流放。这一奏疏断送了汤显祖的前程。汤显祖的几个在朝廷中的朋友曾想法要使汤显祖重新回到朝廷中来，但是没有能够实现，在徐闻一年后，汤显祖被量移到浙江西南部偏僻山区的遂昌任知县。

在做遂昌知县的五年中，汤显祖确实为当地做了不少好事实事，如驱除虎患、抑制豪绅、扶持农桑、发展文化教育事业等，这使他赢得了很好的声名。但汤显祖毕竟是一位非常情感化的人，常常意气用事。为了表达自己的爱民之心，他竟然在有一年的除夕释放囚犯回家过年，让他们在正月初三时再返狱服刑。在元宵节时，他又放囚犯出监，到县城的一座桥上去观看花灯，他并且为自己的这两次纵囚行为得意地分别写了诗。有朋友为他的这种行为担心，一则担心囚犯出狱可能会滋事，二则担心授人以柄，在考察政绩时于他不利。但汤显祖表示自己光明正大，对非议毫不在意。幸好囚犯们没有滋事，并能按时返狱，没有给汤显祖带来麻烦。但不管后果如何，纵囚出狱总是轻率的任性行为，不要说不合明代的法律，即使用现代人的眼光看，也是缺乏法制观念的体现，就算是在讲究人道主义的现代西方，这种行为也是不被允许的。汤显祖在任知县期间，曾经赴京上计，在上计中受人中伤。这固然与他抑制豪绅引起不满有关，但他的纵囚行为确实给不满者抓住了把柄。幸而吏部文选郎中主持正义，替他辩白，汤显祖没有受到处分，得以继续留任。可是，在汤显祖主动弃官三年后，吏部考察官员，处分还是落到了汤显祖头上。按例已经离职的官员不在考察之列，可是吏部坚持要处分汤显祖，虽有官员据理力争也无济于事，汤显祖得到了“浮躁”的考语而被正式罢职闲住。

2

汤显祖的主动弃官回家，是他内心的情与理长期冲突，而情感终于战胜了理智的结果。汤显祖很早就走上了读书、应举的道路，系统地接受了儒家思想教育，这无疑使他养成了理性精神。然而，汤显祖在本质上是个诗人兼艺术家，他是情感型的。这样他内心情与理的冲突就异常激烈了。再者，汤显祖受到家庭环境和早期教育的影响，具有深厚的退隐出世思想。他的祖父母都笃信佛道，祖父更是常常劝告他放弃科举，转而学道；他的父亲富有文名而终身不仕；他的两个业师徐良傅和罗汝芳也都是具有很浓厚的佛道思想的儒家学者；他的早期朋友中也有不少是求仙问禅、讲求修炼之术的人士。这使汤显祖常常在“儒检”与“仙游”、出仕与退隐之间徘徊。在他乡试中举后，游览南昌西郊的云峰寺，他的头簪不慎跌落在莲花池中，这触发了他的禅心，在寺壁上题了两首诗，其中有“虽为头上物，终是水云心”之句，是说他的头簪也是有禅心的，更不要说他本人了。在考上进士后，他的头脑也常被一种退隐仙游的思想所占据，连他进士考试的房师也看出了他的这种若进若退的思想。当房师为他没能选入翰林院而感到可惜时，汤显祖作了《酬心赋》回答他，说自己“乍勉身而就列，即回情而舍旃”，表明自己没有更高的政治抱负，“分以一县自隐，得少进为郎便足”。不过，深受儒家思想影响的士人在初入仕途时总有着较强烈的建功立业意愿，他的诗《三十七》中“历落在世事，慷慨趋王术”就体现了这种思想，这使他在“儒检”与“仙游”的徘徊中选择了前者，入世之心代替了出世之想，理智战胜了情感。不过就在这首诗“神州虽大局，数着亦可毕”之后还有这样的诗句：“了此足高谢，别有烟霞质。”他表示自己在功成名就之后，还是要脱离宦海，退隐出世的。

汤显祖在日后的仕途上屡经挫折，那种不切实际的政治理想自然没有实现，而他的退隐出世思想倒是得到了进一步的发展。在南京为官时，汤显祖在邹元标的客舍中会见了当时的著名高僧达观禅师。汤显祖中举后因落簪而在寺壁上所题的两首诗被达观看到后，达观认定此人有出世思想，立意要度他出世。当达观在南京看到汤显祖时，劈头就说：“我等你已经很久了。”当即念出了二十年前汤显祖题壁的这两首诗。汤显祖与其他人一起常常听达观讲经说法，并单独在雨花寺中受记于达观，得了个“寸虚”的法号，作为将来出家作佛的记别。这时候汤显祖仍有非常强烈的入世之心，达观苦劝出家无效，于是与他约定，说十年之后，定当前来打破寸虚馆。汤显祖在遂昌为知县，政绩突出，声誉也很好，按例应当升迁，但在首次赴京上计时受人中伤，而且首辅王锡爵因前嫌对他颇不喜欢，汤显祖虽然得以留任知县，但升迁的希望破灭了。汤显祖认为“士非短长坎坷无奇，非数迁不能所在有迹”（《答冯永安》），升迁的希望既然没有了，他也就越来越对仕途前程失去信心。王锡爵下台后，有人告诉汤显祖，他将被举荐为温州同知，温州知府已经做好了迎接他的准备。可汤显祖根本不相信自己还会升迁：“只言姓字人间有，哪得题名到御屏？”（《漫书所闻答唐观察》）

在遂昌期间，达观曾特意赶来看望汤显祖，苦劝他出家。汤显祖虽然对前程失去信心，但为官的念头仍未断绝，还要“从容观世，晦以待明”（《与李道甫》）。不过，达观的这次前来，无疑对汤显祖日后的弃官有很大影响。这期间，汤显祖在少年时就结交的挚友帅机在家乡去世，而汤显祖自己的家庭又连遭不幸，胞弟儒祖去世，自己 7 岁的女儿和 2 岁的儿子又先后夭折，这使汤显祖越来越感到人生的痛苦，越来越倾向于解脱了。他有了弃官的打算，只是因为父亲不允许，才没有这样做。

促使汤显祖下定决心弃官的可能是矿税的侵扰。万历帝为了解决财政危机，搜刮民财供自己挥霍，向全国各地派出了大量的宦官作为矿监税使，这些矿监税使穷凶极恶，为祸百端，给地方上造成极大的灾难。浙江的遂昌也未能幸免，“搜山使者如何，地无一以宁，将恐裂”（《寄吴汝则郡丞》），汤显祖不忍见矿使对地方上的野蛮掠夺，不愿与他们共处。在第二次赴京上计途中，汤显祖很想找出《高士传》来看，但没有找到，便看了一篇《宦林全籍》，这使他感慨万千，作了一篇《感宦籍赋》。上计结束后，他便向吏部提出了辞呈，弃官回家了。

在回返途中，他作了《戊戌覲还过阳谷店览丁亥秋壁间旧题惘然成韵示赵滕侯》诗，其中有“身名良以悠，岁月何其遽。俯迹自沾衣，驱车从此去”之句。

汤显祖弃官归家，过着一种隐而自清的生活，但他并没有完全忘记尘世，内心仍然存在着退隐与出仕的冲突。他说：“天下忘吾属易，吾属忘天下难也。”(《答牛春宇中丞》)他说自己“不习为吏，去留无所当”(《答山阴王遂东》)，“一生拙宦”(《寄李孺德》)，虽然自己不出仕了，却又劝别人积极入世：“以足下强仕之年，方可驰扬京洛，而亦时有幽忧之疾，其有后时之感耶?”(《与门人许伯厚》)“闻孺德成进士，殊快。以孺德恂恂孝友，他日当不负此科名也。吾辈初入仕路，眼宜大，骨宜劲，心宜平。勿乘一时意兴，便轻落足，后费洗袚也。”(《寄李孺德》)汤显祖自己对仕途丧失了信心，却把希望寄托在子弟们的身上。他的幼弟寅祖年少聪颖，13 岁时就以县试第三名成了秀才，汤显祖对他期望很大，作了一联勉励他：“弱冠已能开万卷，探花先作第三人。”私下向他传授制艺文的作法。而他们的父亲鉴于汤显祖的遭际，不让小儿子再走科举之路，将汤显祖狠狠训了一顿。后来，寅祖遵照父亲的教导，没有往科举道路上走。汤显祖对自己的儿子更是着意培养，曾作《智志咏示子》诗，教导他们“有志方有智，有智方有志”“珍重少年人，努力天下事”。他不顾自己晚年体衰，数次陪儿子赴省城应试。就在汤显祖逝世前一年，三子开远中了举人，这对汤显祖来说是人生的一大慰藉。

汤显祖虽然仍有着入世思想，但是“世路良难，吏道殊迫”(《答山阴王遂东》)，“顾世局无一处非可笑，兹且日新”(《与岳石帆》)，这使得他转向宗教，从佛道思想中寻求安慰。这时候，达观又来到临川，他们约定的十年期已到，达观决心要打破汤显祖的“寸虚馆”，劝他出家。达观和汤显祖相处了二十多天，最终没有说服汤显祖出家，但汤显祖的出世思想是越来越浓了。他的诗中，“厌逢人世懒生天，直为新参紫柏禅”,“看相有住微成恨,话到无生已绝怜。但得似师缘兴好,烟花游戏往来边”(《达公来自从姑过西山》),“无情无尽恰情多,情到无多得尽么。解到多情情尽处,月中无树影无波”(《江中见月怀达公》),都反映了这种心境。他“禅寂意多,渐致枯槁”(《如兰一集序》)。

其后发生的几件事使汤显祖的出世思想得到了进一步的发展。他那天资聪颖、富有才名、被寄予无限希望的长子士蘧在南京求学时病死了,年仅 22 岁,这对汤显祖是个巨大的精神打击。他在接到长子的死讯后,一连写了十多首悼诗,在很长的一段时间里,夜夜梦见自己的儿子。接着,早已弃官家居的他又以“浮躁”的考语受到罢职闲居的处分。汤显祖素所钦仰的李贽和达观在一年多的时间里又先后在狱中去世。这些事件的接连发生,使汤显祖越来越感到人生的孤寂和无意义。他晚年以蚕入茧中“干而不出”作喻,自号“茧翁”,就反映了这种心态。他说:“茧翁入茧时,丝绪无一缕。自分省眠食,与世绝筐筥。”(《茧翁予别号也得林若抚茧翁诗为范长白书感二妙之深情却寄为谢》)“不随器界不成窠,不断因缘不弄蛾。大向此中干到死,世人休拟似苏何。”(《茧翁口号》)

3

在情与理的关系问题上,宋明理学家认为情和理是互相对立的。情是人欲,是恶的;理或性是天理,是善的。要用善的天理来制恶的情,乃至消灭情,这就是“存天理,灭人欲”。汤显祖也认为情和理是相互对立、相互冲突的。他认为达观提出的“情有者理必无,理有者情必无”的观点“真是一刀两断语,使我奉教以来,神气顿王”(《寄达观》)。他把情看得比理重要,说“世总为情”(《耳伯麻姑游诗序》),“人生而有情,思欢怒愁,感于幽微,流乎啸歌,形诸动摇”(《宜黄县戏神清源师庙记》),认为理是无善无恶的,而情是有善有恶的。他要做的不是以理制情、以理灭情，而是为情作使、以情格理。情和理的冲突表现在政治伦理中，就是情与法的冲突。汤显祖认为“世有有情之天下，有有法之天下”，比如唐代是有情之天下，明代则是一个“灭才情而尊吏法”的时代(《青莲阁记》)，“第我国家全任法，不全任人”(《与丘毛伯》)。汤显祖在任遂昌知县期间，之所以放囚回家过年、放囚在元宵节观灯，显然是为了打破明代尊吏法、不全任人的局面，这是他以情格理观念的体现。不过，这样的主张在具体实践中并不行得通。这样他只好把它艺术化，在自己的戏剧中体现出来。

汤显祖的四个戏剧作品称为“临川四梦”。“四梦”中的第一个作品《紫钗记》是汤显祖弃官退隐前创作的，它是由作者青年时期创作但未完成的《紫箫记》改编而成，取材于唐人传奇《霍小玉传》。从他第三次会试落第后写作《紫箫记》，到在南京为官时将其改编成《紫钗记》，大约过了十年时间，而《紫钗记》的修改定稿可能是他在遂昌任知县时。从《紫箫记》到《紫钗记》可以看出汤显祖人生前期的心灵历程。《紫箫记》中冗长而华美的骈俪文字无疑反映出一个青年才子对才情的卖弄，而妓妾换马、《高唐》《神女》等赋唤起男女之情等情节则是作者青年时期冶游生活的表露，汤显祖的诗《三十七》中说“弱冠精华开，上路风云出。留名佳丽城，希心游侠窟”，可以为其作品中上面两种情况作注。而作品中对王朝升平景象的描写和讴歌，可以与作者早年赞颂大明王朝的诗歌联系起来看，反映了一个青年举子强烈的入世思想和对政治的热心。而剧中的仙游、皈依佛法等内容又反映出作者科场受挫后渐生的出世思想。入世和出世思想在这部未完成的作品中是相冲突的。十年之后的《紫钗记》差不多是《紫箫记》的重作，作品中以卢太尉为代表的恶势力的出现表明了作者对现实政治认识的深化，而卢太尉对李益的威逼利诱和对李益与霍小玉的爱情的阻挠，曲折地反映了作者因屡次拒绝权臣的延纳而在仕途上遭受的挫折和艰辛。《紫箫记》中有侠客的形象，但并不鲜明，而这部作品中出现了“三侠”，即豪侠黄衫客、义侠鲍四娘、情侠霍小玉。作品中“三侠”的表现是非常突出的，使得男主人公李益的形象反而黯然失色。李益与霍小玉婚姻受阻的最后解决也有赖于黄衫客。侠客的特点或是以武犯禁，或是急人所难，或是慷慨赴义，在不同程度上都表现出与传统礼法观念的相异，所谓侠义或侠风是以情为内涵的。李益和霍小玉的婚姻有赖于黄衫客，而这个黄衫客也是因为力通宫掖，与朝廷存在一种特殊关系才使问题得到圆满解决的，这里表现出作者对王朝还抱有希望，对圣明天子用回天之力革新政治有着理性期待。这部戏剧显然表现出了汤显祖内心情与理的冲突。

“临川四梦”中的后三“梦”都作于汤显祖弃官家居时期，是汤显祖后期的作品。汤显祖在政治上是个失败者，他的政治理想得不到实现，遂从政治活动中脱离了出来，专注于他的文艺活动。他的“以情格理”观念在他的戏剧中得到了体现。他的后三“梦”是着重表现情的，而他的情又是通过梦表现出来的，这就是“因情成梦，因梦成戏”(《复甘义麓》)，梦是情的表现形式，是情的延伸和展开。

《牡丹亭》作于汤显祖退隐家居之后不久，剧中青年女子杜丽娘因梦境中与素不相识的青年男子柳梦梅幽会，醒来后知道这不过是一场春梦，不可能实现，遂忧郁而死。在地狱中，判官知她是因慕色而亡后，将她的灵魂放还，让她寻找梦中人。当她的灵魂找到了自己梦中相会过的情人并再次结合后，杜丽娘起死回生，并和意中人结成了夫妻。这样的事情在现实生活中无疑是不存在的，在事理上也是说不通的。汤显祖也深知道这一点，但他使用这种违反常理的写法，正是为了表现“情至”的超现实力量：“情不知所起。一往而深，生者可以死，死可以生。生而不可与死，死而不可复生者，皆非情之至也。梦中之情，何必非真……人世之事，非人世所可尽。自非通人，恒以理相格耳。第云理之所必无，安知情之所必有邪？”(《牡丹亭记题词》)情至正是和理——包括常理和作为道德教条的天理——相对立的。不过，这部戏剧作品的意义并不止于此。从现实到梦境，从死去到复生，这里贯穿着杜丽娘自我实现的要求，正体现了作者自己对自我实现的需要和渴望。这种自我实现没法满足，只好借助于梦境，在超现实的梦幻和浪漫化了的艺术中得到慰藉。这部作品中杜宝的形象也是颇有意义的。作为一位父亲，他是严厉而不近人情的，他并非不爱自己的女儿，但他的父爱是很残酷的，杜丽娘死于对爱情的徒然渴望，显然与杜宝对她的日常教育和束缚有直接关系，而在杜丽娘还魂与柳梦梅结合后，杜宝仍拒不承认并竭力阻挠这一美满姻缘，这些方面都表现了杜宝的迂愚冥顽，他显然是作为一个“理”的化身出现的。而作为一个太守，杜宝又不失为忠于朝廷、勤于政事、关心民众的循吏。在《劝农》一出中，作者用抒情的笔调对他进行了真诚的赞美，这是汤显祖在弃官后仍有用世之心的反映。杜丽娘与柳梦梅的婚姻得以圆满，也和李益与霍小玉一样，是借助了圣明天子的力量。从以上几方面来看，汤显祖在弃官以后，内心依然存在着退隐与用世、情与理的冲突。

情与理的冲突中，一旦情彻底战胜了理，这情也就失去了依存，无论是情善还是情恶，最后都会走向虚无，这是“临川四梦”中的最后二“梦”《南柯记》和《邯郸记》显示给我们的。这两部均取材于唐人传奇的戏剧具有浓重的宗教出世思想，体现了作者对人生的否定，这与汤显祖在弃官家居后，用世之心渐减而出世之心渐增，达观的再次劝说与一连串不幸事件的发生，使汤显祖感到生之可厌，从佛道中寻求安慰有关。

《南柯记》写淳于棼醉倒在古槐树下，梦中入于大槐安国，被国王招为驸马，并得到了南柯太守的官职，勤政爱民，深受百姓拥戴。在打退敌国的侵犯后，被封为左相。还朝途中，妻子病死。回朝后，淳于棼深得国王和王后的宠幸，后来却因秽乱宫廷而被逐出朝廷，遣还人世。当淳于棼从梦中惊醒时，发现身旁的余酒尚温。而所谓大槐安国,不过是古槐树底下的一个蚁洞。最后淳于棼和众蚁都被僧人超度生天。这个戏剧表现的是“人生如梦”的幻灭感,“梦了为觉,情了为佛”(《南柯梦记题词》)。梦境中的淳于棼可以成为一个勤政爱民的贤太守,也可以成为一个穷奢极欲、秽乱宫廷的恶丞相,这是在写人的情有善恶之分,而同一情既可为善又可为恶,这要看人的境遇如何。而无论是情善还是情恶,是为善还是为恶,最后归于寂灭与虚无。这一作品和《牡丹亭》中都有勤政爱民的贤太守形象,有着相似之处,但两者的用意却很不相同。《牡丹亭》中贤太守形象的出现体现了作者用世之心犹存,对美好政治抱有希望;而《南柯记》中体现出来的却是,无论是美好的政绩还是丑恶的私行,是清名还是秽声,是善情还是恶情,最后的归宿都是虚无。

《邯郸梦》的主旨与《南柯梦》有相同之处,但不止于此。它写一位有着远大志向和无尽追求的青年书生卢生,在客舍主人为他煮黄粱米饭之时,枕着仙人吕洞宾的枕头进入了梦乡。在梦中他与家财雄厚的崔氏小姐成婚,又依靠崔家的钱财进行贿赂,在进士考试中状元及第。后来经受各种磨难,屡建奇功,出将入相几十年,享尽了荣华富贵。在临死之时还念念不忘要为幼子讨荫袭,记挂着修国史的官员对自己的功绩记载得不完整。当卢生梦醒,店中的黄粱米饭还未煮熟。受了仙人的指点,卢生最后也出家了事。这部作品写的是,人的情恶即贪欲是永不能得到满足的,人总是本能地追求一切事物,包括建功立业,包括荣华富贵,但这些终究是一枕黄粱梦,早晚会归于虚无。除此之外,这部作品还写出了一个毫无道理的现实世界,像卢生与崔氏小姐的成婚是在免送官府私了的逼迫条件下进行的,卢生的状元及第不是靠真才实学而是靠贿赂得来的,他的开河奇功则是依靠盐蒸醋煮的化石为水办法,他的边功更是得之于侥幸,他被诬通番的冤情也是有赖于臣服了的番国使臣的辩白。一个出将入相的朝廷重臣在真相难明的情况下,凭着皇帝的意志,可以在一夜之间沦为囚徒，并被绑赴刑场处斩，而在临刑之时，又是凭着皇帝的一道圣旨，保全了性命，人的荣辱浮沉瞬息万变。既然现世是非理性的、荒谬的，那么生活在这个世界上的人的本身的存在和人的一切追求也都是毫无意义的。由现世的荒谬性导出了人生的虚无性，正是这个作品提供给我们的。

一般认为，《邯郸记》的成就仅次于《牡丹亭》，而《牡丹亭》中杜丽娘和柳梦梅婚姻圆满解决，固然体现了作者对美好事物的追求，但它终是没能避免传统的大团圆结局的平庸和俗套。而《邯郸记》写出了现世的荒谬性和人生的虚无性，这便使这部戏剧具有了哲学层次上对人的存在进行思考的意义了。从这点上来说，这是《邯郸记》甚至还有《南柯记》高出《牡丹亭》之处。

汤显祖在政治上是个失败者，这对于他本人来说也许是个不幸，但他在政治上的失败促成了他在文艺上的成功。他所创作的“临川四梦”足以使他进入文学史上不朽者的行列，这对于汤显祖来说又何尝不是个大幸。要是汤显祖继续在仕途上走下去，在明代历史上不过是多了一个并不出色的官僚，而中国文学史上则会少一个杰出的作家。汤显祖弃官退隐，留下了珍贵的文学遗产，这对于我们后人来说又何尝不是大幸。

四、袁宏道：适意与避世

晚明的士人群体中有这样一位人物：他平生推重徐渭和李贽，与汤显祖的交情也不错，但他没有徐渭那样的狂傲孤寂，没有李贽那样的激情谵妄，也没有汤显祖那样情与理的激烈冲突。说他是个官僚，他对出仕实在没有太多的兴趣，在从登第至去世的十九年里，倒有十一年时间弃官不做；说他不是个官僚，他又断断续续为官八年，而且还颇具治理才能。说他是个隐士，他又曾三度出仕，并不弃绝尘世；说他不是个隐士，他又曾经隐居于柳浪达六年之久。说他是个名士，他并不任情、放纵、狂傲、怪诞；说他不是个名士，他又登山临水，谈禅论道，赏花品茗，诗酒风流。亦官亦隐亦名士，非官非隐非名士。他的行事方式是适意的，他的处世态度是避世的。适意和避世是他的两大心态，这就是袁宏道。

1

袁宏道并不缺乏从政的才能。事实上，他不仅才优学足，而且有胆有识，是很能够在政治活动中有番作为的。他在考中进士后外放为苏州府吴县知县。苏州一带素称繁剧难治，此地为全国财赋之地，赋税之重甲于全国，地方豪绅与衙门猾吏相互勾结，常常把重赋转移到小民头上，并且常常额外征税以盘剥小民，地方长官则无从查问。来吴地任职的地方官员常常被各种繁难之事搞得焦头烂额，不能圆满地离任。即使像海瑞那样的能吏，在这一带做巡抚时，也没能清除地方积弊，反而被参劾退休。袁宏道做吴县知县，对地方积弊了解得很清楚，对营私舞弊的猾吏绳之以法，简化了征收赋税的手续，清理了额外之征，对民事争讼也判决得清楚而公正，使吴县“大治”。上级部门也非常赞赏吴县的征税之法，将它作为定例推广到所属各县。苏州籍的大学士申时行也称赞袁宏道，说二百年来没过这样能干的县令。后来袁宏道以清望被提升为吏部文选郎，掌管掣签选官工作。猾吏把持铨政、营私舞弊的情况由来已久。袁宏道决心革除这一积弊，他设计将企图干涉掣签工作的一位老吏迅速逮下，使他受到了应有的惩罚，这对部吏的舞弊行为自然起到了威慑作用。他又上疏设立年终考察群吏之法，被批准为定则。先后主持吏部工作的左侍郎杨时乔、尚书孙丕扬等都倚重于他。

然而袁宏道并没有在仕途上连续不断地走下去。他登第之后的十九年中，三次为官，三次弃官，断断续续的为官时间加起来只有八年，倒有十一年是在弃官赋闲中度过的。他不是不能为官，也不是不想为官，而是不愿为公事所累。他不是受处分被罢官，而是自动弃官。他对仕途经济、安邦治国并没有太大的兴趣。他讲究的是闲雅、安适，身闲、心适。适意是他的行为方式和人生态度，“闲情观秘戏，消日坐枯禅”（《惜日》），“纵心搜乐事，信口释群书”（《任意吟》），“客署闲花事，乡心醉柳条”（《元日述怀》）。他说世间学道的有四种人，“有玩世，有出世，有谐世，有适世”，而“独有适世一种，其人甚奇，然亦甚可恨。以为禅也，戒行不足；以为儒，口不道尧、舜、周、孔之学，身不行羞恶辞让之事。于业不擅一能，于世不堪一务，最天下不紧要人，虽于世无所忤违，而贤人君子则斥之惟恐不远矣”。而他自己却“最喜此一种人，以为自适之极，心窃慕之”（《徐汉明》）。能够做到自适，那么出仕原是无妨的，“解得庭中乐，闲官亦可为”（《赠江进之》）。他说同是县令，可分为三种，“有仙令，有才令，有奔走之令”，“若仙令则以美才遇美地，门无过客，巷无争民，山水文章之乐，不减于昔人，而循良声誉，常出诸同事之上，虽未必出凫入舄，然而莪花鸣琴，则已宽然有余闲矣”（《管宁初》）。

然而吏道缚人。既然为官作宰，自然得受到为官之道的约束，自然得处理各种各样的日常事务，自然得与各色人等打交道，自然不能做到安闲、适意。袁宏道在中进士后被外派作吴县知县。当时的新中进士视留任京官为美差，而以被发往外地任知县或州府的教官为苦事，因为地方官不仅辛劳难做，而且当时的官制进士一甲、二甲留任京职，只有三甲进士才发放外任，这造成了士人重京官轻外官的心理。而当时的苏州府及其属县素称繁剧难治，追求适意的袁宏道对自己被派为吴县知县自然比他人更感失望。在出京时所作的《出燕别大哥三哥》中，他感到自己的前途一片凄迷：“白马望吴门，惨淡无边际。畏路如畏虎，猜官如猜谜。”途中所作诗中也一再流露出自己的畏难情绪，如《卢沟道中》："驿路风尘苦，殊方伴侣稀。马犹思并辔，鸟也厌孤飞。"《河间逢北去人寄书口号》："逆旅春无况，离亭梦亦寒。愁心挥不断，日暮几千端。"初作吴县知县，厌苦之情即溢于言表，《戏题斋壁》云："一作刀笔吏，通身埋故纸。鞭笞惨容颜，簿领枯心髓。奔走疲马牛，跪拜羞奴婢。复衣炎日中，赤面霜风里。心若捕鼠猫，身似近膻蚁。举眼尽无欢，垂头私自鄙。"他不能忍受县官的事务烦剧，在诗中一再称累，有"作令真成累"（《戏柬江进之》），"宦博人间累"，"一官如病旅"（《荒园独步》）等句。他在寄家人、亲朋的信中叫苦不迭，如在致丘长孺的信中称："弟作令备极丑态，不可名状。大约遇上官则奴，候过客则妓，治钱谷则仓老人，谕百姓则保山婆。一日之间，百暖百寒，乍阴乍阳，人间恶趣，令一身尝尽矣。苦哉，毒哉！"致杨安福的信中称："吴令甚苦我。苦瘦，苦忙，苦膝欲穿，腰欲断，项欲落。"致沈广乘的信中称："人生作吏甚苦，而作令为尤苦，若作吴令则其苦万万倍，直牛马不若矣。何也？上官如云，过客如雨，簿书如山，钱谷如海，朝夕趋承检点，尚恐不及。苦哉，苦哉！然上官直消一副贱皮骨，过客直消一副笑嘴脸，簿书直消一副强精神，钱谷直消一副狠心肠，苦则苦矣，而不难。唯有一段没证见的是非、无形影的风波，青岑可浪，碧海可尘，往往令人趋避不及，逃遁无地。难矣，难矣！"在致罗隐南的信中，他甚至说："在官一日，一日活地狱也。"

袁宏道做官本来就不堪其苦，在处理一桩较大的诉讼案中，又与上级官员意见不合，这使他心灰意冷，做知县不到一年，就产生了辞官退隐的念头，在寄亲朋的信中多次谈到第二年将坚决辞职。第二年春天，正好家中来信说庶祖母詹姑病重。袁氏三兄弟幼年丧母，庶祖母对他们有抚育之恩，他们与庶祖母的感情是非常深的。袁宏道本来决意辞官，这给了他一个极好的理由，于是接连上了两道如李密《陈情表》那样哀婉凄恻的乞归书，但得不到上级部门的批准。在八月份他又生了一场大病，一病就是五六个月，于是他又接连写了五通辞职书，终于得到准许回家养病。他得到获准辞职的消息后，非常快意，在寄亲朋的信中称："乍脱宦网，如游鳞纵壑，倦鸟还山。"(《朱司理》)"败却铁网，打破铜枷，走出刀山剑树，跳入清凉佛土，快活不可言，不可言。投冠数日，愈觉无官之妙。"(《聂化南》)他认为生病原是坏事，但是因病而得以辞官，这场病不仅生得值得，而且恨不能生得更早些："疟鬼甚成就我，毕竟成就我去，快哉！"(《陶石篑》)"病是苦事，以病去官，是极乐事。官是病因，苦为乐种。弟深得意此病，但恨害不早耳。"(《王瀛桥》)在此后的一年多里，他尽情地游览了吴越一带秀丽的山水风光，并把这一时期的文字结集成《解脱集》，从这一集名也可看出他这时期欣快的心情。

一年之后，他的可供旅游的资财花尽了，而且还得养家糊口，在兄长袁宗道的催促下，他上北京接受了顺天府教授的官职，后来又先后升国子监助教、礼部制仪主事。这些官职都是闲职，虽然官卑俸低，但很清闲，很合于袁宏道的闲适心意，"卑官自觉与心安"(《戊戌初度》)，"官卑心亦暇，骑马看年对"(《己亥元日晨起》)，他对自己的这些闲职似乎还较满意，在与朋友的通信中，他说："教官职甚易称，与弟拙懒最宜。每月旦望，向大京兆一揖，即称烦剧事。"(《答吴敦之司理》)"教官比知县，毕竟心闲无事，明伦堂上不可谓非避世之地也。"(《答朱虞言司理》)"教官美处，诚如来札……盖人或望尊荣厚实，多以为不足，若直看作隐居之地，未有不足者矣。"(《答梅客生》)不过时间久了，也就渐渐产生厌倦之意，"摩砻若许年，宦网增尘罥"(《伯修斋中同汪参知诸兄共谭》)，"仆宦意甚阑，又如作吴令时矣。自思口腹无几，身世受用亦无几，安能劳碌事此生乎？青毡虽闲，要亦有拜客及不情应答之苦，终不若山居之稳贴也"(《答王百谷》)，"不肖况味，复似去吴令之日，羁绁一官，如触笼之禽。盖上之欲如梅、陶诸人，掷冠投裾，既不可得稳；下之欲膻趋蝇赴，甘宦途如美女，如世人之所稔为，而又不可得。一身骑两头马，此其所以益苦也"(《答顾秀才绍芾》)。在任礼部主事之后没几个月,他又因病辞官了。

袁宏道追求适意的生活,这种适意的生活自然离不开登山临水、谈禅论道、赏花品茗、饮酒作诗。袁宏道生活中的大部分时间是由这些内容占据的。

他作的各体文字中,以诗作的数量为最多,《袁宏道集》五十五卷,诗作就占了二十四卷半。他的酒量不大,却最喜饮酒,也最喜饮酒之人,“余饮不能一蕉叶,每闻垆声,辄踊跃。遇酒客与留连,饮不竟夜不休”(《觞政》),他雅习酒道,精于品酒、评酒,与人谈酒头头是道,作有《觞政》一卷。他性不嗜酒,但嗜茶,精于茶道,能够分辨出各种名茶的特性,如他在游记中说:“龙井亦佳,但茶少则水气不尽,茶多则涩味底出,天池殊不尔。大约龙井头茶虽香,尚作草气,天池作豆气,虎丘作花气,唯岕非花非木,稍类金石气,又若无气,所以可贵。”(《龙井》)他不仅喜欢赏玩自然界的山水花竹,而且讲究插花,对插花颇有心得,所作《瓶史》一卷,对花的类目、品第,插花用的器具,选择什么样的水,怎样保养瓶花,怎样赏玩等,都有自己的独到见解。他在北京做教官、主事等闲官时,将自己的居室取名为“瓶花斋”,这时期的作品集也取名为“瓶花斋集”,显示了他对插花、赏花的爱好和心情的闲适。谈禅论道是他闲适生活中的一项重要内容。在登第前,他就结识了李贽,和李贽商讨禅学,深得李贽赞赏。每次游历,他都要求禅问道。在北京做教官期间,他经常与焦竑、黄辉、陶望龄等一班朋友聚集在一起谈禅论道。他在给朋友的信中描述自己这一时期的生活说:“朋友则有一二小官,斋郎典客之类,绝口不谈朝事者,其胸中又无一段先入意见为主,仆遂得遗形纵舌,不相妨碍。纵彼不甚领略,而仆得大开口,四肢畅适,胜彼擎拳踢身、闭吻默坐时多矣。”(《答梅客生》)

构成他闲适生活的最重要内容是游历,无论在官弃官,他都离不了登山临水。在吴县做知县时,他常常和同年进士、长洲知县江盈科结伴出游，苏州的名胜如虎丘、上方山、锦帆泾、百花洲等，都是他们常去的地方。有一年旱灾，袁宏道趁着到地方上勘察灾情，游历了太湖中的东、西洞庭山。后来在北京做教官，他游历了北京的诸多名胜，并出城游历了满井、高梁桥、盘山等名胜。第三次为官，在吏部任职，稍有空暇，他常常和几个朋友出城赏游。趁着担任陕西乡试主考官，他游历了嵩山，登上了华山绝顶。在辞去吴县知县之后的一年多时间里，他感到自己完全解脱了，游兴更浓。他先将妻子安顿在无锡，约了在绍兴家居的陶望龄等人，游遍了西湖，又同去绍兴，游了五泄，又折回杭州，游天目山，并到达了黄山、齐云山一带，又沿新安江而下，回到杭州。登山临水，虽然身体疲乏，但精神是极愉快的："形体节节劳，心神般般逸。名胜尚可穷，游子兴难毕。"(《於潜道中偶成》)他说自己"一月住西湖，一月住鉴湖，野人放浪丘壑，怡心山水，一种闲淡"(《孙心易》)，流露出一种欣然自得的情致。他写信告诉在北京做官的袁宗道，说自己"与陶石篑兄弟看花西湖一月，不忍极言其乐""自堕地来，不曾有此乐。前后与石篑聚首三月余，无一日不游，无一游不乐，无一刻不谭，无一谭不畅。不知眼耳鼻舌身意，何福一旦至此，但恐折尽后来官禄耳"。

2

袁宏道的一大心态是适意，另一大心态是避世。适意与避世是紧密联系的，追求适意的行事方式导致了他避世的人生态度。

避世并不就是出世，出世之人彻底地弃绝尘世，不理俗务，独与天地精神相往来；而避世之人与尘俗并不彻底断绝，对世事有相当的了解，只是尽量地加以回避，能够不管事当然最好，能够少管事则尽量地少管。避世不一定要山居泽处，只要内心宁静、淡泊、闲适，那么熙来攘往、喧闹纷杂的朝市，同样也可以作为避世之地。是不是退居山林，只是个形式；而是否有出世之心，才是个实质。所谓"小隐隐陵薮，大隐隐朝市”就是如此。置身于朝堂之上而有云水之想是“大隐”又叫“吏隐”。袁宏道做官又弃官，弃官又复官，正是把朝堂当作避世之地，把做官当作吏隐的，“端居持简体，吏隐见仙才”（《赠江进之》），“市朝无拘管，何处不渔蓑”（《述怀》）等句正是这种心态的写照。为吴县知县时，他说自己“吏隐吴门，著书数种”（《朱司理》）；在北京做教官时，他声称“明伦堂上不可谓非避世之地”（《答朱虞言司理》），“盖人或望尊荣厚实，多以为不足。若直看作隐居之地，未有不足者矣”（《答梅客生》），都反映了他的吏隐思想。

但是把朝堂之上当作避世之地，以吏隐求出世，毕竟太理想化，实际上很难做到。最起码的一点是既然做官就不可能完全无事，也就不可能真正做到身心两闲。既然通过吏隐达不到避世的目的，那么还是弃官退隐来得干脆和实际。在辞去吴县知县之前袁宏道已经做好了退隐山林的打算：“弟近日宦情，比前会兄时，尤觉灰冷。已谋一长守丘壑计，掷却乌纱，作世间大自在人矣。”（《李本建》）“弟已安排头戴青笠，手捉牛尾，永作逍遥廛外人矣。”（《聂化南》）在辞去吴县知县之后，他更是信誓旦旦，决心做一个山林之士：“自今以往，守定丘壑，割断区缘，再不小草人世矣。”（《张幼于》）不过，他说是这样说了，并没有做到，在尽情地游历了一年之后，又去北京任教官之职。为此，他只得自我解嘲：“既求退，复不安求退分，放浪湖山，周流吴越，竟岁忘归，及计穷囊尽，无策可以糊口，则又奔走风尘，求教学先生。其趋弥卑，其策弥下，不知当时厌官何意。”（《答朱虞言司理》）在北京做了几年教官后，他悟出了“世情当出不当入，尘缘当解不当结，人我胜负心当退不当进”（《答李元善》）的道理。他下定决心做一个真正的隐士，为此他学习逐渐断绝荤食的方法。

在做主事几个月后，袁宏道辞官回家，在公安城南购得一块低洼之地，有三百亩左右，用重堤围起来，种了上万株柳树，取名“柳浪”，作为自己的隐居之地。回家不久，比他大 8 岁的兄长袁宗道在北京任所去世,年仅41岁。兄长的去世,使袁宏道体会到了人事的倏忽,他断绝荤血数年,更加不愿为官了。他与弟弟袁中道并几个僧人共居柳浪馆中,潜心探究佛学,在闲适之余,写写诗文。后来又移居到离城较远的山中,远离尘嚣。有时候又出游名山大川,庐山、太和山、桃花源等名胜,都留下了他的游踪。

柳浪馆“长杨万株,柏千本,湖百余亩,荷叶田田,与荇藻相乱,树下为团瓢,茶瓜莲藕,取给有余”(《萧允升庶子》),而山居之地,“老松千本,修篁万竿,颇足自快。干霄之干,以障风露;枵中之木,以当庵庐。苍髯之藤、藓皮之石,以为友朋”(《答徐见可太府》)。他的描写不免带有夸张成分,但这两个地方都是隐居生活的理想场所是无疑的。隐居生活使他真正做到了身心两闲。他在许多诗里描写了自己的这种适意与避世的生活:“鹤过几面沉影去,僧来时复带云还。”(《柳浪馆》)“江西湖北频来往,学得心闲似水闲。”(《无念同余迎先伯修,赋此为别》)“惯懒无心更出关,清时梦亦趁人闲。几回寺里寻花去,独自江头看水还。”(《初正偶题》)“山居只索任天真,无作无营自在身。”(《山居》)“白头学得一无成,倦即抛书饱即行。”(《偶成》)“闲花闲石伴疏慵,镜扫湖光屋几重。”(《甲辰初度》)

这样山居泽处的生活一过就是六年。隐居生活虽然悠闲、清静,但终不免孤寂:“山中莳花种草,颇足自快,独地朴人荒,泉石都无,丝肉绝响,奇士雅客,亦不复过,未免寂寂度日。然泉石以水竹代,丝肉以莺舌蛙吹代,奇士以蠹简代,亦略相当,舍此无可开怀者也。”(《萧允升祭酒》)时间久了也就使人生出厌倦之意:“山居久不见异人,思旧游如岁。青山白石,幽花美箭,能供人目,不能解人语;雪齿娟眉,能为人语,而不能解人意。盘桓未久,厌离已生。”(《陶周望祭酒》)袁宏道毕竟只是避世的,而不是出世的,他不是山中高士,不可能永远不食人间烟火,他说自己“拙懒之性,最宜山林,而饥寒所迫,亦时有元亮叩门之耻”(《刘行素仪部》)。一则为生计所迫,一则他的父亲再三逼迫他出来做官，父命难违，袁宏道决定第三次出仕。

袁宏道第三次出仕，在吏部任职。任职期间，颇有作为，如将企图干涉掣签选官工作的老吏绳之以法，设立岁终考察群吏之法等。但总的说来，他仍是以适意与避世的心态出仕的。部曹事务稍有空暇，他就邀约二三朋友出游城西，怡情于水声林影之中。他在与朋友的信中谈及这一时期的生活和自己的志趣："尘车粪马，弟既不爱追逐，则随一行雅客，莳花种竹，赋诗听曲，评古董真赝，论山水佳恶，亦自快活度日。"(《与黄平倩》)"居长安二年，无他乐，独司功聚首，日夜剧谈为佳耳。"(《与沈冰壶》)在吏部任职两年，给假南归，他一路游览着回乡。这时候他做官的意愿已经冷却："扁舟拟钓澄江雪，茅屋终营翠壁阴。欲把庞公比叔子，云生云灭总无心。"(《襄阳山行用彭年韵》)"庾信罗含作近邻，木奴江上自由身。未容野服称高士，但觉遗形似醉人。"(《又得人字》)因为公安老家被大水淹没，袁宏道把家搬到了江陵的沙市，面临长江筑一小楼居住。他谈及自己的新居："弟归来便杜门，如逃学小儿，见人便缩。所居去江无百步，新构一小楼，当其胜处。江水日夜鸣，云奔海立，雪色天际，松滋诸山，如在几案。"(《与沈冰壶》)他有意把这里当作自己的栖身之所，从此不再出仕。但是没过多久，他便去世了，年仅 43 岁。

袁宏道做官又弃官，弃官又复官，过着一种亦官亦隐、非官非隐的生活，"劝我为官知未稳，便令遗世亦难从"(《甲辰初度》)，这也可以说明他是避世的而不是出世的。他曾经作诗自笑："是官不垂绅，是农不秉耒。是儒不吾伊，是隐不蒿莱。是贵着荷芰，是贱宛冠佩。是静非杜门，是讲非教诲。是释长鬓须，是仙拥眉黛。倏而枯寂林，倏而喧嚣阓。逢花即命歌，遇酒辄呼簺。一身等轻云，飘然付大块。试问空飞禽，澄潭影何在？旷哉龙屈伸，颓焉方外内。下惠本介和，夷逸乃清废。"(《人日自笑》)既不像做官人，又不像隐士；既不像农夫，又不像儒士；既不像高贵者，又不像贫贱人；既不讲究静修，又不从事讲学；既不像和尚，又不像道士。有时候出世，有时候入世，不为矫情之事，不做矫情之人，一切都随意而安，任意而行，这就是适意。而他非官非隐，亦官亦隐，既没有普通士人那种强烈的求取功名的入世愿望，又没有山中隐士那种弃绝尘俗的出世之想，入世既不深，出世也不力，正表明他只是避世的。

3

袁宏道说自己“新诗日日千余言，诗中无一忧民字”(《显灵宫集诸公以城市山林为韵》)，这反映了他的避世心态，但不能因此而说他对时事一点也不了解，对世道根本就不关心。袁宏道毕竟还是关心时事世道的。要做到诗中真的无一忧民字也是不可能的。且不要说他在做知县期间作有《初夏同江进之坐孙内使池台感赋》，在北京做教官期间作有《猛虎行》《送刘都谏左迁辽东苑马寺簿》《酒正喧萧君席上作时萧居城外》，第一次复官进京途中作有《送梅子马督木北上》这样一些感慨时世的诗作，就是在弃官期间也不是完全超然于物外的，仍然注视着时世。如他第一次弃官期间，作有感叹苏州地区农民赋税太重的《逋赋谣》，诗中叹道：“民日难，官日苦。竹开花，矿生土。”又如他第二次弃官，过着隐居生活之际，在《竹枝词》中仍然有“自从貂虎横行后，十室金钱九室空”“青天处处横珰虎，鬻女陪男偿税钱”这样反映矿监税使横行、人民痛苦不堪的诗句。而《闻省城急报》中“二百年来好纪纲，辰裂星纷委平地。天长阉永叫不闻，健马那堪持朽辔。书生痛哭倚蒿篱，有钱难买青山翠”，更是忧心国事、以歌当哭之作了。当然，上述感慨时世、忧患民生的作品在袁宏道的诗集中可说是少之又少，他的大量诗作写的是自己的身边琐事、生活情趣和闲适心情。但即使是这样寥寥几首诗作，也可以说明袁宏道对时世还不是漠不关心的，只不过更经常、更一贯的处世行事之道是置身于时世之外，寄情于山水之间，独善其身。

袁宏道有入世的心意、治世的才能，但他的处世态度却是避世的。袁宏道的避世，包含着国事日非，不可为、不能为的感概和无奈。万历时期，皇帝怠政，朝臣党争，税监矿使横行，辽东战事吃紧，再加上长达二十年的“争国本”等事件，政局的腐坏已到了不可收拾的地步。袁宏道对这些是很清楚的：“时事不堪书，下笔每惊悸。”（《戊戌除夕》）“每日一见邸报，必令人愤发裂眦，时事如此，将何底止？”（《与黄平倩》）他对时世是充满了忧患、愤懑之情的。然而，关心它、担忧它又有什么用呢？说了也是白说，做了也是白做，根本不可能挽回颓势。既然如此，还不如将自己置身于事外，还不如退隐避世的好，“言既无庸默不可，阮家那得不沉醉”（《显灵宫集诸公以城市山林为韵》），“时不可为，豪杰无从着手，真不若在山之乐也”（《冯琢庵师》），“因念山中殊乐，不见此光景也”（《与黄平倩》）。尽管是避世了，但他的心中仍是充满痛苦的，“眼底浓浓一杯春，恸于洛阳年少泪”（《显灵宫集诸公以城市山林为韵》）。尽管退隐了，但不可能完全解脱对时世的忧虑之情：“世有陶唐，方有巢许，万一世界扰扰，山中人岂得高枕？此亦静退者之忧也。”（《与黄平倩》）太平盛世，做隐士才可以真正无忧无虑，而艰难时世，即使做隐士，也做不安稳，因为没有安全感。

袁宏道的处世态度是避世的，他的行事方式是适意的，除了时世的艰难对他心理造成很大影响外，与当时的心学和佛道思想对他造成影响以及他的个人因素等都有很大关系。

晚明社会的士人普遍信奉心学，同时出入佛道之间，袁宏道也不例外。袁宏道最初是从兄长袁宗道那里接受心学思想的，袁宗道则是泰州学派的后学焦竑的学生。袁宏道和兄长一起参究心学好几年，为了探究心学，又接触了大量的道教和佛教的典籍，达到废寝忘食、如醉如痴的地步。后来受到别人的启发，他的思想豁然开朗，达到了一个新的精神境界。袁宏道曾去拜访李贽，与李贽一起商讨心学和禅学，大得李贽称赏。在北京做教官期间，他和翰林院的一些朋友如焦竑、陶望龄、黄辉以及袁宗道等经常聚在一起谈禅论道，探讨心学，这些朋友大都是当时的心学后学。袁宏道的道教和禅学的修养都是很深的。他在北京做教官期间，作有《广庄》七篇，对《庄子》内篇的思想做了阐释和发挥。后人陆云龙认为，袁宏道的《广庄》七篇可与郭象《庄子注》相抗衡。袁宏道在隐居柳浪馆期间，与几个名僧一道潜心研究佛学。他认为自己的佛学修养是可以和李贽对抗的："仆自知诗文一字不通，唯禅宗一事，不敢多让。当今勍敌，唯李宏甫先生一人。其他精炼衲子、久参禅伯，败于中郎之手者，往往而是。"（《张幼于》）他的佛学著作有《宗镜摄录》《西方合论》《坛经删》等。

儒家思想包括新儒学心学是讲究入世的，而佛道思想是讲究出世的，袁宏道既受儒家思想的影响，同时又受佛道思想的影响，这造成了他入世不深，出世不力，非儒非隐，非僧非道，造成了他在艰难时世中适意与避世的心态。

晚明士人信奉佛道，往往与他们寻求生命价值的延续和超越有关，袁宏道也是如此。他的家族中寿命短促的现象非常突出，如他的祖父死时只有 46 岁，他的母亲则在他们兄弟三人幼年时就去世了，他的兄长袁宗道死时年仅 41 岁。袁宗道因为两个孩子早夭而绝嗣，袁宏道自己在十年里夭折了六个孩子，"说着旁人也痛酸，余今宁有铁肠肝。十年送却六男女，已作寻常离别看"（《儿开美殇江进之书来始知》）。袁宏道在年轻时生活也是和当时的士人一样很放浪的，但他未及 40 岁身体也就早衰了，这使他非常注意自己的身体保养，不敢纵欲，而是走上了吃斋茹素、求禅问道的道路。他在给别人的信中说："弟世情觉冷，生平浓习，无过粉黛，亦稍轻减，即有时对清歌艳舞，亦如花鸟之寓目。"（《顾升伯修撰》）"弟往时亦有青娥之癖，近年以来，稍稍勘破此机，畅快无量。"（《李湘洲编修》）

此外，我们还得注意到袁宏道的性格因素。他无疑是有极强的自我意识和个性精神的。他认为："凤凰不与凡鸟共巢，麒麟不共凡马同枥，大丈夫当独往独来，自舒其逸耳，岂可逐世啼笑，听人穿鼻络首？”（袁中道《吏部验封司郎中中郎先生行状》）但是他还有性格圆滑、平和的一面，他游离于当时的党争是非，与党争双方的关系都不错。像顾天埈、李腾芳、汤宾尹都是当时党争中的头面人物，顾天埈是昆党首领，汤宾尹是宣党首领，李腾芳与顾天埈齐名，时有“顾党”“李党”之称。这些党派成员因为私心较重，在当时和后来被视作邪党，和东林党针锋相对。袁宏道与顾天埈、李腾芳是同年至交，与汤宾尹的关系也相当好。袁宏道在吏部任职时，顶头上司先后是杨时乔和孙丕扬，这两人是当时与顾、李、汤等的党派相对立的后来被称为东林党派系的官员，而袁宏道也深得他们的器重。从这里可以看出，袁宏道是没有明确的政治倾向性的。

这些因素决定了袁宏道既不同于当时那些在晚明黑暗的社会和混乱的官场中随波逐流、与世俯仰的官员，也不同于那些任情、放诞、纵欲的名士，也不同于终身不仕、退避山林的隐士。他不是应世的，不是谐世的，也不是玩世的，更不是出世的，而是避世的，同时，他又是适意的。

主要参考书目

《明史》 中华书局 1974 年

《明史纪事本末》 谷应泰 中华书局 1977 年

《明神宗实录》 台湾“中央研究院”历史语言研究所校印

夏燮 《明通鉴》 中华书局 1959 年

傅维鳞 《明书》《丛书集成初编》本

《明会要》 中华书局 1956 年

王世贞 《嘉靖以来首辅传》 影印文渊阁《四库全书》本

过庭训 《本朝分省人物考》 成文出版社有限公司据明天启二年刊本影印

黄宗羲 《明儒学案》 中华书局 1985 年

陈鼎 《东林列传》 江苏广陵古籍刻印社影印本

钱谦益 《列朝诗集小传》 上海古籍出版社 1983 年

计六奇 《明季北略》 中华书局 1984 年

班固 《汉书》 中华书局 1965 年

顾炎武 《天下郡国利病书》 上海书店 1985 年

《日知录》 上海古籍出版社 1985 年

赵翼 《廿二史札记》 中华书局 1963 年

沈家本 《历代刑法考》 中华书局 1985 年

范濂 《云间据目抄》 奉贤褚氏重刊本 1928 年

张瀚 《松窗梦语》 上海古籍出版社 1986 年
何良俊 《四友斋丛说》 中华书局 1959 年
沈德符 《万历野获编》 中华书局 1959 年
谢肇淛 《五杂组》 中华书局 1958 年
王士性 《广志绎》 中华书局 1981 年
顾起元 《客座赘语》《金陵丛刻》本
袁袠 《世纬》《丛书集成初编》本
田艺蘅 《留青日札摘抄》《丛书集成初编》本
黄溥 《闲中今古录摘抄》《丛书集成初编》本
郑仲夔 《耳新》《丛书集成初编》本
敬虚子 《小隐书》《丛书集成初编》本
黄煜 《碧血录》《丛书集成初编》本
黄省曾 《吴风录》《景印元明善本丛书十种·万陵学山》本
钟薇 《倭奴遗事》《玄览堂丛书续集》本
管志道 《从先维俗议》《太仓先哲遗书》本
庞尚鹏 《庞氏家训》《岭南丛书》第 3 集
文秉 《先拨志始》 神州国光社 1941 年
《东林始末》 上海书店 1982 年
文震亨 《清斋位置》《说郛续》《说郛三种》 上海古籍出版社 1988 年
陈继儒 《岩栖幽事》《说郛续》《说郛三种》 上海古籍出版社 1988 年
(万历)《顺天府志》 中国书店 1959 年影印
(嘉靖)《衡州府志》《天一阁藏明代方志选刊》本
(隆庆)《赵州志》《天一阁藏明代方志选刊》本
(万历)《通州府志》《天一阁藏明代方志选刊》本
(万历)《黄岩县志》《天一阁藏明代方志选刊》本

《尚书》《十三经注疏》本　中华书局　1980 年
《礼记》《十三经注疏》本　中华书局　1980 年
《论语》《十三经注疏》本　中华书局　1980 年
《孟子》《十三经注疏》本　中华书局　1980 年
程颢、程颐　《二程集》　中华书局　1981 年
朱熹　《朱子语类》　中华书局　1986 年
朱熹　《朱子文集》　上海商务印书馆 1937 年
陆九渊　《象山先生全集》《四部丛刊初编》本
王守仁　《王文成公全书》《四部丛刊初编》本
《康斋文集》　影印文渊阁《四库全书》本
《陈献章集》　中华书局　1987 年
王艮　《王心斋集》《广理学备考》本
唐顺之　《荆川先生文集》《四部丛刊初编》本
归有光　《震川先生集》　上海古籍出版社　1981 年
《徐渭集》　中华书局　1983 年
《何心隐集》　中华书局　1960 年
李贽　《初潭集》　中华书局　1974 年
《焚书》　中华书局　1961 年
《续焚书》　中华书局　1959 年
《藏书》　中华书局　1959 年
《续藏书》　中华书局　1959 年
《袁宏道集笺校》　上海古籍出版社　1981 年
袁中道　《珂雪斋近集》　上海书店　1982 年
《汤显祖诗文集》　上海古籍出版社　1982 年
《汤显祖戏曲集》　上海古籍出版社　1978 年
李流芳　《檀园集》　影印文渊阁《四库全书》本
徐宏祖　《徐霞客游记》　上海古籍出版社　1980 年

《陈确集》 中华书局 1979年
《方苞集》 上海古籍出版社 1983年
黄宗羲 《南雷文案》《四部丛刊初编》本
黄宗羲编 《明文海》 中华书局 1987年
朱彝尊 《明诗综》 康熙四十四年刻本
《静志居诗话》 人民文学出版社 1990年
沈德潜等 《明诗别裁集》 上海古籍出版社 1979年
陈田辑 《明诗纪事》 上海商务印书馆 1936年
汤纲等 《明史》 上海人民出版社 1985年(上册) 1991年(下册)
(美)牟复礼等编 《剑桥中国明代史》 张书生等译 中国社会科学出版社 1992年
傅衣凌主编 《明史新编》 人民出版社 1993年
(美)黄仁宇 《万历十五年》 中华书局 1982年
怀效锋 《四朝政治风云》 四川人民出版社 1988年
温功义 《三案始末》 重庆出版社 1984年
谢国桢 《明清之际党社运动考》 中华书局 1982年
余英时 《士与中国文化》 上海人民出版社 1987年
朱义禄 《儒家理想人格与中国文化》 辽宁教育出版社 1991年
王元化 《传统与反传统》 上海文艺出版社 1990年
罗宗强 《玄学与魏晋士人心态》 浙江人民出版社 1991年
侯外庐主编 《中国思想通史》(第四卷下册) 人民出版社 1960年
张立文 《宋明理学研究》 中国人民大学出版社 1985年
陈来 《宋明理学》 辽宁教育出版社 1991年
容肇祖 《明代思想史》 齐鲁书社 1992年

方尔加 《王阳明心学研究》 湖南教育出版社 1989年

李养正 《道教概说》 中华书局 1989年

(日)福井康顺等监修 《道教》 1990年(第1卷) 1992年(第2、3卷) 朱越利等译

《道教与传统文化》 中华书局 1992年

陈撄宁 《道教与养生》 华文出版社 1989年

郭朋 《明清佛教》 福建人民出版社 1982年

印顺 《中国禅宗史》 上海书店 1992年

《佛教文化面面观》 齐鲁书社 1989年

徐仑 《徐文长》 上海人民出版社 1962年

骆玉明等 《徐文长评传》 浙江古籍出版社 1987年

张孝裕 《徐渭研究》 台湾学海出版社 1978年

容肇祖 《明李卓吾先生贽年谱》 台湾商务印书馆 1982年

张建业 《李贽评传》 福建人民出版社 1981年

《李贽研究参考资料》 福建人民出版社 1975年

黄文锡等 《汤显祖传》 中国戏剧出版社 1986年

徐朔方 《汤显祖年谱》 上海古籍出版社 1980年

《论汤显祖及其他》 上海古籍出版社 1983年

《徐朔方集》 浙江古籍出版社 1993年

《汤显祖研究论文集》 中国戏剧出版社 1984年

毛效同编 《汤显祖研究资料汇编》 上海古籍出版社 1986年

田素兰 《袁中郎文学研究》 台湾文史哲出版社 1982年

沈渔邨主编 《精神病学》 人民卫生出版社 1988年

(法)杜尔凯姆著 钟旭辉等译 《自杀论》 浙江人民出版社 1988年

陈仲庚主编 《变态心理学》 人民卫生出版社 1985年

(美)罗伯特·G. 迈耶等著　丁煌等译　《变态心理学》　辽宁人民出版社　1988 年

(印)S. K. 曼格尔著　胥波等译　《变态人格心理分析》　辽宁教育出版社　1988 年

后　记

这是我27年前的博士学位论文，24年前作为《日晷文库》丛书之一种，由东方出版社出版。此次值浙江古籍出版社再版之际，有几句话需要说明。

30年前考入徐朔方教授门下，攻读古代文学元明清文学方向博士学位。徐先生的本意，是希望我作戏曲考证方面的论文。但我对戏曲并不熟悉，也没有多大的兴趣，对自己最后能否写成一篇以考证为主的像样的学位论文，并无足够的把握。因此不敢尝试，表示自己想作晚明士人心态研究方面的论文。当时罗宗强先生的《玄学与魏晋士人心态》刚刚出版，士人心态研究是个全新的领域，对于我这样的青年学子有着极大的吸引力。而数个月前，我所答辩的硕士学位论文，也是探讨纂修《四库全书》背后乾隆帝的文化心态的。为准备硕士论文而读的一大堆的西方心理学著作，弗洛伊德的、荣格的、霍妮的、阿德勒的、弗洛姆的、曼格尔的等等，似乎都可以派上用场。我把自己的想法跟徐先生作了交流，得到了他的同意。徐先生是戏曲研究的大家，但他最先招收的几位博士生，包括我在内，都没有以戏曲研究作为学位论文的选题方向，这不能不说是个遗憾。好在徐先生是个十分通达的学者，他充分尊重学生的个人意愿，并不强求学生跟着他的路子走。

不过，现在回头想想，不跟着老师的路子走，其实对于学生是个很大的损失。闻道有先后，术业有专攻。每个指导老师，都有着各自的专长和短板。尤其是元明清方向的导师，戏曲、小说、诗文几个方面，有着各自的学术特点和研究路数，能够专精一个方面，就已经非常不容易了，很难做到全面贯通。徐先生以戏曲、小说研究为主业，尤其在戏曲研究方面卓然大家，而诗文研究方面相对来说成果不是很多。而选择导师相对不熟悉的领域作为自己的研究方向，实际上也就很难得到导师实质性的指导。对于戏曲研究，我至今还是个门外汉，因为没有能够从老师那里学到多少东西。

30 年前，元明清诗文研究，还是非常冷落的，这与 30 年后的今天，一派繁荣兴旺的景象，完全不一样。那时候可以借鉴的成果并不多，基本上处于自己暗中摸索的状态。现在回过头来看看自己当时所写，实在是粗陋不堪。无论是选题、结构，还是具体的行文写作，甚至材料、注释和论文字数，均已远远落伍于当今的学术发展了。不过，处于电脑还未普及、根本想象不出古籍数字化为何物，甚至连大型的古籍影印丛书也还很少的时代，书需要一本一本地翻阅，字需要一笔一划地写，修改稿需要一遍遍地誊清，无论是搜集材料还是具体写作、修改，都还是需要纯手工操作的。因此，对于自己当年所写的东西，还是有着“敝帚自珍”的感情的。

本来，趁着这次再版，应当全面地对这一旧作进行修订、补充，甚至大幅度地改写，就像许多再版的学术著作那样，但我实在已经没有时间和精力，更没有兴致，再对二三十年前的旧作进行修订了，所以只能仍其旧。对于再版的旧作，不做任何修订，其实也并非没有好处。我想最大的好处就是存真，保留它的本来面目，使后来者可以看到，原来他们的前辈（当然不是全部）的学术研究曾经是这样的粗陋的。俯仰之间，自己已经从曾经的青年学者混成了行将退休的老年学者了。遗憾的是马齿徒增，而自己的学问并没有多少长进，也没有多少学术成果可以奉献出来。

这次浙江古籍出版社再版，有赖于小友王挺的热情牵线和陈小林副总编的慷慨接受，这是首先需要感谢的。而最需要感谢的，自然是本书的责任编辑沈宗宇先生了。这部旧作，原来交给东方出版社出版时，是手抄稿，这次浙江古籍出版社再版，作者自然也提供不了现成的电子版。因此，从文字的录入、校对、排版到所有注释的核查和改正，都是出版社编辑一手完成的。这是需要特别感谢的。

周明初

2021 年立秋后二日识